THE

# FRENCH ROMANTICISTS.

# THE
# FRENCH ROMANTICISTS,

## AN ANTHOLOGY OF VERSE AND PROSE

SELECTED AND ANNOTATED BY

## H. F. STEWART,
FELLOW AND PRAELECTOR OF TRINITY COLLEGE,

AND

## ARTHUR TILLEY,
FELLOW KOKING'S COLLEGE.

Cambridge:
at the University Press
1931

CAMBRIDGE UNIVERSITY PRESS
Cambridge, New York, Melbourne, Madrid, Cape Town,
Singapore, São Paulo, Delhi, Tokyo, Mexico City

Cambridge University Press
The Edinburgh Building, Cambridge CB2 8RU, UK

Published in the United States of America by
Cambridge University Press, New York

www.cambridge.org
Information on this title: www.cambridge.org/9781107600584

First published 1914
Reprinted 1917, 1921, 1926, 1931
First paperback edition 2011

*A catalogue record for this publication is available from the British Library*

ISBN 978-1-107-60058-4 Paperback

# PREFACE

SOME critics of our book, *The Romantic Movement in French Literature*\*, having suggested that we should prepare a companion volume of selections from Romantic writers by way of illustration to their theories, we have carried out their suggestion. The present volume differs from most, if not all other anthologies, firstly in confining itself to a single literary period, and secondly in presenting within a small compass both the verse and the prose of that period. As regards the verse, we have made it a rule to give all pieces in entirety, a rule from which we have only departed in the case of the well-known passage, so important in the history of the Romantic Movement, from Victor Hugo's long and unequal poem, *Réponse à un acte d'accusation.* In our prose selections it has of course been impossible to adhere to this rule, but we have included two complete stories, one from Balzac, and the other from Mérimée, and we have given substantial portions of Thierry's account of St Radegund, of Michelet's enthralling narrative of Joan of Arc, and of Victor

\* Referred to as *R. M.* in the following pages.

Hugo's wonderful description of Paris as seen from the towers of Notre-Dame. Examples of the prose of Vigny and Musset, and a more adequate presentation of Sainte-Beuve and Gautier will be found in the companion volume. The selection from Chateaubriand, consisting of a number of short passages, has been made with a view to illustrate the new style which he initiated, and which has profoundly influenced the whole later development of French prose. There is nothing from *Atala* or *René,* for the reason that they both should be read in entirety by every student of the Romantic Movement, or, indeed, of French literature in general. We have been very sparing with notes, except in the case of pieces like Hugo's *Grenade* and the passage from *Notre-Dame*, which are full of topographical references.

> H. F. S.
> A. T.

*July* 1914.

In preparing this book for a second edition we have greatly profited by the corrections and suggestions of Mr E. J. Thomas of Emmanuel College, and of Mr D. Garabedian of Oxford.

> H. F. S.
> A. T.

*December* 1916.

# CONTENTS

# LAMARTINE

## I. L'IMMORTALITÉ*

Le soleil de nos jours pâlit dès son aurore;
Sur nos fronts languissants à peine il jette encore
Quelques rayons tremblants qui combattent la nuit:
L'ombre croît, le jour meurt, tout s'efface et tout fuit.

Qu'un autre à cet aspect frissonne et s'attendrisse,
Qu'il recule en tremblant des bords du précipice,
Qu'il ne puisse de loin entendre sans frémir
Le triste chant des morts tout prêt à retentir,

Les soupirs étouffés d'une amante ou d'un frère
Suspendus sur les bords de son lit funéraire,                  10
Ou l'airain gémissant, dont les sons éperdus
Annoncent aux mortels qu'un malheureux n'est plus!

Je te salue, ô mort! Libérateur céleste,
Tu ne m'apparais point sous cet aspect funeste
Que t'a prêté longtemps l'épouvante ou l'erreur;
Ton bras n'est point armé d'un glaive destructeur,
Ton front n'est point cruel, ton œil n'est point perfide:
Au secours des douleurs un Dieu clément te guide;
Tu n'anéantis pas, tu délivres: ta main,
Céleste messager, porte un flambeau divin;                     20

* From *Premières Méditations* (1820). This piece was written at Milly
in Nov. 1817. It is a notable example of Lamartine's mastery of the long
poetic phrase and of argument in verse. Cp. lines 80 ff.
   l. 13. Cp. "Je te salue, heureuse et profitable mort," Ronsard, *Hymne
de la Mort.*

Quand mon œil fatigué se ferme à la lumière,
Tu viens d'un jour plus pur inonder ma paupière ;
Et l'espoir près de toi, rêvant sur un tombeau,
Appuyé sur la foi, m'ouvre un monde plus beau.

Viens donc, viens détacher mes chaînes corporelles !
Viens, ouvre ma prison ; viens, prête-moi tes ailes !
Que tardes-tu ?  Parais ; que je m'élance enfin
Vers cet être inconnu, mon principe et ma fin !

Qui m'en a détaché ?  Qui suis-je, et que dois-je être ?
Je meurs, et ne sais pas ce que c'est que de naître.          30
Toi qu'en vain j'interroge, esprit, hôte inconnu,
Avant de m'animer, quel ciel habitais-tu ?
Quel pouvoir t'a jeté sur ce globe fragile ?
Quelle main t'enferma dans ta prison d'argile ?
Par quels nœuds étonnants, par quels secrets rapports
Le corps tient-il à toi comme tu tiens au corps ?
Quel jour séparera l'âme de la matière ?
Pour quel nouveau palais quitteras-tu la terre ?
As-tu tout oublié ?  Par delà le tombeau,
Vas-tu renaître encor dans un oubli nouveau ?          40
Vas-tu recommencer une semblable vie ?
Ou, dans le sein de Dieu, ta source et ta patrie,
Affranchi pour jamais de tes liens mortels,
Vas-tu jouir enfin de tes droits éternels ?

Oui, tel est mon espoir, ô moitié de ma vie !
C'est par lui que déjà mon âme raffermie
A pu voir sans effroi sur tes traits enchanteurs
Se faner du printemps les brillantes couleurs ;
C'est par lui que, percé du trait qui me déchire,
Jeune encore, en mourant vous me verrez sourire,          50
Et que des pleurs de joie, à nos derniers adieux,
A ton dernier regard, brilleront dans mes yeux.

"Vain espoir !" s'écriera le troupeau d'Épicure
Et celui dont la main disséquant la nature,
Dans un coin du cerveau nouvellement décrit
Voit penser la matière et végéter l'esprit.

l. 32.   Cp. "Je me dis bien souvent : de quelle race es-tu ?" etc.  Sully Prudhomme, *L'Étranger.*

" Insensé, diront-ils, que trop d'orgueil abuse,
Regarde autour de toi : tout commence et tout s'use,
Tout marche vers un terme et tout naît pour mourir
Dans ces prés jaunissants tu vois la fleur languir,      6
Tu vois dans ces forêts le cèdre au front superbe
Sous le poids de ses ans tomber, ramper sous l'herbe;
Dans leurs lits desséchés tu vois les mers tarir ;
Les cieux même, les cieux commencent à pâlir ;
Cet astre dont le temps a caché la naissance,
Le soleil, comme nous, marche à sa décadence,
Et dans les cieux déserts les mortels éperdus
Le chercheront un jour et ne le verront plus !
Tu vois autour de toi dans la nature entière
Les siècles entasser poussière sur poussière,          70
Et le temps, d'un seul pas confondant ton orgueil,
De tout ce qu'il produit devenir le cercueil.
Et l'homme, et l'homme seul, ô sublime folie !
Au fond de son tombeau croit retrouver la vie,
Et dans le tourbillon au néant emporté,
Abattu par le temps, rêve l'éternité ! "

Qu'un autre vous réponde, ô sages de la terre!
Laissez-moi mon erreur : j'aime, il faut que j'espère ;
Notre faible raison se trouble et se confond.
Oui, la raison se tait ; mais l'instinct vous répond. 80
Pour moi, quand je verrais dans les célestes plaines
Les astres, s'écartant de leurs routes certaines,
Dans les champs de l'éther l'un par l'autre heurtés,
Parcourir au hasard les cieux épouvantés ;
Quand j'entendrais gémir et se briser la terre ;
Quand je verrais son globe errant et solitaire,
Flottant loin des soleils, pleurant l'homme détruit,
Se perdre dans les champs de l'éternelle nuit ;
Et quand, dernier témoin de ces scènes funèbres,
Entouré du chaos, de la mort, des ténèbres,            90
Seul je serais debout : seul, malgré mon effroi,
Être infaillible et bon, j'espérerais en toi,

l. 80.  Cp. Pascal's "Le cœur a ses raisons que la raison ne connaît
point."
   "Nous connaissons la vérité non-seulement par la raison mais encore
par le cœur."

Et, certain du retour de l'éternelle aurore,
Sur les mondes détruits je t'attendrais encore !
Souvent, tu t'en souviens, dans cet heureux séjour
Où naquit d'un regard notre immortel amour,
Tantôt sur les sommets de ces rochers antiques,
Tantôt aux bords déserts des lacs mélancoliques,
Sur l'aile du désir, loin du monde emportés,
Je plongeais avec toi dans ces obscurités.           100
Les ombres, à longs plis descendant des montagnes,
Un moment à nos yeux dérobaient les campagnes ;
Mais bientôt, s'avançant sans éclat et sans bruit,
Le chœur mystérieux des astres de la nuit,
Nous rendant les objets voilés à notre vue,
De ses molles lueurs revêtait l'étendue.
Telle, en nos temples saints par le jour éclairés,
Quand les rayons du soir pâlissent par degrés,
La lampe, répandant sa pieuse lumière,
D'un jour plus recueilli remplit le sanctuaire.      110

Dans ton ivresse alors tu ramenais mes yeux
Et des cieux à la terre, et de la terre aux cieux :
"Dieu caché, disais-tu, la nature est ton temple !
L'esprit te voit partout quand notre œil la contemple ;
De tes perfections, qu'il cherche à concevoir,
Ce monde est le reflet, l'image, le miroir ;
Le jour est ton regard, la beauté ton sourire ;
Partout le cœur t'adore et l'âme te respire ;
Éternel, infini, tout-puissant et tout bon,
Ces vastes attributs n'achèvent pas ton nom ;        120
Et l'esprit, accablé sous ta sublime essence,
Célèbre ta grandeur jusque dans son silence.
Et cependant, ô Dieu ! par sa sublime loi,
Cet esprit abattu s'élance encore à toi,
Et, sentant que l'amour est la fin de son être,
Impatient d'aimer, brûle de te connaître."

Tu dissolu ; où nos cœurs unissaient leurs soupirs
Vers cet être inconnu qu'attestaient nos désirs :
A genoux devant lui, l'aimant dans ses ouvrages,
Et l'aurore et le soir lui portaient nos hommages,   130

Et nos yeux enivrés contemplaient tour à tour
La terre notre exil, et le ciel son séjour.
Ah! si dans ces instants où l'âme fugitive
S'élance et veut briser le sein qui la captive,
Ce Dieu, du haut du ciel répondant à nos vœux,
D'un trait libérateur nous eût frappés tous deux;
Nos âmes, d'un seul bond remontant vers leur source,
Ensemble auraient franchi les mondes dans leur course;
A travers l'infini, sur l'aile de l'amour,
Elles auraient monté comme un rayon du jour,      140
Et, jusqu'à Dieu lui-même arrivant éperdues,
Se seraient dans son sein pour jamais confondues!
Ces vœux nous trompaient-ils? Au néant destinés,
Est-ce pour le néant que les êtres sont nés?
Partageant le destin du corps qui la recèle,
Dans la nuit du tombeau l'âme s'engloutit-elle?
Tombe-t-elle en poussière? ou, prête à s'envoler,
Comme un son qui n'est plus va-t-elle s'exhaler?
Après un vain soupir, après l'adieu suprême
De tout ce qui t'aimait, n'est-il plus rien qui t'aime?      150
Ah! sur ce grand secret n'interroge que toi!
Vois mourir ce qui t'aime, Elvire, et réponds-moi!


## II.  LE LAC*

Ainsi, toujours poussés vers de nouveaux rivages,
Dans la nuit éternelle emportés sans retour,
Ne pourrons-nous jamais sur l'océan des âges
        Jeter l'ancre un seul jour?

O lac! l'année à peine a fini sa carrière,
Et près des flots chéris qu'elle devait revoir,
Regarde! je viens seul m'asseoir sur cette pierre
        Où tu la vis s'asseoir!

l. 152.   For Elvire see *R. M.* p. 40.
* *Premières Méditations*, written in the autumn of 1817.  The lake is
the Lac du Bourget near Aix-en-Savoie, cp. *Raphaël*.  The theme of *Le Lac*
is the same as that of *Éternité de la Nature*; see below, p. 12.

Tu mugissais ainsi sous ces roches profondes;
Ainsi tu te brisais sur leurs flancs déchirés;          10
Ainsi le vent jetait l'écume de tes ondes
          Sur ses pieds adorés.

Un soir, t'en souvient-il? nous voguions en silence;
On n'entendait au loin, sur l'onde et sous les cieux,
Que le bruit des rameurs qui frappaient en cadence
          Tes flots harmonieux.

Tout à coup des accents inconnus à la terre
Du rivage charmé frappèrent les échos;
Le flot fut attentif, et la voix qui m'est chère
          Laissa tomber ces mots:          20

"O temps, suspends ton vol! et vous, heures propices,
          Suspendez votre cours!
Laissez-nous savourer les rapides délices
          Des plus beaux de nos jours!

"Assez de malheureux ici-bas vous implorent:
          Coulez, coulez pour eux;
Prenez avec leurs jours les soins qui les dévorent;
          Oubliez les heureux.

"Mais je demande en vain quelques moments encore,
          Le temps m'échappe et fuit;          30
Je dis à cette nuit: 'Sois plus lente'; et l'aurore
          Va dissiper la nuit.

"Aimons donc, aimons donc! de l'heure fugitive,
          Hâtons-nous, jouissons!
L'homme n'a point de port, le temps n'a point de rive;
          Il coule, et nous passons!"

Temps jaloux, se peut-il que ces moments d'ivresse,
Où l'amour à longs flots nous verse le bonheur,
S'envolent loin de nous de la même vitesse
          Que les jours de malheur?          40

Hé quoi! n'en pourrons-nous fixer au moins la trace?
Quoi! passés pour jamais? quoi! tout entiers perdus?
Ce temps qui les donna, ce temps qui les efface,
          Ne nous les rendra plus?

Éternité, néant, passé, sombres abîmes,
Que faites-vous des jours que vous engloutissez?
Parlez: nous rendrez-vous ces extases sublimes
    Que vous nous ravissez?

O lac! rochers muets! grottes! forêt obscure!
Vous que le temps épargne ou qu'il peut rajeunir,    50
Gardez de cette nuit, gardez, belle nature,
    Au moins le souvenir!

Qu'il soit dans ton repos, qu'il soit dans tes orages,
Beau lac, et dans l'aspect de tes riants coteaux,
Et dans ces noirs sapins, et dans ces rocs sauvages
    Qui pendent sur tes eaux!

Qu'il soit dans le zéphyr qui frémit et qui passe,
Dans les bruits de tes bords par tes bords répétés,
Dans l'astre au front d'argent qui blanchit ta surface
    De ses molles clartés!      60

Que le vent qui gémit, le roseau qui soupire,
Que les parfums légers de ton air embaumé,
Que tout ce qu'on entend, l'on voit ou l'on respire,
    Tout dise: "Ils ont aimé!"

## III.   L'ISOLEMENT*

Souvent sur la montagne, à l'ombre du vieux chêne,
Au coucher du soleil, tristement je m'assieds;
Je promène au hasard mes regards sur la plaine,
Dont le tableau changeant se déroule à mes pieds.

Ici gronde le fleuve aux vagues écumantes;
Il serpente, et s'enfonce en un lointain obscur;
Là le lac immobile étend ses eaux dormantes
Où l'étoile du soir se lève dans l'azur.

Au sommet de ces monts couronnés de bois sombres,
Le crépuscule encor jette un dernier rayon;      10
Et le char vaporeux de la reine des ombres
Monte, et blanchit déjà les bords de l'horizon.

---

* *Premières Méditations.* Written in August 1818, not 1819 as stated
by the author in his "commentaire." See *R. M.* p. 39.

Cependant, s'élançant de la flèche gothique,
Un son religieux se répand dans les airs :
Le voyageur s'arrête, et la cloche rustique
Aux derniers bruits du jour mêle de saints concerts.

Mais à ces doux tableaux mon âme indifférente
N'éprouve devant eux ni charme ni transports ;
Je contemple la terre ainsi qu'une ombre errante :
Le soleil des vivants n'échauffe plus les morts.                    20

De colline en colline en vain portant ma vue,
Du sud à l'aquilon, de l'aurore au couchant,
Je parcours tous les points de l'immense étendue,
Et je dis : "Nulle part le bonheur ne m'attend."

Que me font ces vallons, ces palais, ces chaumières,
Vains objets dont pour moi le charme est envolé ?
Fleuves, rochers, forêts, solitudes si chères,
Un seul être vous manque, et tout est dépeuplé !

Que le tour du soleil ou commence ou s'achève,
D'un œil indifférent je le suis dans son cours ;                    30
En un ciel sombre ou pur qu'il se couche ou se lève,
Qu'importe le soleil ? je n'attends rien des jours.

Quand je pourrais le suivre en sa vaste carrière,
Mes yeux verraient partout le vide et les déserts :
Je ne désire rien de tout ce qu'il éclaire ;
Je ne demande rien à l'immense univers.

Mais peut-être au delà des bornes de sa sphère,
Lieux où le vrai soleil éclaire d'autres cieux,
Si je pouvais laisser ma dépouille à la terre,
Ce que j'ai tant rêvé paraîtrait à mes yeux !                      40

Là, je m'enivrerais à la source où j'aspire ;
Là, je retrouverais et l'espoir et l'amour,

l. 41 ff. Cp.
> La est le bien que tout esprit desire,
> La, le repos ou tout le monde aspire,
> Tu as l'amour, la le plaisir encore.
>
> La, ô mon âme, au plus hault ciel guidée !
> Tu y pourras recognoistre l'Idée
> De la beauté, qu'en ce monde j'adore.
> > J. Du Bellay, *L'Olive*, Sonnet CXIII.

Et ce bien idéal que toute âme désire,
Et qui n'a pas de nom au terrestre séjour !

Que ne puis-je, porté sur le char de l'Aurore,
Vague objet de mes vœux, m'élancer jusqu'à toi !
Sur la terre d'exil pourquoi resté-je encore ?
Il n'est rien de commun entre la terre et moi.

Quand la feuille des bois tombe dans la prairie,
Le vent du soir s'élève et l'arrache aux vallons ;         50
Et moi, je suis semblable à la feuille flétrie :
Emportez-moi comme elle, orageux aquilons !


IV.  LE CRUCIFIX*

Toi que j'ai recueilli sur sa bouche expirante
Avec son dernier souffle et son dernier adieu,
Symbole deux fois saint, don d'une main mourante,
        Image de mon Dieu ;

Que de pleurs ont coulé sur tes pieds que j'adore,
Depuis l'heure sacrée où, du sein d'un martyr,
Dans mes tremblantes mains tu passas, tiède encore
        De son dernier soupir !

Les saints flambeaux jetaient une dernière flamme ;
Le prêtre murmurait ces doux chants de la mort,      10
Pareils aux chants plaintifs que murmure une femme
        A l'enfant qui s'endort.

De son pieux espoir son front gardait la trace,
Et sur ses traits, frappés d'une auguste beauté,
La douleur fugitive avait empreint sa grâce,
        La mort sa majesté.

l. 52.  Cp. "Levez-vous vite, orages désirés qui devez emporter René."
*René*.
  * *Nouvelles Méditations* (1823).
  l. 1.  Lamartine was not present at Elvire's death.  The crucifix was
sent to him by her wish.

Le vent qui caressait sa tête échevelée
Me montrait tour à tour ou me voilait ses traits,
Comme l'on voit flotter sur un blanc mausolée
         L'ombre des noirs cyprès.          20

Un de ses bras pendait de la funèbre couche;
L'autre, languissamment replié sur son cœur,
Semblait chercher encore et presser sur sa bouche
         L'image du Sauveur.

Ses lèvres s'entr'ouvraient pour l'embrasser encore;
Mais son âme avait fui dans ce divin baiser,
Comme un léger parfum que la flamme dévore
         Avant de l'embraser.

Maintenant tout dormait sur sa bouche glacée,
Le souffle se taisait dans son sein endormi,
Et sur l'œil sans regard la paupière affaissée       30
         Retombait à demi.

Et moi, debout, saisi d'une terreur secrète,
Je n'osais m'approcher de ce reste adoré,
Comme si du trépas la majesté muette
         L'eût déjà consacré.

Je n'osais!...Mais le prêtre entendit mon silence,
Et, de ses doigts glacés prenant le crucifix:
"Voilà le souvenir, et voilà l'espérance:
         Emportez-les, mon fils!"          40

Oui, tu me resteras, ô funèbre héritage!
Sept fois, depuis ce jour, l'arbre que j'ai planté
Sur sa tombe sans nom a changé de feuillage:
         Tu ne m'as pas quitté.

Placé près de ce cœur, hélas! où tout s'efface,
Tu l'as contre le temps défendu de l'oubli,
Et mes yeux goutte à goutte ont imprimé leur trace
         Sur l'ivoire amolli.

O dernier confident de l'âme qui s'envole,
Viens, reste sur mon cœur! parle encore, et dis-moi     50
Ce qu'elle te disait quand sa faible parole
         N'arrivait plus qu'à toi;

A cette heure douteuse où l'âme recueillie,
Se cachant sous le voile épaissi sur nos yeux,
Hors de nos sens glacés pas à pas se replie,
    Sourde aux derniers adieux ;

Alors qu'entre la vie et la mort incertaine,
Comme un fruit par son poids détaché du rameau,
Notre âme est suspendue et tremble à chaque haleine
    Sur la nuit du tombeau ;        60

Quand des chants, des sanglots la confuse harmonie
N'éveille déjà plus notre esprit endormi,
Aux lèvres du mourant collé dans l'agonie,
    Comme un dernier ami :

Pour éclaircir l'horreur de cet étroit passage,
Pour relever vers Dieu son regard abattu,
Divin consolateur, dont nous baisons l'image,
    Réponds, que lui dis-tu ?

Tu sais, tu sais mourir ! et tes larmes divines,
Dans cette nuit terrible où tu prias en vain,    70
De l'olivier sacré baignèrent les racines
    Du soir jusqu'au matin.

De la croix, où ton œil sonda ce grand mystère,
Tu vis ta mère en pleurs et la nature en deuil ;
Tu laissas comme nous tes amis sur la terre,
    Et ton corps au cercueil !

Au nom de cette mort, que ma faiblesse obtienne
De rendre sur ton sein ce douloureux soupir :
Quand mon heure viendra, souviens-toi de la tienne,
    O toi qui sais mourir !    80

Je chercherai la place où sa bouche expirante
Exhala sur tes pieds l'irrévocable adieu,
Et son âme viendra guider mon âme errante
    Au sein du même Dieu.

Ah ! puisse, puisse alors sur ma funèbre couche,
Triste et calme à la fois, comme un ange éploré,
Une figure en deuil recueillir sur ma bouche
    L'héritage sacré !

Soutiens ses derniers pas, charme sa dernière heure;
Et, gage consacré d'espérance et d'amour,  90
De celui qui s'éloigne à celui qui demeure
    Passe ainsi tour à tour,

Jusqu'au jour où, des morts perçant la voûte sombre,
Une voix dans le ciel, les appelant sept fois,
Ensemble éveillera ceux qui dorment à l'ombre
    De l'éternelle croix!

## V. ÉTERNITÉ DE LA NATURE*

### BRIÈVETÉ DE L'HOMME

#### CANTIQUE

Roulez dans vos sentiers de flamme,
Astres, rois de l'immensité!
Insultez, écrasez mon âme
Par votre presque éternité!
Et vous, comètes vagabondes,
Du divin océan des mondes
Débordement prodigieux,
Sortez des limites tracées,
Et révélez d'autres pensées
De Celui qui pensa les cieux!  10

Triomphe, immortelle nature,
A qui la main pleine de jours
Prête des forces sans mesure,
Des temps qui renaissent toujours!
La mort retrempe ta puissance;
Donne, ravis, rends l'existence
A tout ce qui la puise en toi!
Insecte éclos de ton sourire,
Je nais, je regarde et j'expire:
Marche et ne pense plus à moi!  18

* *Harmonies poétiques et religieuses* (1830).  The theme is that of
*Le Lac.*

Vieil Océan, dans tes rivages
Flotte comme un ciel écumant,
Plus orageux que les nuages,
Plus lumineux qu'un firmament!
Pendant que les empires naissent,
Grandissent, tombent, disparaissent
Avec leurs générations,
Dresse tes bouillonnantes crêtes,
Bats ta rive, et dis aux tempêtes :
"Où sont les nids des nations?"                    30

Toi qui n'es pas lasse d'éclore
Depuis la naissance des jours,
Lève-toi, rayonnante aurore,
Couche-toi, lève-toi toujours!
Réfléchissez ses feux sublimes,
Neiges éclatantes des cimes,
Où le jour descend comme un roi!
Brillez, brillez pour me confondre,
Vous qu'un rayon du jour peut fondre,
Vous subsisterez plus que moi!                     40

Et toi qui t'abaisse et t'élève
Comme la poudre des chemins,
Comme les vagues sur la grève,
Race innombrable des humains,
Survis au temps qui me consume,
Engloutis-moi dans ton écume :
Je sens moi-même mon néant.
Dans ton sein qu'est-ce qu'une vie?
Ce qu'est une goutte de pluie
Dans les bassins de l'Océan.                        50

Vous mourrez pour renaître encore,
Vous fourmillez dans vos sillons:
Un souffle du soir à l'aurore
Renouvelle vos tourbillons;
Une existence évanouie
Ne fait pas baisser d'une vie

Le flot de l'être toujours plein ;
Il ne vous manque, quand j'expire,
Pas plus qu'à l'homme qui respire
Ne manque un souffle de son sein.          60

Vous allez balayer ma cendre ;
L'homme ou l'insecte en renaîtra.
Mon nom brûlant de se répandre
Dans le nom commun se perdra.
Il fut ! voilà tout.  Bientôt même
L'oubli couvre ce mot suprême,
Un siècle ou deux l'auront vaincu ;
Mais vous ne pouvez, ô nature,
Effacer une créature.
Je meurs ; qu'importe ? j'ai vécu !          70

Dieu m'a vu ! le regard de vie
S'est abaissé sur mon néant ;
Votre existence rajeunie
A des siècles, j'eus mon instant !
Mais dans la minute qui passe
L'infini de temps et d'espace
Dans mon regard s'est répété,
Et j'ai vu dans ce point de l'être
La même image m'apparaître
Que vous dans votre immensité !          80

Distances incommensurables,
Abîmes des monts et des cieux,
Vos mystères inépuisables
Se sont révélés à mes yeux :
J'ai roulé dans mes vœux sublimes
Plus de vagues que tes abîmes
N'en roulent, ô mer en courroux !
Et vous, soleils aux yeux de flamme,
Le regard brûlant de mon âme
S'est élevé plus haut que vous !          90

De l'Être universel, unique,
La splendeur dans mon ombre a lui,
Et j'ai bourdonné mon cantique
De joie et d'amour devant lui;
Et sa rayonnante pensée
Dans la mienne s'est retracée,
Et sa parole m'a connu;
Et j'ai monté devant sa face,
Et la nature m'a dit: "Passe;
Ton sort est sublime, il t'a vu!" 100

Vivez donc vos jours sans mesure,
Terre et ciel, céleste flambeau,
Montagnes, mers! et toi, nature,
Souris longtemps sur mon tombeau!
Effacé du livre de vie,
Que le néant même m'oublie!
J'admire et ne suis point jaloux.
Ma pensée a vécu d'avance,
Et meurt avec une espérance
Plus impérissable que vous! 110

## ALFRED DE VIGNY

### I. MOÏSE*

Le soleil prolongeait sur la cime des tentes
Ces obliques rayons, ces flammes éclatantes,
Ces larges traces d'or qu'il laisse dans les airs,
Lorsqu'en un lit de sable il se couche aux déserts.
La pourpre et l'or semblaient revêtir la campagne.
Du stérile Nébo gravissant la montagne,
Moïse, homme de Dieu, s'arrête, et, sans orgueil,
Sur le vaste horizon promène un long coup d'œil.

* *Poëmes antiques et modernes* (1826). Cp. Deut. xxxiv. The poem, written in 1822, symbolizes the isolation of genius.

Il voit d'abord Phasga, que des figuiers entourent;
Puis, au delà des monts que ses regards parcourent, 10
S'étend tout Galaad, Éphraïm, Manassé,
Dont le pays fertile à sa droite est placé;
Vers le Midi, Juda, grand et stérile, étale
Ses sables où s'endort la mer occidentale;
Plus loin, dans un vallon que le soir a pâli,
Couronné d'oliviers, se montre Nephtali;
Dans des plaines de fleurs magnifiques et calmes,
Jéricho s'aperçoit : c'est la ville des palmes;
Et, prolongeant ses bois, des plaines de Phogor,
Le lentisque touffu s'étend jusqu'à Ségor.               20
Il voit tout Chanaan, et la terre promise,
Où sa tombe, il le sait, ne sera point admise.
Il voit; sur les Hébreux étend sa grande main,
Puis vers le haut du mont il reprend son chemin.

Or, des champs de Moab couvrant la vaste enceinte,
Pressés au large pied de la montagne sainte,
Les enfants d'Israël s'agitaient au vallon
Comme les blés épais qu'agite l'aquilon.
Dès l'heure où la rosée humecte l'or des sables
Et balance sa perle au sommet des érables,          30
Prophète centenaire, environné d'honneur,
Moïse était parti pour trouver le Seigneur.
On le suivait des yeux aux flammes de sa tête,
Et, lorsque du grand mont il atteignit le faîte,
Lorsque son front perça le nuage de Dieu
Qui couronnait d'éclairs la cime du haut lieu,
L'encens brûla partout sur les autels de pierre.
Et six cent mille Hébreux, courbés dans la poussière,
A l'ombre du parfum par le soleil doré,
Chantèrent d'une voix le cantique sacré;             40
Et les fils de Lévi, s'élevant sur la foule,
Tels qu'un bois de cyprès sur le sable qui roule,
Du peuple avec la harpe accompagnant les voix,
Dirigeaient vers le ciel l'hymne du Roi des Rois.

Et, debout devant Dieu, Moïse ayant pris place
Dans le nuage obscur lui parlait face à face.

Il disait au Seigneur : "Ne finirai-je pas ?
Où voulez-vous encor que je porte mes pas ?
Je vivrai donc toujours puissant et solitaire ?
Laissez-moi m'endormir du sommeil de la terre.—     50
Que vous ai-je donc fait pour être votre élu ?
J'ai conduit votre peuple où vous avez voulu.
Voilà que son pied touche à la terre promise.
De vous à lui qu'un autre accepte l'entremise,
Au coursier d'Israël qu'il attache le frein ;
Je lui lègue mon livre et la verge d'airain.

"Pourquoi vous fallut-il tarir mes espérances,
Ne pas me laisser homme avec mes ignorances,
Puisque du mont Horeb jusques au mont Nébo
Je n'ai pas pu trouver le lieu de mon tombeau ?     60
Hélas ! vous m'avez fait sage parmi les sages !
Mon doigt du peuple errant a guidé les passages.
J'ai fait pleuvoir le feu sur la tête des rois ;
L'avenir à genoux adorera mes lois ;
Des tombes des humains j'ouvre la plus antique,
La mort trouve à ma voix une voix prophétique,
Je suis très grand, mes pieds sont sur les nations,
Ma main fait et défait les générations.—
Hélas ! je suis, Seigneur, puissant et solitaire,
Laissez-moi m'endormir du sommeil de la terre !     70

"Hélas ! je sais aussi tous les secrets des cieux,
Et vous m'avez prêté la force de vos yeux.
Je commande à la nuit de déchirer ses voiles ;
Ma bouche par leur nom a compté les étoiles,
Et, dès qu'au firmament mon geste l'appela,
Chacune s'est hâtée en disant : 'Me voilà.'
J'impose mes deux mains sur le front des nuages
Pour tarir dans leurs flancs la source des orages ;
J'engloutis les cités sous les sables mouvants ;
Je renverse les monts sous les ailes des vents ;     80
Mon pied infatigable est plus fort que l'espace ;
Le fleuve aux grandes eaux se range quand je passe,
Et la voix de la mer se tait devant ma voix.
Lorsque mon peuple souffre, ou qu'il lui faut des lois,

J'élève mes regards, votre esprit me visite ;
La terre alors chancelle et le soleil hésite,
Vos anges sont jaloux et m'admirent entre eux.—
Et cependant, Seigneur, je ne suis pas heureux ;
Vous m'avez fait vieillir puissant et solitaire,
Laissez-moi m'endormir du sommeil de la terre !          90

"Sitôt que votre souffle a rempli le berger,
Les hommes se sont dit : ' Il nous est étranger ';
Et les yeux se baissaient devant mes yeux de flamme,
Car ils venaient, hélas ! d'y voir plus que mon âme.
J'ai vu l'amour s'éteindre et l'amitié tarir ;
Les vierges se voilaient et craignaient de mourir.
M'enveloppant alors de la colonne noire,
J'ai marché devant tous, triste et seul dans ma gloire,
Et j'ai dit dans mon cœur: 'Que vouloir à présent ?'
Pour dormir sur un sein mon front est trop pesant,          100
Ma main laisse l'effroi sur la main qu'elle touche,
L'orage est dans ma voix, l'éclair est sur ma bouche ;
Aussi, loin de m'aimer, voilà qu'ils tremblent tous,
Et, quand j'ouvre les bras, on tombe à mes genoux.
O Seigneur ! j'ai vécu puissant et solitaire,
Laissez-moi m'endormir du sommeil de la terre !"

Or, le peuple attendait, et, craignant son courroux,
Priait sans regarder le mont du Dieu jaloux ;
Car, s'il levait les yeux, les flancs noirs du nuage
Roulaient et redoublaient les foudres de l'orage,          110
Et le feu des éclairs, aveuglant les regards,
Enchaînait tous les fronts courbés de toutes parts.
Bientôt le haut du mont reparut sans Moïse.—
Il fut pleuré.—Marchant vers la terre promise,
Josué s'avançait pensif, et pâlissant,
Car il était déjà l'élu du Tout-Puissant.

## II.  LE COR*

### I

J'aime le son du Cor, le soir, au fond des bois,
Soit qu'il chante les pleurs de la biche aux abois,
Ou l'adieu du chasseur que l'écho faible accueille,
Et que le vent du nord porte de feuille en feuille.

Que de fois, seul, dans l'ombre à minuit demeuré,
J'ai souri de l'entendre, et plus souvent pleuré !
Car je croyais ouïr de ces bruits prophétiques
Qui précédaient la mort des Paladins antiques.

O montagne d'azur ! ô pays adoré !
Rocs de la Frazona, cirque du Marboré,          10
Cascades qui tombez des neiges entraînées,
Sources, gaves, ruisseaux, torrents des Pyrénées ;

Monts gelés et fleuris, trône des deux saisons,
Dont le front est de glace et le pied de gazons !
C'est là qu'il faut s'asseoir, c'est là qu'il faut entendre
Les airs lointains d'un Cor mélancolique et tendre.

Souvent un voyageur, lorsque l'air est sans bruit,
De cette voix d'airain fait retentir la nuit ;
A ses chants cadencés autour de lui se mêle
L'harmonieux grelot du jeune agneau qui bêle.          20

Une biche attentive, au lieu de se cacher,
Se suspend immobile au sommet du rocher,
Et la cascade unit, dans une chute immense,
Son éternelle plainte aux chants de la romance.

Ames des Chevaliers, revenez-vous encor ?
Est-ce vous qui parlez avec la voix du Cor ?
Roncevaux ! Roncevaux ! dans ta sombre vallée
L'ombre du grand Roland n'est donc pas consolée !

---

* From *Poëmes antiques et modernes*. Written at Pau in 1825. The *Chanson de Roland* was not printed till 1835, but V's interest in the legend is shewn by a tragedy, *Roland*, which he began in 1823 and burnt in 1832.

## II

Tous les preux étaient morts, mais aucun n'avait fui.
Il reste seul debout, Olivier près de lui ;    30
L'Afrique sur le mont l'entoure et tremble encore.
"Roland, tu vas mourir, rends-toi, criait le More ;

"Tous tes pairs sont couchés dans les eaux des torrents."—
Il rugit comme un tigre, et dit : "Si je me rends,
"Africain, ce sera lorsque les Pyrénées
"Sur l'onde avec leurs corps rouleront entraînées."

—"Rends-toi donc, répond-il, ou meurs, car les voilà."
Et du plus haut des monts un grand rocher roula.
Il bondit, il roula jusqu'au fond de l'abîme,
Et de ses pins, dans l'onde, il vint briser la cime.    40

—"Merci, cria Roland ; tu m'as fait un chemin."
Et jusqu'au pied des monts le roulant d'une main,
Sur le roc affermi comme un géant s'élance,
Et, prête à fuir, l'armée à ce seul pas balance.

## III

Tranquilles cependant, Charlemagne et ses preux
Descendaient la montagne et se parlaient entre eux.
A l'horizon déjà, par leurs eaux signalées,
De Luz et d'Argelès se montraient les vallées.

L'armée applaudissait. Le luth du troubadour
S'accordait pour chanter les saules de l'Adour ;    50
Le vin français coulait dans la coupe étrangère ;
Le soldat, en riant, parlait à la bergère.

Roland gardait les monts ; tous passaient sans effroi.
Assis nonchalamment sur un noir palefroi
Qui marchait revêtu de housses violettes,
Turpin disait, tenant les saintes amulettes :

"Sire, on voit dans le ciel des nuages de feu ;
"Suspendez votre marche ; il ne faut tenter Dieu.
"Par monsieur saint Denis, certes ce sont des âmes
"Qui passent dans les airs sur ces vapeurs de flammes.    60

"Deux éclairs ont relui, puis deux autres encor."
Ici l'on entendit le son lointain du Cor.—
L'Empereur étonné, se jetant en arrière,
Suspend du destrier la marche aventurière.

"Entendez-vous? dit-il.—Oui, ce sont des pasteurs
"Rappelant les troupeaux épars sur les hauteurs,"
Répondit l'archevêque, "ou la voix étouffée
"Du nain vert Obéron, qui parle avec sa Fée."

Et l'Empereur poursuit; mais son front soucieux
Est plus sombre et plus noir que l'orage des cieux. 70
Il craint la trahison, et, tandis qu'il y songe,
Le Cor éclate et meurt, renaît et se prolonge.

"Malheur! c'est mon neveu! malheur! car, si Roland
"Appelle à son secours, ce doit être en mourant.
"Arrière, chevaliers, repassons la montagne!
"Tremble encor sous nos pieds, sol trompeur de
    l'Espagne!"

IV

Sur le plus haut des monts s'arrêtent les chevaux;
L'écume les blanchit; sous leurs pieds, Roncevaux
Des feux mourants du jour à peine se colore.
A l'horizon lointain fuit l'étendard du More.          80

—"Turpin, n'as-tu rien vu dans le fond du torrent?
—"J'y vois deux chevaliers: l'un mort, l'autre expirant.
"Tous deux sont écrasés sous une roche noire;
"Le plus fort, dans sa main, élève un Cor d'ivoire,
"Son âme en s'exhalant nous appela deux fois."

Dieu! que le son du Cor est triste au fond des bois!

l. 80. The victorious assailants of Charles's rearguard at Roncesvalles
on 18 August 778, when Hruodland, "governor of the Breton March," was
killed, were not Saracens at all, but Wascones (Basques). See Eginhard,
*Vita Caroli*, c. 1, for this, the only historical mention of Roland, apart from
a single coin.

## III.  LA MORT DU LOUP*

### I

Les nuages couraient sur la lune enflammée
Comme sur l'incendie on voit fuir la fumée,
Et les bois étaient noirs jusques à l'horizon.
Nous marchions, sans parler, dans l'humide gazon,
Dans la bruyère épaisse et dans les hautes brandes,
Lorsque, sous des sapins pareils à ceux des Landes,
Nous avons aperçu les grands ongles marqués
Par les loups voyageurs que nous avions traqués.
Nous avons écouté, retenant notre haleine
Et le pas suspendu. — Ni le bois ni la plaine          10
Ne poussaient un soupir dans les airs ; seulement
La girouette en deuil criait au firmament ;
Car le vent, élevé bien au-dessus des terres,
N'effleurait de ses pieds que les tours solitaires,
Et les chênes d'en bas, contre les rocs penchés,
Sur leurs coudes semblaient endormis et couchés.
Rien ne bruissait donc, lorsque, baissant la tête,
Le plus vieux des chasseurs qui s'étaient mis en quête
A regardé le sable en s'y couchant ; bientôt,
Lui que jamais ici l'on ne vit en défaut,          20
A déclaré tout bas que ces marques récentes
Annonçaient la démarche et les griffes puissantes
De deux grands loups-cerviers et de deux louveteaux.
Nous avons tous alors préparé nos couteaux,
Et, cachant nos fusils et leurs lueurs trop blanches,
Nous allions pas à pas en écartant les branches.
Trois s'arrêtent, et moi, cherchant ce qu'ils voyaient,
J'aperçois tout à coup deux yeux qui flamboyaient,
Et je vois au delà quatre formes légères
Qui dansaient sous la lune au milieu des bruyères,     30
Comme font chaque jour, à grand bruit sous nos yeux,
Quand le maître revient, les lévriers joyeux.
Leur forme était semblable et semblable la danse ;
Mais les enfants du Loup se jouaient en silence,

* *Destinées* (1864).  This poem was first printed in the *Rev. des deux Mondes* for Feb. 1, 1843, under the title of "Poëmes philosophiques, II, La Mort du Loup."

Sachant bien qu'à deux pas, ne dormant qu'à demi,
Se couche dans ses murs l'homme, leur ennemi.
Le père était debout, et plus loin, contre un arbre,
Sa louve reposait comme celle de marbre
Qu'adoraient les Romains, et dont les flancs velus
Couvaient les demi-dieux Rémus et Romulus.          40
Le Loup vient et s'assied, les deux jambes dressées,
Par leurs ongles crochus dans le sable enfoncées.
Il s'est jugé perdu, puisqu'il était surpris,
Sa retraite coupée et tous ses chemins pris ;
Alors il a saisi, dans sa gueule brûlante,
Du chien le plus hardi la gorge pantelante,
Et n'a pas desserré ses mâchoires de fer,
Malgré nos coups de feu, qui traversaient sa chair,
Et nos couteaux aigus qui, comme des tenailles,
Se croisaient en plongeant dans ses larges entrailles,   50
Jusqu'au dernier moment où le chien étranglé,
Mort longtemps avant lui, sous ses pieds a roulé.
Le Loup le quitte alors et puis il nous regarde.
Les couteaux lui restaient au flanc jusqu'à la garde,
Le clouaient au gazon tout baigné dans son sang ;
Nos fusils l'entouraient en sinistre croissant.
Il nous regarde encore, ensuite il se recouche,
Tout en léchant le sang répandu sur sa bouche,
Et, sans daigner savoir comment il a péri,
Refermant ses grands yeux, meurt sans jeter un cri.      60

## II

J'ai reposé mon front sur mon fusil sans poudre,
Me prenant à penser, et n'ai pu me résoudre
A poursuivre sa Louve et ses fils, qui, tous trois,
Avaient voulu l'attendre, et, comme je le crois,
Sans ses deux louveteaux, la belle et sombre veuve
Ne l'eût pas laissé seul subir la grande épreuve ;
Mais son devoir était de les sauver, afin
De pouvoir leur apprendre à bien souffrir la faim,
A ne jamais entrer dans le pacte des villes
Que l'homme a fait avec les animaux serviles          70
Qui chassent devant lui, pour avoir le coucher,
Les premiers possesseurs du bois et du rocher.

### III

Hélas ! ai-je pensé, malgré ce grand nom d'Hommes,
Que j'ai honte de nous, débiles que nous sommes !
Comment on doit quitter la vie et tous ses maux,
C'est vous qui le savez, sublimes animaux !
A voir ce que l'on fut sur terre et ce qu'on laisse,
Seul le silence est grand ; tout le reste est faiblesse.
— Ah ! je t'ai bien compris, sauvage voyageur,
Et ton dernier regard m'est allé jusqu'au cœur !     80
Il disait : "Si tu peux, fais que ton âme arrive,
A force de rester studieuse et pensive,
Jusqu'à ce haut degré de stoïque fierté
Où, naissant dans les bois, j'ai tout d'abord monté.
Gémir, pleurer, prier, est également lâche.
Fais énergiquement ta longue et lourde tâche
Dans la voie où le sort a voulu t'appeler,
Puis, après, comme moi, souffre et meurs sans parler."

# VICTOR HUGO

## I. AUX RUINES DE MONTFORT-L'AMAURY*

> *La voyez-vous croître*
> *La tour du vieux cloître,*
> *Et le grand mur noir*
> *Du royal manoir ?*
>      ALFRED DE VIGNY.

### I

Je vous aime, ô débris ! et surtout quand l'automne
Prolonge en vos échos sa plainte monotone.
Sous vos abris croulants je voudrais habiter,
Vieilles tours, que le temps l'une vers l'autre incline,
Et qui semblez de loin sur la haute colline,
     Deux noirs géants prêts à lutter.

* *Odes et Ballades* (1826), Book V. The castle of Montfort l'Amaury (ruins of the XIth and XVth cent.), lying about 30 miles west of Paris, belonged to the famous family of the Comtes de Montfort, of which Simon Earl of Leicester was a scion. Poems of a similar character to this are Musset's "Stances" and Gautier's "Moyen-Age" and "La Basilique" (*Poésies complètes*, pp. 10 and 35).

Lorsque d'un pas rêveur foulant les grandes herbes,
Je monte jusqu'à vous, restes forts et superbes !
Je contemple longtemps vos créneaux meurtriers,
Et la tour octogone et ses briques rougies,                    10
Et mon œil, à travers vos brèches élargies,
Voit jouer les enfants où mouraient des guerriers.
Écartez de vos murs ceux que leur chute amuse !
Laissez le seul poëte y conduire sa muse,
Lui qui donne du moins une larme au vieux fort.
Et, si l'air froid des nuits sous vos arceaux murmure,
Croit qu'une ombre a froissé la gigantesque armure
     D'Amaury, comte de Montfort.

II

Là, souvent je m'assieds, aux jours passés fidèle,
Sur un débris qui fut un mur de citadelle.                     20
Je médite longtemps, en mon cœur replié ;
Et la ville, à mes pieds, d'arbres enveloppée,
Étend ses bras en croix et s'allonge en épée
Comme le fer d'un preux dans la plaine oublié.
Mes yeux errent, du pied de l'antique demeure,
Sur les bois éclairés ou sombres, suivant l'heure,
Sur l'église gothique, helas ! prête à crouler,
Et je vois, dans le champ où la mort nous appelle,
Sous l'arcade de pierre et devant la chapelle,
     Le sol immobile onduler.                              30

Foulant créneaux, ogive, écussons, astragales,
M'attachant comme un lierre aux pierres inégales,
Au faîte des grands murs je m'élève parfois ;
Là je mêle des chants au sifflement des brises ;
Et dans les cieux profonds suivant ses ailes grises,
Jusqu'à l'aigle effrayé j'aime à lancer ma voix !
Là quelquefois j'entends le luth doux et sévère
D'un ami qui sait rendre aux vieux temps un trouvère.
Nous parlons des héros, du ciel, des chevaliers,
De ces âmes en deuil dans le monde orphelines,         40
Et le vent qui se brise à l'angle des ruines
     Gémit dans les hauts peupliers.

*Octobre* 1825.

## II. LES DJINNS*

*E come i gru van cantando lor lai,*
*Facendo in aer di sè lunga riga;*
*Così vid' io venir, traendo guai*
*Ombre portate dalla detta briga.*
DANTE.

*Et comme les grues qui font dans l'air de longues files vont chantant leur plainte, ainsi je vis venir, traînant des gémissements, les ombres emportées par cette tempête.*

Murs, ville,
Et port,
Asile
De mort,
Mer grise
Où brise
La brise,
Tout dort.

Dans la plaine
Naît un bruit:                                    10
C'est l'haleine
De la nuit.
Elle brame
Comme une âme
Qu'une flamme
Toujours suit.

La voix plus haute
Semble un grelot.
D'un nain qui saute
C'est le galop:                                   20
Il fuit, s'élance,
Puis en cadence
Sur un pied danse
Au bout d'un flot.

* *Les Orientales* (1829).

La rumeur approche;
L'écho la redit.
C'est comme la cloche
D'un couvent maudit,
Comme un bruit de foule
Qui tonne et qui roule, 30
Et tantôt s'écroule,
Et tantôt grandit.

Dieu! la voix sépulcrale
Des Djinns!—Quel bruit ils font!
Fuyons sous la spirale
De l'escalier profond!
Déjà s'éteint ma lampe;
Et l'ombre de la rampe,
Qui le long du mur rampe,
Monte jusqu'au plafond. 40

C'est l'essaim des Djinns qui passe,
Et tourbillonne en sifflant.
Les ifs, que leur vol fracasse,
Craquent comme un pin brûlant.
Leur troupeau lourd et rapide,
Volant dans l'espace vide,
Semble un nuage livide
Qui porte un éclair au flanc.

Ils sont tout près!—Tenons fermée
Cette salle où nous les narguons. 50
Quel bruit dehors! hideuse armée
De vampires et de dragons!
La poutre du toit descellée
Ploie ainsi qu'une herbe mouillée,
Et la vieille porte rouillée
Tremble, à déraciner ses gonds!

Cris de l'enfer! voix qui hurle et qui pleure!
L'horrible essaim, poussé par l'aquilon,
Sans doute, ô ciel! s'abat sur ma demeure.
Le mur fléchit sous le noir bataillon. 60

La maison crie et chancelle penchée,
Et l'on dirait que, du sol arrachée,
Ainsi qu'il chasse une feuille séchée,
Le vent la roule avec leur tourbillon!

Prophète! si ta main me sauve
De ces impurs démons des soirs,
J'irai prosterner mon front chauve
Devant tes sacrés encensoirs!
Fais que sur ces portes fidèles
Meure leur souffle d'étincelles,                    70
Et qu'en vain l'ongle de leurs ailes
Grince et crie à ces vitraux noirs!

Ils sont passés!—Leur cohorte
S'envole et fuit, et leurs pieds
Cessent de battre ma porte
De leurs coups multipliés.
L'air est plein d'un bruit de chaînes,
Et dans les forêts prochaines,
Frissonnent tous les grands chênes,
Sous leur vol de feu pliés!                         80

De leurs ailes lointaines
Le battement décroît,
Si confus dans les plaines,
Si faible, que l'on croit

Ouïr la sauterelle
Crier d'une voix grêle,
Ou pétiller la grêle
Sur le plomb d'un vieux toit.

D'étranges syllabes
Nous viennent encor;                            90
Ainsi, des Arabes
Quand sonne le cor,
Un chant sur la grève
Par instants s'élève,
Et l'enfant qui rêve
Fait des rêves d'or!

Les Djinns funèbres,
Fils du trépas,
Dans les ténèbres
Pressent leurs pas ;                    100
Leur essaim gronde :
Ainsi, profonde,
Murmure une onde
Qu'on ne voit pas.

Ce bruit vague
Qui s'endort,
C'est la vague
Sur le bord ;
C'est la plainte
Presque éteinte                    110
D'une sainte
Pour un mort.

On doute
La nuit...
J'écoute :—
Tout fuit,
Tout passe ;
L'espace
Efface
Le bruit.                    120

*Août* 1828.

## III.  GRENADE*

*Quien no ha visto á Sevilla*
*No ha visto á maravilla.*

Soit lointaine, soit voisine,
Espagnole ou sarrasine,
Il n'est pas une cité
Qui dispute, sans folie,
À Grenade la jolie

* *Les Orientales*, 1828.  For prose descriptions of Granada see T. Gautier, *Voyage en Espagne*, ch. xi, and Washington Irving's *Alhambra*.  Cp. also Chateaubriand, *Le dernier Abencerrage*.

La pomme de la beauté,
Et qui, gracieuse, étale
Plus de pompe orientale
Sous un ciel plus enchanté.

Cadix a les palmiers; Murcie a les oranges;                    10
Jaën, son palais goth aux tourelles étranges;
Agreda, son couvent bâti par saint Edmond;
Ségovie a l'autel dont on baise les marches,
        Et l'aqueduc aux trois rangs d'arches
Qui lui porte un torrent pris au sommet d'un mont.

        Llers a des tours; Barcelonne
        Au faîte d'une colonne
        Lève un phare sur la mer;
        Aux rois d'Aragon fidèle,
        Dans leurs vieux tombeaux, Tudèle           20
        Garde leur sceptre de fer;
        Tolose a des forges sombres
        Qui semblent, au sein des ombres,
        Des soupiraux de l'enfer.

Le poisson qui rouvrit l'œil mort du vieux Tobie
Se joue au fond du golfe où dort Fontarabie;
Alicante aux clochers mêle les minarets;
Compostelle a son saint; Cordoue aux maisons vieilles
A sa mosquée où l'œil se perd dans les merveilles;
        Madrid a le Manzanarès.                           30

l. 12.   It seems impossible to establish a connexion between any Saint
Edmund and Agreda.   Can Hugo be thinking vaguely of St Edmund Rich
who died at Pontigny in Champagne?   His mistakes are often due to
imperfect recollection.
    l. 16.   There is no place of this name in the Gazetteer of Madoz (1843),
but *Leyre* in Navarre has a great Cistercian abbey.
    l. 25.   Cp. *Tobit* xi. 8–13.
    l. 26.   Fontarabia, where Milton places the defeat of Charlemagne by
Agramante, *P. L.* i. 587.
    l. 28.   Compostella, also called Santiago after its patron saint, James
the Elder.
    l. 30.   The Manzanares is "a paltry stream which has fed the humour
of Spanish satirists from Don Cervantes downwards."

Bilbao, des flots couverte,
Jette une pelouse verte
Sur ses murs noirs et caducs;
Medina la chevalière,
Cachant sa pauvreté fière
Sous le manteau de ses ducs,
N'a rien que ses sycomores,
Car ses beaux ponts sont aux Maures,
Aux Romains ses aqueducs.

Valence a les clochers de ses trois cents églises;     40
L'austère Alcantara livre au souffle des brises
Les drapeaux turcs, pendus en foule à ses piliers;
Salamanque en riant s'assied sur trois collines,
        S'endort au son des mandolines,
Et s'éveille en sursaut aux cris des écoliers.

Tortose est chère à saint Pierre;
Le marbre est comme la pierre
Dans la riche Puycerda;
De sa bastille octogone
Tuy se vante, et Tarragone                              50
De ses murs qu'un roi fonda;
Le Douro coule à Zamore;
Tolède a l'alcazar maure,
Séville a la giralda.

Burgos de son chapitre étale la richesse;
Peñaflor est marquise, et Girone est duchesse;
Bivar est une nonne aux sévères atours;
Toujours prête au combat, la sombre Pampelune,
Avant de s'endormir aux rayons de la lune,
        Ferme sa ceinture de tours.                     60

l. 34.   Medina Celi, the city, not of heaven but of Selim, was a Moorish stronghold, and gave the ducal title to the great family of Cerda.   Here is a great aqueduct.
l. 46.   The real Saint of Tortosa is the Virgin Mary.
l. 53.   Alcazar=al-qaṣr, citadel, common in Spanish place-names.
l. 54.   La Giralda, so called from its vane (*que gira*, "which turns"), is the Moorish tower of Seville cathedral.   It was once part of the mosque which stood on the site of the church.

Toutes ces villes d'Espagne
S'épandent dans la campagne
Ou hérissent la Sierra ;
Toutes ont des citadelles
Dont sous des mains infidèles
Aucun beffroi ne vibra ;
Toutes sur leurs cathédrales
Ont des clochers en spirales ;
Mais Grenade a l'Alhambra.

L'Alhambra ! l'Alhambra ! palais que les Génies          70
Ont doré comme un rêve et rempli d'harmonies,
Forteresse aux créneaux festonnés et croulants,
Où l'on entend la nuit de magiques syllabes,
Quand la lune, à travers les mille arceaux arabes,
        Sème les murs de trèfles blancs !

Grenade a plus de merveilles
Que n'a de graines vermeilles
Le beau fruit de ses vallons ;
Grenade, la bien nommée,
Lorsque la guerre enflammée          80
Déroule ses pavillons,
Cent fois plus terrible éclate
Que la grenade écarlate
Sur le front des bataillons.

Il n'est rien de plus beau ni de plus grand au monde,
Soit qu'à Vivataubin Vivaconlud réponde,
Avec son clair tambour de clochettes orné ;
Soit que, se couronnant de feux comme un calife,
        L'éblouissant Généralife
Élève dans la nuit son faîte illuminé.          90

Les clairons des Tours-Vermeilles
Sonnent comme des abeilles

l. 86.   The Bib-ataubin is one of Granada's twenty gates.   Vivaconlud
is perhaps a distortion of Bib-albolut.
    l. 89.   The Generalife, "the garden of the architect," is a Moorish
villa in the vicinity of the Alhambra.
    l. 91.   The Vermilion Towers (Torres Bermejas) are a sort of outworks
to the Alhambra, to which they have given their name—Al-hambra,
meaning "the red."

Dont le vent chasse l'essaim ;
Alcaçava pour les fêtes
A des cloches toujours prêtes
A bourdonner dans son sein,
Qui dans leurs tours africaines
Vont éveiller les dulçaynes
Du sonore Albaycin.

Grenade efface en tout ses rivales : Grenade          100
Chante plus mollement la molle sérénade ;
Elle peint ses maisons de plus riches couleurs ;
Et l'on dit que les vents suspendent leurs haleines,
Quand par un soir d'été Grenade dans ses plaines
          Répand ses femmes et ses fleurs.

          L'Arabie est son aïeule.
          Les Maures, pour elle seule,
          Aventuriers hasardeux,
          Joueraient l'Asie et l'Afrique ;
          Mais Grenade est catholique,          110
          Grenade se raille d'eux ;
          Grenade, la belle ville,
          Serait une autre Séville
          S'il en pouvait être deux.

*Avril* 1828.

## IV.  MAZEPPA*

*Away ! — Away ! —*
BYRON, *Mazeppa.*
*En avant ! en avant !*

I

Ainsi, quand Mazeppa, qui rugit et qui pleure,
A vu ses bras, ses pieds, ses flancs qu'un sabre effleure,
          Tous ses membres liés

l. 94.   The Alcazaba, a Moorish citadel.
l. 98.   dulzayna, a kind of flute.
l. 99.   Albaycin is a hill suburb of Granada.
* *Les Orientales.*   The poem was suggested by the picture by L. Bou-anger, exhibited in the Salon of 1827.   See *R. M.* p. 62.

Sur un fougueux cheval, nourri d'herbes marines,
Qui fume, et fait jaillir le feu de ses narines
   Et le feu de ses pieds ;

Quand il s'est dans ses nœuds roulé comme un reptile,
Qu'il a bien réjoui de sa rage inutile
   Ses bourreaux tout joyeux,
Et qu'il retombe enfin sur la croupe farouche,  10
La sueur sur le front, l'écume dans la bouche,
   Et du sang dans les yeux ;

Un cri part, et soudain voilà que par la plaine
Et l'homme et le cheval, emportés, hors d'haleine,
   Sur les sables mouvants,
Seuls, emplissant de bruit un tourbillon de poudre
Pareil au noir nuage où serpente la foudre,
   Volent avec les vents !

Ils vont. Dans les vallons comme un orage ils passent,
Comme ces ouragans qui dans les monts s'entassent,
   Comme un globe de feu ;  21
Puis déjà ne sont plus qu'un point noir dans la brume,
Puis s'effacent dans l'air comme un flocon d'écume
   Au vaste océan bleu.

Ils vont. L'espace est grand. Dans le désert immense,
Dans l'horizon sans fin qui toujours recommence,
   Ils se plongent tous deux.
Leur course comme un vol les emporte, et grands chênes,
Villes et tours, monts noirs liés en longues chaînes,
   Tout chancelle autour d'eux.  30

Et si l'infortuné, dont la tête se brise,
Se débat, le cheval, qui devance la brise,
   D'un bond plus effrayé,
S'enfonce au désert vaste, aride, infranchissable,
Qui devant eux s'étend, avec ses plis de sable,
   Comme un manteau rayé,

Tout vacille et se peint de couleurs inconnues :
Il voit courir les bois, courir les larges nues,
   Le vieux donjon détruit,

Les monts dont un rayon baigne les intervalles;   40
Il voit; et des troupeaux de fumantes cavales
      Le suivent à grand bruit!

Et le ciel, où déjà les pas du soir s'allongent,
Avec ses océans de nuages où plongent
      Des nuages encor,
Et son soleil qui fend leurs vagues de sa proue,
Sur son front ébloui tourne comme une roue
      De marbre aux veines d'or!

Son œil s'égare et luit, sa chevelure traîne,
Sa tête pend; son sang rougit la jaune arène,   50
      Les buissons épineux;
Sur ses membres gonflés la corde se replie,
Et comme un long serpent resserre et multiplie
      Sa morsure et ses nœuds.

Le cheval, qui ne sent ni le mors ni la selle,
Toujours fuit, et toujours son sang coule et ruisselle,
      Sa chair tombe en lambeaux;
Hélas! voici déjà qu'aux cavales ardentes
Qui le suivaient, dressant leurs crinières pendantes,
      Succèdent les corbeaux!   60

Les corbeaux, le grand-duc à l'œil rond, qui s'effraie,
L'aigle effaré des champs de bataille, et l'orfraie,
      Monstre au jour inconnu,
Les obliques hiboux, et le grand vautour fauve
Qui fouille au flanc des morts, où son col rouge et chauve
      Plonge comme un bras nu!

Tous viennent élargir la funèbre volée;
Tous quittent pour le suivre et l'yeuse isolée
      Et les nids du manoir.
Lui, sanglant, éperdu, sourd à leurs cris de joie,   70
Demande en les voyant: "Qui donc là-haut déploie
      Ce grand éventail noir?"

La nuit descend lugubre, et sans robe étoilée.
L'essaim s'acharne, et suit, tel qu'une meute ailée,
      Le voyageur fumant.

Entre le ciel et lui, comme un tourbillon sombre,
Il les voit, puis les perd, et les entend dans l'ombre
     Voler confusément.

Enfin, après trois jours d'une course insensée,
Après avoir franchi fleuves à l'eau glacée,         80
     Steppes, forêts, déserts,
Le cheval tombe aux cris des mille oiseaux de proie.
Et son ongle de fer sur la pierre qu'il broie
     Éteint ses quatre éclairs.

Voilà l'infortuné, gisant, nu, misérable,
Tout tacheté de sang, plus rouge que l'érable
     Dans la saison des fleurs.
Le nuage d'oiseaux sur lui tourne et s'arrête;
Maint bec ardent aspire à ronger dans sa tête
     Ses yeux brûlés de pleurs.         90

Eh bien! ce condamné qui hurle et qui se traîne,
Ce cadavre vivant, les tribus de l'Ukraine
     Le feront prince un jour.
Un jour, semant les champs de morts sans sépultures,
Il dédommagera par de larges pâtures
     L'orfraie et le vautour.

Sa sauvage grandeur naîtra de son supplice
Un jour, des vieux hetmans il ceindra la pelisse,
     Grand à l'œil ébloui;
Et quand il passera, ces peuples de la tente,     100
Prosternés, enverront la fanfare éclatante
     Bondir autour de lui!

## II

Ainsi, lorsqu'un mortel, sur qui son dieu s'étale,
S'est vu lier vivant sur ta croupe fatale,
     Génie, ardent coursier,
En vain il lutte, hélas! tu bondis, tu l'emportes
Hors du monde réel, dont tu brises les portes
     Avec tes pieds d'acier!

Tu franchis avec lui déserts, cimes chenues
Des vieux monts, et les mers, et, par delà les nues,
  De sombres régions;    111
Et mille impurs esprits que ta course réveille
Autour du voyageur, insolente merveille,
  Pressent leurs légions!

Il traverse d'un vol, sur tes ailes de flamme,
Tous les champs du possible, et les mondes de l'âme;
  Boit au fleuve éternel;
Dans la nuit orageuse ou la nuit étoilée,
Sa chevelure, aux crins des comètes mêlée,
  Flamboie au front du ciel.  120

Les six lunes d'Herschel, l'anneau du vieux Saturne,
Le pôle, arrondissant une aurore nocturne
  Sur son front boréal,
Il voit tout; et pour lui ton vol, que rien ne lasse,
De ce monde sans borne à chaque instant déplace
  L'horizon idéal.

Qui peut savoir, hormis les démons et les anges,
Ce qu'il souffre à te suivre, et quels éclairs étranges
  A ses yeux reluiront,
Comme il sera brûlé d'ardentes étincelles,  130
Hélas! et dans la nuit combien de froides ailes
  Viendront battre son front?

Il crie épouvanté, tu poursuis implacable.
Pâle, épuisé, béant, sous ton vol qui l'accable
  Il ploie avec effroi;
Chaque pas que tu fais semble creuser sa tombe.
Enfin le terme arrive... il court, il vole, il tombe,
  Et se relève roi!

*Mai* 1828.

## V.  CE QU'ON ENTEND SUR LA MONTAGNE*

*O altitudo !*

Avez-vous quelquefois, calme et silencieux,
Monté sur la montagne, en présence des cieux?
Était-ce aux bords du Sund? aux côtes de Bretagne?
Aviez-vous l'Océan au pied de la montagne?
Et là, penché sur l'onde et sur l'immensité,
Calme et silencieux, avez-vous écouté?
Voici ce qu'on entend, du moins un jour qu'en rêve
Ma pensée abattit son vol sur une grève,
Et, du sommet d'un mont plongeant au gouffre amer,
Vit d'un côté la terre et de l'autre la mer;　　　　　10
J'écoutai, j'entendis, et jamais voix pareille
Ne sortit d'une bouche et n'émut une oreille.

Ce fut d'abord un bruit large, immense, confus,
Plus vague que le vent dans les arbres touffus,
Plein d'accords éclatants, de suaves murmures,
Doux comme un chant du soir, fort comme un choc
　　　d'armures
Quand la sourde mêlée étreint les escadrons
Et souffle, furieuse, aux bouches des clairons.
C'était une musique ineffable et profonde,
Qui, fluide, oscillait sans cesse autour du monde,　　20
Et dans les vastes cieux, par ses flots rajeunis,
Roulait élargissant ses orbes infinis
Jusqu'au fond où son flux s'allait perdre dans l'ombre
Avec le temps, l'espace et la forme et le nombre!
Comme une autre atmosphère, épars et débordé,
L'hymne éternel couvrait tout le globe inondé.
Le monde, enveloppé dans cette symphonie,
Comme il vogue dans l'air, voguait dans l'harmonie.

Et pensif, j'écoutais ces harpes du dehor,
Perdu dans cette voix comme dans une mer.　　　　　30

* *Les Feuilles d'Automne* (1831).

Bientôt je distinguai, confuses et voilées,
Deux voix dans cette voix l'une à l'autre mêlées,
De la terre et des mers s'épanchant jusqu'au ciel,
Qui chantaient à la fois le chant universel ;
Et je les distinguai dans la rumeur profonde,
Comme on voit deux courants qui se croisent sous
    l'onde.

L'une venait des mers; chant de gloire! hymne heureux!
C'était la voix des flots qui se parlaient entre eux ;
L'autre, qui s'élevait de la terre où nous sommes,
Était triste : c'était le murmure des hommes ;    40
Et dans ce grand concert, qui chantait jour et nuit,
Chaque onde avait sa voix et chaque homme son bruit.

Or, comme je l'ai dit, l'Océan magnifique
Épandait une voix joyeuse et pacifique,
Chantait comme la harpe aux temples de Sion,
Et louait la beauté de la création.
Sa clameur, qu'emportaient la brise et la rafale,
Incessamment vers Dieu montait plus triomphale,
Et chacun de ses flots, que Dieu seul peut dompter,
Quand l'autre avait fini, se levait pour chanter.    50
Comme ce grand lion dont Daniel fut l'hôte,
L'Océan par moments abaissait sa voix haute,
Et moi je croyais voir, vers le couchant en feu,
Sous sa crinière d'or passer la main de Dieu.

Cependant, à côté de l'auguste fanfare,
L'autre voix, comme un cri de coursier qui s'effare,
Comme le gond rouillé d'une porte d'enfer,
Comme l'archet d'airain sur la lyre de fer,
Grinçait ; et pleurs, et cris, l'injure, l'anathème,
Refus du viatique et refus du baptême,    60
Et malédiction, et blasphème, et clameur,
Dans le flot tournoyant de l'humaine rumeur,
Passaient, comme le soir on voit dans les vallées
De noirs oiseaux de nuit qui s'en vont par volées.
Qu'était-ce que ce bruit dont mille échos vibraient?
Hélas ! c'était la terre et l'homme qui pleuraient.

Frères ! de ces deux voix étranges, inouïes,
Sans cesse renaissant, sans cesse évanouies,
Qu'écoute l'Éternel durant l'éternité,
L'une disait : NATURE ! et l'autre : HUMANITÉ !     70
Alors je méditai ; car mon esprit fidèle,
Hélas ! n'avait jamais déployé plus grande aile,
Dans mon ombre jamais n'avait lui tant de jour,
Et je rêvai longtemps, contemplant tour à tour,
Après l'abîme obscur que me cachait la lame,
L'autre abîme sans fond qui s'ouvrait dans mon âme.
Et je me demandai pourquoi l'on est ici,
Quel peut être après tout le but de tout ceci,
Que fait l'âme, lequel vaut mieux d'être ou de vivre,
Et pourquoi le Seigneur, qui seul lit à son livre,    80
Mêle éternellement dans un fatal hymen
Le chant de la nature au cri du genre humain ?

*Juillet* 1829.

## VI*

*Le toit s'égaye et rit.*
ANDRÉ CHÉNIER.

Lorsque l'enfant paraît, le cercle de famille
Applaudit à grands cris ; son doux regard qui brille
     Fait briller tous les yeux,
Et les plus tristes fronts, les plus souillés peut-être,
Se dérident soudain à voir l'enfant paraître,
     Innocent et joyeux.

Soit que juin ait verdi mon seuil, ou que novembre
Fasse autour d'un grand feu vacillant dans la chambre
     Les chaises se toucher,
Quand l'enfant vient, la joie arrive et nous éclaire.    10
On rit, on se récrie, on l'appelle, et sa mère
     Tremble à le voir marcher.

Quelquefois nous parlons, en remuant la flamme,
De patrie et de Dieu, des poëtes, de l'âme
     Qui s'élève en priant ;

     * *Les Feuilles d'Automne.*

L'enfant paraît, adieu le ciel et la patrie
Et les poëtes saints ! la grave causerie
        S'arrête en souriant.

La nuit, quand l'homme dort, quand l'esprit rêve, à l'heure
Où l'on entend gémir, comme une voix qui pleure, 20
        L'onde entre les roseaux,
Si l'aube tout à coup là-bas luit comme un phare,
Sa clarté dans les champs éveille une fanfare
        De cloches et d'oiseaux !

Enfant, vous êtes l'aube et mon âme est la plaine
Qui des plus douces fleurs embaume son haleine
        Quand vous la respirez ;
Mon âme est la forêt dont les sombres ramures
S'emplissent pour vous seul de suaves murmures
        Et de rayons dorés !          30

Car vos beaux yeux sont pleins de douceurs infinies,
Car vos petites mains, joyeuses et bénies,
        N'ont point mal fait encor ;
Jamais vos jeunes pas n'ont touché notre fange,
Tête sacrée ! enfant aux cheveux blonds ! bel ange
        A l'auréole d'or !

Vous êtes parmi nous la colombe de l'arche.
Vos pieds tendres et purs n'ont point l'âge où l'on marche ;
        Vos ailes sont d'azur.
Sans le comprendre encor, vous regardez le monde. 40
Double virginité ! corps où rien n'est immonde,
        Ame où rien n'est impur !

Il est si beau, l'enfant, avec son doux sourire,
Sa douce bonne foi, sa voix qui veut tout dire,
        Ses pleurs vite apaisés,
Laissant errer sa vue étonnée et ravie,
Offrant de toutes parts sa jeune âme à la vie
        Et sa bouche aux baisers !

Seigneur ! préservez-moi, préservez ceux que j'aime,
Frères, parents, amis, et mes ennemis même          50
          Dans le mal triomphants,
De jamais voir, Seigneur ! l'été sans fleurs vermeilles,
La cage sans oiseaux, la ruche sans abeilles,
          La maison sans enfants !

*Mai* 1830.


## VII.  SOLEILS COUCHANTS*

*Merveilleux tableaux que la vue découvre à la pensée.*
                    CH. NODIER.

J'aime les soirs sereins et beaux, j'aime les soirs,
Soit qu'ils dorent le front des antiques manoirs
          Ensevelis dans les feuillages ;
Soit que la brume au loin s'allonge en bancs de feu ;
Soit que mille rayons brisent dans un ciel bleu
          A des archipels de nuages.

Oh ! regardez le ciel ! cent nuages mouvants,
Amoncelés là-haut sous le souffle des vents,
          Groupent leurs formes inconnues ;
Sous leurs flots par moments flamboie un pâle éclair,   10
Comme si tout à coup quelque géant de l'air
          Tirait son glaive dans les nues.

Le soleil, à travers leurs ombres, brille encor ;
Tantôt fait, à l'égal des larges dômes d'or,
          Luire le toit d'une chaumière ;
Ou dispute aux brouillards de vagues horizons ;
Ou découpe, en tombant sur les sombres gazons,
          Comme de grands lacs de lumière.

* *Les Feuilles d'Automne.*

l. 1.  On "Les soirées de cette belle saison des Orientales se passaient
innocemment à aller voir coucher le soleil dans la plaine, à contempler du
haut des tours de Notre-Dame les reflets sanglants de l'astre sur les eaux
du fleuve ; puis, au retour, à se lire les vers qu'on avait composés," Sainte-
Beuve, *Portraits contemporains*, " Victor Hugo en 1831 " (1).

Puis voilà qu'on croit voir, dans le ciel balayé,
Pendre un grand crocodile au dos large et rayé,    20
      Aux trois rangs de dents acérées ;
Sous son ventre plombé glisse un rayon du soir,
Cent nuages ardents luisent sous son flanc noir
      Comme des écailles dorées.

Puis se dresse un palais, puis l'air tremble et tout fuit.
L'édifice effrayant des nuages détruit
      S'écroule en ruines pressées ;
Il jonche au loin le ciel, et ses cônes vermeils
Pendent, la pointe en bas, sur nos têtes, pareils
      A des montagnes renversées.    30

Ces nuages de plomb, d'or, de cuivre, de fer,
Où l'ouragan, la trombe, et la foudre et l'enfer
      Dorment avec de sourds murmures,
C'est Dieu qui les suspend en foule aux cieux profonds,
Comme un guerrier qui pend aux poutres des plafonds
      Ses retentissantes armures !

Tout s'en va ! Le soleil, d'en haut précipité,
Comme un globe d'airain qui, rouge, est rejeté
      Dans les fournaises remuées,
En tombant sur leurs flots, que son choc désunit,    40
Fait en flocons de feu jaillir jusqu'au zénith
      L'ardente écume des nuées !

Oh ! contemplez le ciel ! et dès qu'a fui le jour,
En tout temps, en tout lieu, d'un ineffable amour,
      Regardez à travers ses voiles ;
Un mystère est au fond de leur grave beauté :
L'hiver, quand ils sont noirs comme un linceul ; l'été
      Quand la nuit les brode d'étoiles.

*Juin* 1828.

## VIII. PAN*

'Όλος νόος, ὅλος φῶς, ὅλος ὀφθαλμός.
CLÉM. ALEX.

Si l'on vous dit que l'art et que la poésie
C'est un flux éternel de banale ambroisie,
Que c'est le bruit, la foule, attachés à vos pas,
Ou d'un salon doré l'oisive fantaisie,
Ou la rime en fuyant par la rime saisie,
  Oh ! ne le croyez pas !

O poëtes sacrés, échevelés, sublimes,
Allez, et répandez vos âmes sur les cimes,
Sur les sommets de neige en butte aux aquilons,
Sur les déserts pieux où l'esprit se recueille,  10
Sur les bois que l'automne emporte feuille à feuille,
Sur les lacs endormis dans l'ombre des vallons !

Partout où la nature est gracieuse et belle,
Où l'herbe s'épaissit pour le troupeau qui bêle,
Où le chevreau lascif mord le cytise en fleurs,
Où chante un pâtre assis sous une antique arcade,
Où la brise du soir fouette avec la cascade
  Le rocher tout en pleurs ;

Partout où va la plume et le flocon de laine,
Que ce soit une mer, que ce soit une plaine,  20
Une vieille forêt aux branchages mouvants,
Iles au sol désert, lacs à l'eau solitaire,
Montagnes, océans, neige ou sable, onde ou terre,
Flots ou sillons, partout où vont les quatre vents ;

Partout où le couchant grandit l'ombre des chênes,
Partout où les coteaux croisent leurs molles chaînes,
Partout où sont des champs, des moissons, des cités,
Partout où pend un fruit à la branche épuisée,
Partout où l'oiseau boit des gouttes de rosée,
  Allez, voyez, chantez !  30

---

 * *Les Feuilles d'Automne.* ὅλος νοῦς κ.τ.λ., *Stromata* vii. 5, taken by Clement from Xenophanes.

Allez dans les forêts, allez dans les vallées,
Faites-vous un concert de notes isolées !
Cherchez dans la nature, étalée à vos yeux,
Soit que l'hiver l'attriste ou que l'été l'égaye,
Le mot mystérieux que chaque voix bégaye.
Écoutez ce que dit la foudre dans les cieux !

C'est Dieu qui remplit tout. Le monde, c'est son temple !
Œuvre vivante, où tout l'écoute et le contemple !
Tout lui parle et le chante. Il est seul, il est un !
Dans sa création tout est joie et sourire ;            40
L'étoile qui regarde et la fleur qui respire,
      Tout est flamme ou parfum !

Enivrez-vous de tout ! enivrez-vous, poëtes,
Des gazons, des ruisseaux, des feuilles inquiètes,
Du voyageur de nuit dont on entend la voix,
De ces premières fleurs dont février s'étonne,
Des eaux, de l'air, des prés, et du bruit monotone
Que font les chariots qui passent dans les bois !

Frères de l'aigle ! aimez la montagne sauvage :
Surtout à ces moments où vient un vent d'orage,     50
Un vent sonore et lourd qui grossit par degrés,
Emplit l'espace au loin de nuages et d'ombres,
Et penche sur le bord des précipices sombres
      Les arbres effarés !

Contemplez du matin la pureté divine,
Quand la brume en flocons inonde la ravine,
Quand le soleil, qui cache à demi la forêt,
Montrant sur l'horizon sa rondeur échancrée,
Grandit comme ferait la coupole dorée
D'un palais d'Orient dont on approcherait !            60

Enivrez-vous du soir ! à cette heure où, dans l'ombre
Le paysage obscur, plein de formes sans nombre,
S'efface, des chemins et des fleuves rayé ;
Quand le mont, dont la tête à l'horizon s'élève,
Semble un géant couché qui regarde et qui rêve,
      Sur son coude appuyé !

Si vous avez en vous, vivantes et pressées,
Un monde intérieur d'images, de pensées,
De sentiments, d'amour, d'ardente passion,
Pour féconder ce monde, échangez-le sans cesse     70
Avec l'autre univers visible qui vous presse!
Mêlez toute votre âme à la création!

Car, ô poëtes saints! l'art est le son sublime,
Simple, divers, profond, mystérieux, intime,
Fugitif comme l'eau qu'un rien fait dévier,
Redit par un écho dans toute créature,
Que sous vos doigts puissants exhale la nature,
      Cet immense clavier!

*Novembre* 1831.


# IX. LA VACHE*

Devant la blanche ferme où parfois vers midi
Un vieillard vient s'asseoir sur le sol attiédi,
Où cent poules gaîment mêlent leurs crêtes rouges,
Où, gardiens du sommeil, les dogues dans leurs bouges
Écoutent les chansons du gardien de leur réveil,
Du beau coq vernissé qui reluit au soleil,
Une vache était là tout à l'heure arrêtée.
Superbe, énorme, rousse et de blanc tachetée,
Douce comme une biche avec ses jeunes faons,
Elle avait sous le ventre un beau groupe d'enfants, 10
D'enfants aux dents de marbre, aux cheveux en brous-
      sailles,
Frais, et plus charbonnés que de vieilles murailles,
Qui, bruyants, tous ensemble, à grands cris appelant
D'autres qui, tout petits, se hâtaient en tremblant,
Dérobant sans pitié quelque laitière absente,
Sous leur bouche joyeuse et peut-être blessante
Et sous leurs doigts pressant le lait par mille trous
Tiraient le pis fécond de la mère au poil roux.

* *Les voix intérieures* (1837).

Elle, bonne et puissante, et de son trésor pleine,
Sous leurs mains par moments faisant frémir à peine
Son beau flanc plus ombré qu'un flanc de léopard,   21
Distraite, regardait vaguement quelque part.
Ainsi, Nature, abri de toute créature!
O mère universelle, indulgente Nature!
Ainsi, tous à la fois, mystiques et charnels,
Cherchant l'ombre et le lait sous tes flancs éternels,
Nous sommes là, savants, poëtes, pêle-mêle,
Pendus de toutes parts à ta forte mamelle!
Et tandis qu'affamés, avec des cris vainqueurs,
A tes sources sans fin désaltérant nos cœurs,   30
Pour en faire plus tard notre sang et notre âme,
Nous aspirons à flots ta lumière et ta flamme,
Les feuillages, les monts, les prés verts, le ciel bleu,
Toi sans te déranger, tu rêves à ton Dieu!

*Mai* 1837.


X.   UNE NUIT QU'ON ENTENDAIT LA
      MER SANS LA VOIR*

      Quels sont ces bruits sourds?
      Écoutez vers l'onde
      Cette voix profonde
      Qui pleure toujours
      Et qui toujours gronde,
      Quoiqu'un son plus clair
      Parfois l'interrompe...
      Le vent de la mer
      Souffle dans sa trompe!

      Comme il pleut ce soir!        10
      N'est-ce pas mon hôte?
      Là-bas, à la côte,
      Le ciel est bien noir,
      La mer est bien haute!

          * *Les voix intérieures.*

On dirait l'hiver;
Parfois on s'y trompe...
Le vent de la mer
Souffle dans sa trompe.

Oh! marins perdus!
Au loin, dans cette ombre,      20
Sur la nef qui sombre,
Que de bras tendus
Vers la terre sombre!
Pas d'ancre de fer
Que le flot ne rompe...
Le vent de la mer
Souffle dans sa trompe.

Nochers imprudents!
Le vent dans la voile
Déchire la toile      30
Comme avec des dents!
Là-haut pas d'étoile!
L'un lutte avec l'air,
L'autre est à la pompe...
Le vent de la mer
Souffle dans sa trompe.

C'est toi, c'est ton feu
Que le nocher rêve,
Quand le flot s'élève,
Chandelier que Dieu      40
Pose sur la grève,
Phare au rouge éclair
Que la brume estompe...
Le vent de la mer
Souffle dans sa trompe.

*Juillet* 1836.

## XI.  GUITARE*

Gastibelza, l'homme à la carabine,
    Chantait ainsi :
"Quelqu'un a-t-il connu doña Sabine,
    Quelqu'un d'ici ?
Dansez, chantez, villageois ! la nuit gagne
    Le mont Falù.—
Le vent qui vient à travers la montagne
    Me rendra fou !

"Quelqu'un de vous a-t-il connu Sabine,
    Ma Señora ?         10
Sa mère était la vieille Maugrabine
    D'Antequera,
Qui chaque nuit criait dans la Tour-Magne
    Comme un hibou... —
Le vent qui vient à travers la montagne
    Me rendra fou !

"Dansez, chantez !  Des biens que l'heure envoie
    Il faut user.
Elle était jeune, et son œil plein de joie
    Faisait penser.—      20
A ce vieillard qu'un enfant accompagne
    Jetez un sou !... —
Le vent qui vient à travers la montagne
    Me rendra fou !

"Vraiment, la reine eût près d'elle été laide
    Quand, vers le soir,
Elle passait sur le pont de Tolède
    En corset noir.

* *Les Rayons et les Ombres* (1840).  This poem, which contemporary Frenchmen are inclined to treat with ridicule, has found more favour with English critics and lovers of lyrical poetry.  The late Dr Walter Headlam thought it worthy of translation into Greek.  Cp. *A book of Greek Verse* (1907), p. 185.

Un chapelet du temps de Charlemagne
        Ornait son cou... —        30
Le vent qui vient à travers la montagne
        Me rendra fou !


"Le roi disait, en la voyant si belle,
        A son neveu :
'Pour un baiser, pour un sourire d'elle,
        'Pour un cheveu,
'Infant don Ruy, je donnerais l'Espagne
        'Et le Pérou !'—
Le vent qui vient à travers la montagne
        Me rendra fou !        40


" Je ne sais pas si j'aimais cette dame,
        Mais je sais bien
Que, pour avoir un regard de son âme,
        Moi, pauvre chien,
J'aurais gaiement passé dix ans au bagne
        Sous le verrou... —
Le vent qui vient à travers la montagne
        Me rendra fou !


" Un jour d'été que tout était lumière,
        Vie et douceur,        50
Elle s'en vint jouer dans la rivière
        Avec sa sœur ;
Je vis le pied de sa jeune compagne
        Et son genou... —
Le vent qui vient à travers la montagne
        Me rendra fou !


" Quand je voyais cette enfant, moi le pâtre
        De ce canton,
Je croyais voir la belle Cléopâtre,
        Qui, nous dit-on,        60
Menait César, empereur d'Allemagne,
        Par le licou... —
Le vent qui vient à travers la montagne
        Me rendra fou !

" Dansez, chantez, villageois, la nuit tombe!
      Sabine un jour
A tout vendu, sa beauté de colombe,
      Et son amour,
Pour l'anneau d'or du comte de Saldagne,
      Pour un bijou... —                          70
Le vent qui vient à travers la montagne
      Me rendra fou!

" Sur ce vieux banc souffrez que je m'appuie,
      Car je suis las.
Avec ce comte elle s'est donc enfuie!
      Enfuie, hélas!
Par le chemin qui va vers la Cerdagne,
      Je ne sais où... —
Le vent qui vient à travers la montagne
      Me rendra fou!                              80

" Je la voyais passer de ma demeure,
      Et c'était tout.
Mais à présent je m'ennuie à toute heure,
      Plein de dégoût,
Rêveur oisif, l'âme dans la campagne,
      La dague au clou... —
Le vent qui vient à travers la montagne
      M'a rendu fou!"

*Mars* 1837.

## XII.  OCEANO NOX*

Saint-Valery-sur-Somme.

Oh! combien de marins, combien de capitaines,
Qui sont partis joyeux pour des courses lointaines,
Dans ce morne horizon se sont évanouis!
Combien ont disparu, dure et triste fortune!
Dans une mer sans fond, par une nuit sans lune,
Sous l'aveugle Océan à jamais enfouis!

\* *Les Rayons et les Ombres.*

Combien de patrons morts avec leurs équipages!
L'ouragan de leur vie a pris toutes les pages,
Et d'un souffle il a tout dispersé sous les flots!
Nul ne saura leur fin dans l'abîme plongée.              10
Chaque vague en passant d'un butin s'est chargée;
L'une a saisi l'esquif, l'autre les matelots!

Nul ne sait votre sort, pauvres têtes perdues!
Vous roulez à travers les sombres étendues,
Heurtant de vos fronts morts des écueils inconnus.
Oh! que de vieux parents, qui n'avaient plus qu'un rêve,
Sont morts en attendant tous les jours sur la grève
        Ceux qui ne sont pas revenus!

On s'entretient de vous parfois dans les veillées.
Maint joyeux cercle, assis sur des ancres rouillées,   20
Mêle encor quelque temps vos noms, d'ombres couverts,
Aux rires, aux refrains, aux récits d'aventures,
Aux baisers qu'on dérobe à vos belles futures,
Tandis que vous dormez dans les goëmons verts!

On demande: "Où sont-ils? sont-ils rois dans quelque
        île?
Nous ont-ils délaissés pour un bord plus fertile?"
Puis votre souvenir même est enseveli.
Le corps se perd dans l'eau, le nom dans la mémoire.
Le temps, qui sur toute ombre en verse une plus noire,
Sur le sombre Océan jette le sombre oubli.            30

Bientôt des yeux de tous votre ombre est disparue.
L'un n'a-t-il pas sa barque, et l'autre sa charrue?
Seules, durant ces nuits où l'orage est vainqueur,
Vos veuves aux fronts blancs, lasses de vous attendre,
Parlent encor de vous en remuant la cendre
        De leur foyer et de leur cœur!

Et quand la tombe enfin a fermé leur paupière,
Rien ne sait plus vos noms, pas même une humble pierre
Dans l'étroit cimetière où l'écho nous répond,
Pas même un saule vert qui s'effeuille à l'automne,   40
Pas même la chanson naïve et monotone
Que chante un mendiant à l'angle d'un vieux pont!

Où sont-ils les marins sombrés dans les nuits noires?
O flots, que vous savez de lugubres histoires!
Flots profonds, redoutés des mères à genoux!
Vous vous les racontez en montant les marées,
Et c'est ce qui vous fait ces voix désespérées
Que vous avez le soir quand vous venez vers nous!

*Juillet* 1836.


## XIII.  CHANSON*

Nous nous promenions parmi les décombres,
    A Rozel-Tower,
Et nous écoutions les paroles sombres
    Que disait la mer.

L'énorme Océan—car nous entendîmes
    Ses vagues chansons—
Disait, " Paraissez, vérités sublimes
    Et bleus horizons!

* Le monde captif, sans lois et sans règles,
    Est aux oppresseurs;                          10
Volez dans les cieux, ailes des grands aigles,
    Esprits des penseurs!

" Naissez, levez-vous sur les flots sonores,
    Sur les flots vermeils,
Faites dans la nuit poindre vos aurores,
    Peuples et soleils!

" Vous—laissez passer le foudre et la brume,
    Les vents et les cris,
Affrontez l'orage, affrontez l'écume,
    Rochers et proscrits!"                         20

Jersey, *janvier* 1852.

* *Les Châtiments.*  Hugo's protest from his place of exile against the
act of tyranny—the *coup d'état*—by which on 2 December 1851 Louis-
Napoleon seized the supreme power, made himself perpetual President, and
presently Emperor.

## XIV.   LE CHASSEUR NOIR*

— Qu'es tu, passant, le bois est sombre.
Les corbeaux volent en grand nombre,
      Il va pleuvoir.
— Je suis celui qui va dans l'ombre,
      Le Chasseur Noir !

Les feuilles du bois, du vent remuées,
      Sifflent...on dirait
Qu'un sabbat nocturne emplit des huées
      Toute la forêt ;
Dans une clairière au sein des nuées,                    10
      La lune apparaît.

Chasse le daim, chasse la biche,
Cours dans les bois, cours dans la friche,
      Voici le soir.
Chasse le czar, chasse l'Autriche,
      O Chasseur Noir !

Les feuilles du bois—

    Souffle en ton cor, bouche ta guêtre,
    Chasse les cerfs qui viennent paître
      Près du manoir,                    20
    Chasse le roi, chasse le prêtre,
      O Chasseur Noir !

Les feuilles du bois—

    Il tonne, il pleut, c'est le déluge,
    Le renard fuit, pas de refuge
      Et pas d'espoir !
    Chasse l'espion, chasse le juge,
      O Chasseur Noir !

* *Les Châtiments.*   For the legend of the Wild Huntsman cp. Scott's
note to his translation of Bürger's *Wilde Jäger*.

Les feuilles du bois—
    Tous les démons de saint Antoine     30
    Bondissent dans la folle avoine
        Sans t'émouvoir ;
    Chasse l'abbé, chasse le moine,
        O Chasseur Noir !

Les feuilles du bois—
    Chasse les ours, ta meute jappe.
    Que pas un sanglier n'échappe !
        Fais ton devoir !
    Chasse César, chasse le pape,
        O Chasseur Noir !     40

Les feuilles du bois—
    Le loup de ton sentier s'écarte.
    Que ta meute à sa suite parte !
        Cours ! fais-le choir !
    Chasse le brigand Bonaparte,
        O Chasseur Noir !

Les feuilles du bois, du vent remuées,
        Tombent...on dirait
Que le sabbat sombre aux rauques huées
        A fui la forêt ;     50
Le clair chant du coq perce les nuées ;
        Ciel ! l'aube apparaît !

    Tout reprend sa force première,
    Tu redeviens la France altière,
        Si belle à voir,
    L'Ange blanc vêtu de lumière,
        O Chasseur Noir !

Les feuilles du bois, du vent remuées,
        Tombent...on dirait
Que le sabbat sombre aux rauques huées     60
        A fui la forêt ;
Le clair chant du coq a percé les nuées,
        Ciel ! l'aube apparaît !

Jersey, *septembre* 1853.

## XV.　CHANSON*

Sa grandeur éblouit l'histoire.
　　Quinze ans il fut
Le Dieu qui traînait la victoire
　　Sur un affût ;
L'Europe sous sa loi guerrière
　　Se débattit.—
Toi, son singe, marche derrière,
　　Petit, petit.

Napoléon dans la bataille,
　　Grave et serein,　　　　　　10
Guidait à travers la mitraille
　　L'aigle d'airain.
Il entra sur le pont d'Arcole,
　　Il en sortit.—
Voici de l'or, viens, pille et vole,
　　Petit, petit.

Berlin, Vienne étaient ses maîtresses ;
　　Il les forçait,
Leste, et prenant les forteresses
　　Par le corset ;　　　　　　20
Il triompha de cent batailles
　　Qu'il invertit.—
Voici pour toi, voici des filles,
　　Petit, petit.

Il passait les monts et les plaines,
　　Tenant en main
La palme, la foudre et les rênes
　　Du genre humain ;
Il était ivre de sa gloire
　　Qui retentit,　　　　　　30
Voici du sang, accours, viens boire,
　　Petit, petit.

* *Les Châtiments.*

Quand il tomba, lâchant le monde,
    L'immense mer
Ouvrit à sa chute profonde
    Le gouffre amer ;
Il y plonga, sinistre archange,
    Et s'engloutit.—
Toi, tu te noîras dans la fange,
    Petit, petit.       40

Jersey, *septembre* 1853.

## XVI. RÉPONSE A UN ACTE D'ACCU-SATION*

Quand je sortis du collége, du thème,
Des vers latins, farouche, espèce d'enfant blême
Et grave, au front penchant, aux membres appauvris ;
Quand, tâchant de comprendre et de juger, j'ouvris
Les yeux sur la nature et sur l'art, l'idiome,
Peuple et noblesse, était l'image du royaume ;
La poésie était la monarchie ; un mot
Était un duc et pair, ou n'était qu'un grimaud ;
Les syllabes, pas plus que Paris et que Londre,
Ne se mêlaient ; ainsi marchent sans se confondre  10
Piétons et cavaliers traversant le Pont-Neuf ;
La langue était l'État avant Quatrevingt-neuf ;
Les mots, bien ou mal nés, vivaient parqués en castes ;
Les uns, nobles, hantant les Phèdres, les Jocastes,
Les Méropes, ayant le décorum pour loi,
Et montant à Versailles aux carrosses du roi ;
Les autres, tas de gueux, drôles patibulaires,
Habitant les patois ; quelques-uns aux galères
Dans l'argot ; dévoués à tous les genres bas,
Déchirés en haillons, dans les halles ; sans bas,  20

* *Les Contemplations* (1856), vol. I.
l. I. The poem from which these lines are taken is Hugo's reply to the critics who accused him of outraging good taste and classical form. It is dated 1834, but belongs in its present state to 1854, as is proved by the water mark in the paper on which he wrote it.

Sans perruque; créés pour la prose ou la farce;
Populace du style, au fond de l'ombre éparse;
Vilains, rustres, croquants, que Vaugelas leur chef
Dans le bagne Lexique avait marqués d'une F;
N'exprimant que la vie abjecte et familière;
Vils, dégradés, flétris, bourgeois, bons pour Molière.
Racine regardait ces marauds de travers;
Si Corneille en trouvait un blotti dans son vers,
Il le gardait, trop grand pour dire: "Qu'il s'en aille!"
Et Voltaire criait: "Corneille s'encanaille!"        30
Le bonhomme Corneille, humble, se tenait coi.
Alors, brigand, je vins; je m'écriai: "Pourquoi
Ceux-ci toujours devant, ceux-là toujours derrière?"
Et sur l'Académie, aïeule et douairière,
Cachant sous ses jupons les tropes effarés,
Et sur les bataillons d'alexandrins carrés,
Je fis souffler un vent révolutionnaire.
Je mis un bonnet rouge au vieux dictionnaire.
Plus de mot sénateur! plus de mot roturier!

### XVII. CHANSON*

Si vous n'avez rien à me dire,
Pourquoi venir auprès de moi?
Pourquoi me faire ce sourire
Qui tournerait la tête au roi?
Si vous n'avez rien à me dire,
Pourquoi venir auprès de moi?

Si vous n'avez rien à m'apprendre,
Pourquoi me pressez-vous la main?
Sur le rêve angélique et tendre,
Auquel vous songez en chemin,        10
Si vous n'avez rien à m'apprendre,
Pourquoi me pressez-vous la main?

1. 23. Vaugelas was the first editor of the *Dictionnaire de l'Académie*,
which was not much more than half completed at the time of his death in
1650.
  * *Les Contemplations*, vol. I.

Si vous voulez que je m'en aille,
Pourquoi passez-vous par ici?
Lorsque je vous vois, je tressaille:
C'est ma joie et c'est mon souci.
Si vous voulez que je m'en aille,
Pourquoi passez-vous par ici?

*Mai* 18...

## XVIII.  SATURNE*

### I

Il est des jours de brume et de lumière vague,
Où l'homme, que la vie à chaque instant confond,
Étudiant la plante, ou l'étoile, ou la vague,
S'accoude au bord croulant du problème sans fond;

Où le songeur, pareil aux antiques augures,
Cherchant Dieu, que jadis plus d'un voyant surprit,
Médite en regardant fixement les figures
    Qu'on a dans l'ombre de l'esprit;

Où, comme en s'éveillant on voit, en reflets sombres,
Des spectres du dehors errer sur le plafond,         10
Il sonde le destin, et contemple les ombres
Que nos rêves jetés parmi les choses font!

Des heures où, pourvu qu'on ait à sa fenêtre
Une montagne, un bois, l'Océan qui dit tout,
Le jour prêt à mourir ou l'aube prête à naître,
    En soi-même on voit tout à coup

Sur l'amour, sur les biens qui tous nous abandonnent,
Sur l'homme, masque vide et fantôme rieur,
Éclore des clartés effrayantes, qui donnent
Des éblouissements à l'œil intérieur;         20

De sorte qu'une fois que ces visions glissent
Devant notre paupière en ce vallon d'exil,
Elles n'en sortent plus et pour jamais emplissent
    L'arcade sombre du sourcil!

* *Les Contemplations*, vol. I.

## II

Donc, puisque j'ai parlé de ces heures de doute
Où l'un trouve le calme et l'autre le remords,
Je ne cacherai pas au peuple qui m'écoute
Que je songe souvent à ce que font les morts;

Et que j'en suis venu—tant la nuit étoilée
A fatigué de fois mes regards et mes vœux,      30
Et tant une pensée inquiète est mêlée
    Aux racines de mes cheveux!—

A croire qu'à la mort, continuant sa route,
L'âme, se souvenant de son humanité,
Envolée à jamais sous la céleste voûte,
A franchir l'infini passait l'éternité;

Et que les morts voyaient l'extase et la prière,
Nos deux rayons, pour eux grandir bien plus encore,
Et qu'ils étaient pareils à la mouche ouvrière
    Au vol rayonnant, aux pieds d'or,      40

Qui, visitant les fleurs pleines de chastes gouttes,
Semble une âme visible en ce monde réel,
Et, leur disant tout bas quelque mystère à toutes,
Leur laisse le parfum en leur prenant le miel;

Et qu'ainsi, faits vivants par le sépulcre même,
Nous irions tous, un jour, dans l'espace vermeil,
Lire l'œuvre infinie et l'éternel poëme,
    Vers à vers, soleil à soleil,

Admirer tout système en ses formes fécondes,
Toute création dans sa variété,      50
Et, comparant à Dieu chaque face des mondes,
Avec l'âme de tout confronter leur beauté;

Et que chacun ferait ce voyage des âmes,
Pourvu qu'il ait souffert, pourvu qu'il ait pleuré.
Tous! hormis les méchants, dont les esprits infâmes
    Sont comme un livre déchiré.

Ceux-là! Saturne, un globe horrible et solitaire,
Les prendra pour le temps où Dieu voudra punir,
Châtiés à la fois par le ciel et la terre,
Par l'aspiration et par le souvenir!                    60


### III

Saturne! sphère énorme! astre aux aspects funèbres!
Bagne du ciel! prison dont le soupirail luit!
Monde en proie à la brume, aux souffles, aux ténèbres!
    Enfer fait d'hiver et de nuit!

Son atmosphère flotte en zones tortueuses.
Deux anneaux flamboyants, tournant avec fureur,
Font, dans son ciel d'airain, deux arches monstrueuses
D'où tombe une éternelle et profonde terreur.

Ainsi qu'une araignée au centre de sa toile,
Il tient sept lunes d'or qu'il lie à ses essieux;      70
Pour lui, notre soleil, qui n'est plus qu'une étoile,
    Se perd, sinistre, au fond des cieux!

Les autres univers, l'entrevoyant dans l'ombre,
Se sont épouvantés de ce globe hideux.
Tremblants, ils l'ont peuplé de chimères sans nombre,
En le voyant errer formidable autour d'eux!


### IV

Oh! ce serait vraiment un mystère sublime
Que ce ciel si profond, si lumineux, si beau,
Qui flamboie à nos yeux ouvert comme un abîme,
    Fût l'intérieur d'un tombeau!                       80

Que tout se révélât à nos paupières closes!
Que, morts, ces grands destins nous fussent réservés!...
Qu'en est-il de ce rêve et de bien d'autres choses?
Il est certain, Seigneur, que seul vous le savez.

## V

Il est certain aussi que, jadis, sur la terre,
Le patriarche, ému d'un redoutable effroi,
Et les saints qui peuplaient la Thébaïde austère
    Ont fait des songes comme moi;

Que, dans sa solitude auguste, le prophète
Voyait, pour son regard plein d'étranges rayons,      90
Par la même fêlure aux réalités faite,
S'ouvrir le monde obscur des pâles visions;

Et qu'à l'heure où le jour devant la nuit recule,
Ces sages que jamais l'homme, hélas! ne comprit,
Mêlaient, silencieux, au morne crépuscule
    Le trouble de leur sombre esprit;

Tandis que l'eau sortait des sources cristallines,
Et que les grands lions, de moments en moments
Vaguement apparus au sommet des collines,
Poussaient dans le désert de longs rugissements!      100

*Avril* 1839.


## XIX*

Elle était pâle, et poürtant rose,
Petite avec de grands cheveux.
Elle disait souvent : "Je n'ose,"
Et ne disait jamais : "Je veux."

Le soir, elle prenait ma Bible
Pour y faire épeler sa sœur,
Et, comme une lampe paisible,
Elle éclairait ce jeune cœur.

* *Les Contemplations*, vol. II. This, and the two succeeding poems
refer to Hugo's eldest daughter Léopoldine, who was drowned together
with her husband Auguste Vacquerie in the Seine at Villequier on
4 September 1846.

Sur le saint livre que j'admire
Leurs yeux purs venaient se fixer ;          10
Livre où l'une apprenait à lire,
Où l'autre apprenait à penser !

Sur l'enfant, qui n'eût pas lu seule,
Elle penchait son front charmant,
Et l'on aurait dit une aïeule,
Tant elle parlait doucement !

Elle lui disait : "Sois bien sage !"
Sans jamais nommer le démon ;
Leurs mains erraient de page en page
Sur Moïse et sur Salomon,          20

Sur Cyrus qui vint de la Perse,
Sur Moloch et Léviathan,
Sur l'enfer que Jésus traverse,
Sur l'Éden où rampe Satan !

Moi, j'écoutais... —O joie immense
De voir la sœur près de la sœur !
Mes yeux s'enivraient en silence
De cette ineffable douceur.

Et dans la chambre humble et déserte
Où nous sentions, cachés tous trois,          30
Entrer par la fenêtre ouverte
Les souffles des nuits et des bois,

Tandis que, dans le texte auguste,
Leurs cœurs, lisant avec ferveur,
Puisaient le beau, le vrai, le juste,
Il me semblait, à moi, rêveur,

Entendre chanter des louanges
Autour de nous, comme au saint lieu,
Et voir sous les doigts de ces anges
Tressaillir le livre de Dieu !          40

*Octobre* 1846.

## XX.  VENI, VIDI, VIXI*

J'ai bien assez vécu, puisque dans mes douleurs
Je marche sans trouver de bras qui me secourent,
Puisque je ris à peine aux enfants qui m'entourent,
Puisque je ne suis plus réjoui par les fleurs;

Puisqu'au printemps, quand Dieu met la nature en fête,
J'assiste, esprit sans joie, à ce splendide amour;
Puisque je suis à l'heure où l'homme fuit le jour,
Hélas! et sent de tout la tristesse secrète;

Puisque l'espoir serein dans mon âme est vaincu;
Puisqu'en cette saison des parfums et des roses,    10
O ma fille! j'aspire à l'ombre où tu reposes;
Puisque mon cœur est mort, j'ai bien assez vécu.

Je n'ai pas refusé ma tâche sur la terre.
Mon sillon? Le voilà. Ma gerbe? La voici.
J'ai vécu souriant, toujours plus adouci,
Debout, mais incliné du côté du mystère.

J'ai fait ce que j'ai pu; j'ai servi, j'ai veillé,
Et j'ai vu bien souvent qu'on riait de ma peine.
Je me suis étonné d'être un objet de haine,
Ayant beaucoup souffert et beaucoup travaillé.    20

Dans ce bagne terrestre où ne s'ouvre aucune aile,
Sans me plaindre, saignant, et tombant sur les mains,
Morne, épuisé, raillé par les forçats humains,
J'ai porté mon chaînon de la chaîne éternelle.

Maintenant, mon regard ne s'ouvre qu'à demi;
Je ne me tourne plus même quand on me nomme;
Je suis plein de stupeur et d'ennui, comme un homme
Qui se lève avant l'aube et qui n'a pas dormi.

Je ne daigne plus même, en ma sombre paresse,
Répondre à l'envieux dont la bouche me nuit.    30
O Seigneur! ouvrez-moi les portes de la nuit,
Afin que je m'en aille et que je disparaisse!

*Avril* 1848.

* *Les Contemplations,* vol. II.

## XXI.  A  VILLEQUIER*

Maintenant que Paris, ses pavés et ses marbres,
Et sa brume et ses toits sont bien loin de mes yeux;
Maintenant que je suis sous les branches des arbres,
Et que je puis songer à la beauté des cieux;

Maintenant que du deuil qui m'a fait l'âme obscure
   Je sors, pâle et vainqueur,
Et que je sens la paix de la grande nature
   Qui m'entre dans le cœur;

Maintenant que je puis, assis au bord des ondes,
Ému par ce superbe et tranquille horizon,   10
Examiner en moi les vérités profondes
Et regarder les fleurs qui sont dans le gazon;

Maintenant, ô mon Dieu! que j'ai ce calme sombre
   De pouvoir désormais
Voir de mes yeux la pierre où je sais que dans l'ombre
   Elle dort pour jamais;

Maintenant qu'attendri par ces divins spectacles,
Plaines, forêts, rochers, vallons, fleuve argenté,
Voyant ma petitesse et voyant vos miracles,
Je reprends ma raison devant l'immensité;   20

Je viens à vous, Seigneur, père auquel il faut croire;
   Je vous porte, apaisé,
Les morceaux de ce cœur tout plein de votre gloire
   Que vous avez brisé;

Je viens à vous, Seigneur! confessant que vous êtes
Bon, clément, indulgent et doux, ô Dieu vivant!
Je conviens que vous seul savez ce que vous faites,
Et que l'homme n'est rien qu'un jonc qui tremble
  au vent;

    * *Les Contemplations*, vol. II.

Je dis que le tombeau qui sur les morts se ferme
        Ouvre le firmament, 30
Et que ce qu'ici-bas nous prenons pour le terme
        Est le commencement ;

Je conviens à genoux que vous seul, père auguste,
Possédez l'infini, le réel, l'absolu ;
Je conviens qu'il est bon, je conviens qu'il est juste
Que mon cœur ait saigné, puisque Dieu l'a voulu !

Je ne résiste plus à tout ce qui m'arrive
        Par votre volonté.
L'âme de deuils en deuils, l'homme de rive en rive,
        Roule à l'éternité. 40

Nous ne voyons jamais qu'un seul côté des choses ;
L'autre plonge en la nuit d'un mystère effrayant.
L'homme subit le joug sans connaître les causes.
Tout ce qu'il voit est court, inutile et fuyant.

Vous faites revenir toujours la solitude
        Autour de tous ses pas.
Vous n'avez pas voulu qu'il eût la certitude
        Ni la joie ici-bas !

Dès qu'il possède un bien, le sort le lui retire.
Rien ne lui fut donné, dans ses rapides jours, 50
Pour qu'il s'en puisse faire une demeure, et dire :
"C'est ici ma maison, mon champ et mes amours !"

Il doit voir peu de temps tout ce que ses yeux voient ;
        Il vieillit sans soutiens.
Puisque ces choses sont, c'est qu'il faut qu'elles soient ;
        J'en conviens, j'en conviens !

Le monde est sombre, ô Dieu ! l'immuable harmonie
Se compose des pleurs aussi bien que des chants ;
L'homme n'est qu'un atome en cette ombre infinie,
Nuit où montent les bons, où tombent les méchants. 60

Je sais que vous avez bien autre chose à faire
      Que de nous plaindre tous,
Et qu'un enfant qui meurt, désespoir de sa mère,
      Ne vous fait rien, à vous !

Je sais que le fruit tombe au vent qui le secoue ;
Que l'oiseau perd sa plume et la fleur son parfum ;
Que la création est une grande roue
Qui ne peut se mouvoir sans écraser quelqu'un ;

Les mois, les jours, les flots des mers, les yeux qui
    pleurent,
      Passent sous le ciel bleu ;       70
Il faut que l'herbe pousse et que les enfants meurent ;
      Je le sais, ô mon Dieu !

Dans vos cieux, au delà de la sphère des nues,
Au fond de cet azur immobile et dormant,
Peut-être faites-vous des choses inconnues
Où la douleur de l'homme entre comme élément.

Peut-être est-il utile à vos desseins sans nombre
      Que des êtres charmants
S'en aillent, emportés par le tourbillon sombre
      Des noirs événements.       80

Nos destins ténébreux vont sous des lois immenses
Que rien ne déconcerte et que rien n'attendrit.
Vous ne pouvez avoir de subites clémences
Qui dérangent le monde, ô Dieu, tranquille esprit !

Je vous supplie, ô Dieu ! de regarder mon âme,
      Et de considérer
Qu'humble comme un enfant et doux comme une femme
      Je viens vous adorer !

Considérez encor que j'avais, dès l'aurore,
Travaillé, combattu, pensé, marché, lutté,      90
Expliquant la nature à l'homme qui l'ignore,
Éclairant toute chose avec votre clarté ;

Que j'avais, affrontant la haine et la colère,
Fait ma tâche ici-bas,
Que je ne pouvais pas m'attendre à ce salaire,
Que je ne pouvais pas

Prévoir que, vous aussi, sur ma tête qui ploie
Vous appesantiriez votre bras triomphant,
Et que, vous qui voyez comme j'ai peu de joie,
Vous me reprendriez si vite mon enfant !          100

Qu'une âme ainsi frappée à se plaindre est sujette,
Que j'ai pu blasphémer,
Et vous jeter mes cris comme un enfant qui jette
Une pierre à la mer !

Considérez qu'on doute, ô mon Dieu ! quand on souffre,
Que l'œil qui pleure trop finit par s'aveugler,
Qu'un être que son deuil plonge au plus noir du gouffre,
Quand il ne vous voit plus, ne peut vous contempler,

Et qu'il ne se peut pas que l'homme, lorsqu'il sombre
Dans les afflictions,                              110
Ait présente à l'esprit la sérénité sombre
Des constellations !

Aujourd'hui, moi qui fus faible comme une mère,
Je me courbe à vos pieds devant vos cieux ouverts.
Je me sens éclairé dans ma douleur amère
Par un meilleur regard jeté sur l'univers.

Seigneur, je reconnais que l'homme est en délire
S'il ose murmurer ;
Je cesse d'accuser, je cesse de maudire,
Mais laissez-moi pleurer !                         120

Hélas ! laissez les pleurs couler de ma paupière,
Puisque vous avez fait les hommes pour cela !
Laissez-moi me pencher sur cette froide pierre
Et dire à mon enfant : "Sens-tu que je suis là ?"

Laissez-moi lui parler, incliné sur ses restes,
    Le soir, quand tout se tait,
Comme si, dans sa nuit rouvrant ses yeux célestes,
    Cet ange m'écoutait!

Hélas! vers le passé tournant un œil d'envie,
Sans que rien ici-bas puisse m'en consoler,    130
Je regarde toujours ce moment de ma vie
Où je l'ai vue ouvrir son aile et s'envoler!

Je verrai cet instant jusqu'à ce que je meure,
    L'instant, pleurs superflus!
Où je criai: "L'enfant que j'avais tout à l'heure,
    Quoi donc! je ne l'ai plus!"

Ne vous irritez pas que je sois de la sorte,
O mon Dieu! cette plaie a si longtemps saigné!
L'angoisse dans mon âme est toujours la plus forte,
Et mon cœur est soumis, mais n'est pas résigné.    140

Ne vous irritez pas! fronts que le deuil réclame,
    Mortels sujets aux pleurs,
Il nous est malaisé de retirer notre âme
    De ces grandes douleurs.

Voyez-vous, nos enfants nous sont bien nécessaires,
Seigneur; quand on a vu dans sa vie, un matin,
Au milieu des ennuis, des peines, des misères
Et de l'ombre que fait sur nous notre destin,

Apparaître un enfant, tête chère et sacrée,
    Petit être joyeux,    150
Si beau, qu'on a cru voir s'ouvrir à son entrée
    Une porte des cieux;

Quand on a vu, seize ans, de cet autre soi-même
Croître la grâce aimable et la douce raison;
Lorsqu'on a reconnu que cet enfant qu'on aime
Fait le jour dans notre âme et dans notre maison,

Que c'est la seule joie ici-bas qui persiste
De tout ce qu'on rêva,
Considérez que c'est une chose bien triste
De le voir qui s'en va !                                160

Villequier, 4 *septembre* 1847.


## XXII.  BOOZ ENDORMI*

Booz s'était couché de fatigue accablé ;
Il avait tout le jour travaillé dans son aire,
Puis avait fait son lit à sa place ordinaire ;
Booz dormait auprès des boisseaux pleins de blé.

Ce vieillard possédait des champs de blés et d'orge ;
Il était, quoique riche, à la justice enclin ;
Il n'avait pas de fange en l'eau de son moulin ;
Il n'avait pas d'enfer dans le feu de sa forge.

Sa barbe était d'argent comme un ruisseau d'avril.
Sa gerbe n'était point avare ni haineuse ;                10
Quand il voyait passer quelque pauvre glaneuse :
"Laissez tomber exprès des épis," disait-il.

Cet homme marchait pur loin des sentiers obliques,
Vêtu de probité candide et de lin blanc ;
Et, toujours du côté des pauvres ruisselant,
Ses sacs de grains semblaient des fontaines publiques.

Booz était bon maître et fidèle parent ;
Il était généreux, quoiqu'il fût économe ;
Les femmes regardaient Booz plus qu'un jeune homme,
Car le jeune homme est beau, mais le vieillard est grand

---

* *La Légende des Siècles* (1859), vol. I; the succeeding volumes appeared
in 1873 and 1883 respectively. The contents of the three volumes were
afterwards rearranged so as to form a continuous whole. This work of
which the original title was *Les petites épopées* justifies in great measure
Hugo's claim to be considered an epic poet. "Booz endormi" in its
form and structure offers an example of the classical tradition which is rare
in Hugo's work.

Le vieillard, qui revient vers la source première,          21
Entre aux jours éternels et sort des jours changeants ;
Et l'on voit de la flamme aux yeux des jeunes gens,
Mais dans l'œil du vieillard on voit de la lumière.

Donc, Booz dans la nuit dormait parmi les siens.
Près des meules, qu'on eût prises pour des décombres,
Les moissonneurs couchés faisaient des groupes sombres ;
Et ceci se passait dans des temps très-anciens.

Les tribus d'Israël avaient pour chef un juge ;
La terre, où l'homme errait sous la tente, inquiet          30
Des empreintes de pieds de géants qu'il voyait,
Était encor mouillée et molle du déluge.

Comme dormait Jacob, comme dormait Judith,
Booz, les yeux fermés, gisait sous la feuillée ;
Or, la porte du ciel s'étant entre-bâillée
Au-dessus de sa tête, un songe en descendit.

Et ce songe était tel, que Booz vit un chêne
Qui, sorti de son ventre, allait jusqu'au ciel bleu ;
Une race y montait comme une longue chaîne ;
Un roi chantait en bas, en haut mourait un Dieu.          40

Et Booz murmurait avec la voix de l'âme :
"Comment se pourrait-il que de moi ceci vînt ?
Le chiffre de mes ans a passé quatre-vingt,
Et je n'ai pas de fils, et je n'ai plus de femme.

"Voilà longtemps que celle avec qui j'ai dormi,
O Seigneur ! a quitté ma couche pour la vôtre ;
Et nous sommes encor tout mêlés l'un à l'autre,
Elle à demi vivante et moi mort à demi.

"Une race naîtrait de moi ! Comment le croire !
Comment se pourrait-il que j'eusse des enfants ?          50
Quand on est jeune, on a des matins triomphants ;
Le jour sort de la nuit comme d'une victoire ;

"Mais, vieux, on tremble ainsi qu'à l'hiver le bouleau ;
Je suis veuf, je suis seul, et sur moi le soir tombe,
Et je courbe, ô mon Dieu ! mon âme vers la tombe,
Comme un bœuf ayant soif penche son front vers l'eau."

Ainsi parlait Booz dans le rêve et l'extase,
Tournant vers Dieu ses yeux par le sommeil noyés ;
Le cèdre ne sent pas une rose à sa base,
Et lui ne sentait pas une femme à ses pieds.                60

Pendant qu'il sommeillait, Ruth, une Moabite,
S'était couchée aux pieds de Booz, le sein nu,
Espérant on ne sait quel rayon inconnu,
Quand viendrait du réveil la lumière subite.

Booz ne savait point qu'une femme était là,
Et Ruth ne savait point ce que Dieu voulait d'elle.
Un frais parfum sortait des touffes d'asphodèle ;
Les souffles de la nuit flottaient sur Galgala.

L'ombre était nuptiale, auguste et solennelle ;
Les anges y volaient sans doute obscurément,              70
Car on voyait passer dans la nuit, par moment,
Quelque chose de bleu qui paraissait une aile.

La respiration de Booz qui dormait
Se mêlait au bruit sourd des ruisseaux sur la mousse.
On était dans le mois où la nature est douce,
Les collines ayant des lys sur leur sommet.

Ruth songeait et Booz dormait ; l'herbe était noire ;
Les grelots des troupeaux palpitaient vaguement ;
Une immense bonté tombait du firmament ;
C'était l'heure tranquille où les lions vont boire.        80

Tout reposait dans Ur et dans Jérimadeth ;
Les astres émaillaient le ciel profond et sombre ;
Le croissant fin et clair parmi ces fleurs de l'ombre
Brillait à l'occident, et Ruth se demandait,

1. 81.   There is no such place as Jerimadeth mentioned in the Bible.

Immobile, ouvrant l'œil à moitié sous ses voiles,
Quel dieu, quel moissonneur de l'éternel été
Avait, en s'en allant, négligemment jeté
Cette faucille d'or dans le champ des étoiles.

## XXIII.  UN PEU DE MUSIQUE*

Écoutez!—Comme un nid qui murmure invisible,
Un bruit confus s'approche, et des rires, des voix,
Des pas, sortent du fond vertigineux des bois.

Et voici qu'à travers la grande forêt brune
Qu'emplit la rêverie immense de la lune,
On entend frissonner et vibrer mollement,
Communiquant au bois son doux frémissement,
La guitare des monts d'Inspruck, reconnaissable
Au grelot de son manche où sonne un grain de sable;
Il s'y mêle la voix d'un homme, et ce frisson      10
Prend un sens et devient une vague chanson:

  " Si tu veux, faisons un rêve,
  Montons sur deux palefrois;
  Tu m'emmènes, je t'enlève.
  L'oiseau chante dans les bois.

  " Je suis ton maître et ta proie;
  Partons, c'est la fin du jour;
  Mon cheval sera la joie,
  Ton cheval sera l'amour.

  " Nous ferons toucher leurs têtes;      20
  Les voyages sont aisés;
  Nous donnerons à ces bêtes
  Une avoine de baisers.

  " Viens! nos doux chevaux mensonges
  Frappent du pied tous les deux,
  Le mien au fond de mes songes,
  Et le tien au fond des cieux.

* *La Légende des Siècles*, vol. I, the Song of "Joss" in "Eviradnus."

"Un bagage est nécessaire :
Nous emporterons nos vœux,
Nos bonheurs, notre misère,     30
Et la fleur de tes cheveux.

"Viens, le soir brunit les chênes,
Le moineau rit ; ce moqueur
Entend le doux bruit des chaînes
Que tu m'as mises au cœur.

"Ce ne sera point ma faute
Si les forêts et les monts,
En nous voyant côte à côte,
Ne murmurent pas : 'Aimons !'

"Viens, sois tendre, je suis ivre.     40
O les verts taillis mouillés !
Ton souffle te fera suivre
Des papillons réveillés.

"L'envieux oiseau nocturne,
Triste, ouvrira son œil rond ;
Les nymphes, penchant leur urne,
Dans les grottes souriront,

"Et diront : 'Sommes-nous folles ?
C'est Léandre avec Héro ;
En écoutant leurs paroles     50
Nous laissons tomber notre eau.'

"Allons-nous-en par l'Autriche !
Nous aurons l'aube à nos fronts ;
Je serai grand, et toi riche,
Puisque nous nous aimerons.

"Allons nous en par la terre,
Sur nos deux chevaux charmants,
Dans l'azur, dans le mystère,
Dans les éblouissements !

«Nous entrerons à l'auberge,                    60
Et nous payerons l'hôtelier
De ton sourire de vierge,
De mon bonjour d'écolier.

«Tu seras dame, et moi comte ;
Viens, mon cœur s'épanouit,
Viens, nous conterons ce conte
Aux étoiles de la nuit.»

La mélodie encor quelques instants se traîne
Sous les arbres bleuis par la lune sereine,
Puis tremble, puis expire ; et la voix qui chantait    70
S'éteint comme un oiseau se pose ; tout se tait.

## XXIV.  LA ROSE DE L'INFANTE*

Elle est toute petite ; une duègne la garde.
Elle tient à la main une rose et regarde.
Quoi ? que regarde-t-elle ?  Elle ne sait pas.  L'eau,
Un bassin qu'assombrit le pin et le bouleau,
Ce qu'elle a devant elle ; un cygne aux ailes blanches,
Le bercement des flots sous la chanson des branches,
Et le profond jardin rayonnant et fleuri.
Tout ce bel ange a l'air dans la neige pétri.
On voit un grand palais comme au fond d'une gloire,
Un parc, de clairs viviers où les biches vont boire,   10
Et des paons étoilés sous les bois chevelus.
L'innocence est sur elle une blancheur de plus ;
Toutes ses grâces font comme un faisceau qui tremble.
Autour de cette enfant l'herbe est splendide et semble
Pleine de vrais rubis et de diamants fins ;
Un jet de saphirs sort des bouches des dauphins.
Elle se tient au bord de l'eau ; sa fleur l'occupe ;
Sa basquine est en point de Gênes ; sur sa jupe
Une arabesque, errant dans les plis du satin,

* *La Légende des Siècles.* It is possible that this poem was suggested by the portrait, now in the Louvre, of the Infanta Margareta, holding a rose, by Velasquez (1599–1660).

Suit les mille détours d'un fil d'or florentin.             20
La rose épanouie et toute grande ouverte,
Sortant du frais bouton comme d'une urne verte,
Charge la petitesse exquise de sa main ;
Quand l'enfant, allongeant ses lèvres de carmin,
Fronce, en la respirant, sa riante narine,
La magnifique fleur, royale et purpurine,
Cache plus qu'à demi ce visage charmant,
Si bien que l'œil hésite, et qu'on ne sait comment
Distinguer de la fleur ce bel enfant qui joue,
Et si l'on voit la rose ou si l'on voit la joue.             30
Ses yeux bleus sont plus beaux sous son pur sourcil
        brun.
En elle tout est joie, enchantement, parfum ;
Quel doux regard, l'azur ! et quel doux nom, Marie !
Tout est rayon ; son œil éclaire et son nom prie.
Pourtant, devant la vie et sous le firmament,
Pauvre être ! elle se sent très-grande vaguement ;
Elle assiste au printemps, à la lumière, à l'ombre,
Au grand soleil couchant horizontal et sombre,
A la magnificence éclatante du soir,                        39
Aux ruisseaux murmurants qu'on entend sans les voir,
Aux champs, à la nature éternelle et sereine,
Avec la gravité d'une petite reine ;
Elle n'a jamais vu l'homme que se courbant ;
Un jour elle sera duchesse de Brabant ;
Elle gouvernera la Flandre ou la Sardaigne.
Elle est l'infante, elle a cinq ans, elle dédaigne.
Car les enfants des rois sont ainsi ; leurs fronts blancs
Portent un cercle d'ombre, et leurs pas chancelants
Sont des commencements de règne.  Elle respire
Sa fleur en attendant qu'on lui cueille un empire ;       50
Et son regard, déjà royal, dit : "C'est à moi."
Il sort d'elle un amour mêlé d'un vague effroi.
Si quelqu'un la voyant si tremblante et si frêle,
Fût ce pour la sauver, mettait la main sur elle,

l. 33.   Philip II (see lines 70 ff.) had two daughters, neither of whom
was named Mary.

Avant qu'il eût pu faire un pas ou dire un mot,
Il aurait sur le front l'ombre de l'échafaud.

La douce enfant sourit, ne faisant autre chose
Que de vivre et d'avoir dans la main une rose,
Et d'être là devant le ciel, parmi les fleurs.

Le jour s'éteint ; les nids chuchotent, querelleurs ;    60
Les pourpres du couchant sont dans les branches d'arbre ;
La rougeur monte au front des déesses de marbre
Qui semblent palpiter, sentant venir la nuit ;
Et tout ce qui planait redescend ; plus de bruit,
Plus de flamme ; le soir mystérieux recueille
Le soleil sous la vague et l'oiseau sous la feuille.

Pendant que l'enfant rit, cette fleur à la main,
Dans le vaste palais catholique romain
Dont chaque ogive semble au soleil une mitre,
Quelqu'un de formidable est derrière la vitre ;    70
On voit d'en bas une ombre, au fond d'une vapeur,
De fenêtre en fenêtre errer, et l'on a peur ;
Cette ombre au même endroit, comme en un cimetière,
Parfois est immobile une journée entière ;
C'est un être effrayant qui semble ne rien voir ;
Il rôde d'une chambre à l'autre, pâle et noir ;
Il colle aux vitraux blancs son front lugubre, et songe ;
Spectre blême ! Son ombre aux feux du soir s'allonge ;
Son pas funèbre est lent comme un glas de beffroi ;
Et c'est la Mort, à moins que ce ne soit le Roi.    80

C'est lui ; l'homme en qui vit et tremble le royaume.
Si quelqu'un pouvait voir dans l'œil de ce fantôme
Debout en ce moment, l'épaule contre un mur,
Ce qu'on apercevrait dans cet abîme obscur,
Ce n'est pas l'humble enfant, le jardin, l'eau moirée
Reflétant le ciel d'or d'une claire soirée,
Les bosquets, les oiseaux se becquetant entre eux,
Non : au fond de cet œil comme l'onde vitreux,
Sous ce fatal sourcil qui dérobe à la sonde
Cette prunelle autant que l'Océan profonde,    90

Ce qu'on distinguerait, c'est, mirage mouvant,
Tout un vol de vaisseaux en fuite dans le vent,
Et dans l'écume, aux plis des vagues, sous l'étoile,
L'immense tremblement d'une flotte à la voile,
Et, là-bas, sous la brume, une île, un blanc rocher,
Écoutant sur les flots ces tonnerres marcher.
Telle est la vision qui, dans l'heure où nous sommes,
Emplit le froid cerveau de ce maître des hommes,
Et qui fait qu'il ne peut rien voir autour de lui.
L'armada, formidable et flottant point d'appui     100
Du levier dont il va soulever tout un monde,
Traverse en ce moment l'obscurité de l'onde ;
Le roi, dans son esprit, la suit des yeux, vainqueur,
Et son tragique ennui n'a plus d'autre lueur.
Philippe deux était une chose terrible.
Iblis dans le Coran et Caïn dans la Bible
Sont à peine aussi noirs qu'en son Escurial
Ce royal spectre, fils du spectre impérial.
Philippe deux était le Mal tenant le glaive.
Il occupait le haut du monde comme un rêve.     110
Il vivait : nul n'osait le regarder ; l'effroi
Faisait une lumière étrange autour du roi ;
On tremblait rien qu'à voir passer ses majordomes,
Tant il se confondait, aux yeux troublés des hommes,
Avec l'abîme, avec les astres du ciel bleu !
Tant semblait grande à tous son approche de Dieu !
Sa volonté, fatale, enfoncée, obstinée,
Était comme un crampon mis sur la destinée ;
Il tenait l'Amérique et l'Inde, il s'appuyait
Sur l'Afrique, il régnait sur l'Europe, inquiet     120
Seulement du côté de la sombre Angleterre ;
Sa bouche était silence et son âme mystère ;
Son trône était de piége et de fraude construit ;
Il avait pour soutien la force de la nuit ;
L'ombre était le cheval de sa statue équestre.
Toujours vêtu de noir, ce Tout-Puissant terrestre
Avait l'air d'être en deuil de ce qu'il existait ;
Il ressemblait au sphinx qui digère et se tait
Immuable ; étant tout, il n'avait rien à dire.

Nul n'avait vu ce roi sourire, le sourire 130
N'étant pas plus possible à ces lèvres de fer
Que l'aurore à la grille obscure de l'enfer.
S'il secouait parfois sa torpeur de couleuvre,
C'était pour assister le bourreau de son œuvre,
Et sa prunelle avait pour clarté le reflet
Des bûchers sur lesquels par moments il soufflait.
Il était redoutable à la pensée, à l'homme,
A la vie, au progrès, au droit, dévot à Rome ;
C'était Satan régnant au nom de Jésus-Christ ;
Les choses qui sortaient de son nocturne esprit 140
Semblaient un glissement sinistre de vipères.
L'Escurial, Burgos, Aranjuez, ses repaires,
Jamais n'illuminaient leurs livides plafonds ;
Pas de festins, jamais de cour, pas de bouffons ;
Les trahisons pour jeu, l'auto-da-fé pour fête.
Les rois troublés avaient au-dessus de leur tête
Ses projets dans la nuit obscurément ouverts ;
Sa rêverie était un poids sur l'univers ;
Il pouvait et voulait tout vaincre et tout dissoudre ;
Sa prière faisait le bruit sourd d'une foudre ; 150
De grands éclairs sortaient de ses songes profonds.
Ceux auxquels il pensait disaient : "Nous étouffons."
Et les peuples, d'un bout à l'autre de l'empire,
Tremblaient, sentant sur eux ces deux yeux fixes luire.

Charles fut le vautour, Philippe est le hibou.

Morne en son noir pourpoint, la toison d'or au cou,
On dirait du destin la froide sentinelle.
Son immobilité commande ; sa prunelle
Luit comme un soupirail de caverne ; son doigt
Semble, ébauchant un geste obscur que nul ne voit, 160
Donner un ordre à l'ombre et vaguement l'écrire.
Chose inouïe ! il vient de grincer un sourire,
Un sourire insondable, impénétrable, amer.
C'est que la vision de son armée en mer
Grandit de plus en plus dans sa sombre pensée ;

l. 155. Cp. "Philippe II éteignit la royauté comme son père (Charles V) avait éteint la nation." Mignet.

C'est qu'il la voit voguer par son dessein poussée,
Comme s'il était là, planant sous le zénith;
Tout est bien; l'Océan docile s'aplanit;
L'armada lui fait peur comme au déluge l'arche;
La flotte se déploie en bon ordre de marche,            170
Et, les vaisseaux gardant les espaces fixés,
Échiquier de tillacs, de ponts, de mâts dressés,
Ondule sur les eaux comme une immense claie.
Ces vaisseaux sont sacrés, les flots leur font la haie;
Les courants, pour aider ces nefs à débarquer,
Ont leur besogne à faire et n'y sauraient manquer;
Autour d'elles la vague avec amour déferle,
L'écueil se change en port, l'écume tombe en perle.
Voici chaque galère avec son gastadour;
Voilà ceux de l'Escaut, voilà ceux de l'Adour;         180
Les cent mestres de camp et les deux connétables;
L'Allemagne a donné ses ourques redoutables,
Naples ses brigantins, Cadix ses galions,
Lisbonne ses marins, car il faut des lions.
Et Philippe se penche, et, qu'importe l'espace?
Non-seulement il voit, mais il entend. On passe,
On court, on va. Voici le cri des porte-voix,
Le pas des matelots courant sur les pavois,
Les moços, l'amiral appuyé sur son page,
Les tambours, les sifflets des maîtres d'équipage,     190
Les signaux pour la mer, l'appel pour les combats,
Le fracas sépulcral et noir du branle-bas.
Sont-ce des cormorans? sont-ce des citadelles?
Les voiles font un vaste et sourd battement d'ailes;
L'eau gronde, et tout ce groupe énorme vogue, et fuit,
Et s'enfle et roule avec un prodigieux bruit.
Et le lugubre roi sourit de voir groupées
Sur quatre cents vaisseaux quatre-vingt mille épées.
O rictus du vampire assouvissant sa faim!
Cette pâle Angleterre, il la tient donc enfin!          200
Qui pourrait la sauver? Le feu va prendre aux poudres.
Philippe dans sa droite a la gerbe des foudres;
Qui pourrait délier ce faisceau dans son poing?
N'est-il pas le seigneur qu'on ne contredit point?

N'est-il pas l'héritier de César? le Philippe
Dont l'ombre immense va du Gange au Pausilippe?
Tout n'est-il pas fini quand il a dit: "Je veux!"
N'est-ce pas lui qui tient la victoire aux cheveux?
N'est-ce pas lui qui lance en avant cette flotte,
Ces vaisseaux effrayants dont il est le pilote          210
Et que la mer charrie ainsi qu'elle le doit?
Ne fait-il pas mouvoir avec son petit doigt
Tous ces dragons ailés et noirs, essaim sans nombre?
N'est-il pas, lui, le roi? n'est-il pas l'homme sombre
A qui ce tourbillon de monstres obéit?

Quand Béit-Cifresil, fils d'Abdallah-Béit,
Eut creusé le grand puits de la mosquée, au Caire,
Il y grava: "Le ciel est à Dieu; j'ai la terre."
Et, comme tout se tient, se mêle et se confond,
Tous les tyrans n'étant qu'un seul despote au fond,      220
Ce que dit ce sultan jadis, ce roi le pense.
Cependant, sur le bord du bassin, en silence,
L'infante tient toujours sa rose gravement,
Et, doux ange aux yeux bleus, la baise par moment.
Soudain un souffle d'air, une de ces haleines
Que le soir frémissant jette à travers les plaines,
Tumultueux zéphyr effleurant l'horizon,
Trouble l'eau, fait frémir les joncs, met un frisson
Dans les lointains massifs de myrte et d'asphodèle,
Vient jusqu'au bel enfant tranquille, et, d'un coup d'aile,
Rapide, et secouant même l'arbre voisin,                 231
Effeuille brusquement la fleur dans le bassin;
Et l'infante n'a plus dans la main qu'une épine.
Elle se penche, et voit sur l'eau cette ruine;
Elle ne comprend pas; qu'est-ce donc? Elle a peur;
Et la voilà qui cherche au ciel avec stupeur
Cette brise qui n'a pas craint de lui déplaire.
Que faire? le bassin semble plein de colère;
Lui, si clair tout à l'heure, il est noir maintenant;
Il a des vagues; c'est une mer bouillonnant;           240

l. 216. These are fancy names, recollections apparently of Arabic
place-names. Beit=town, and Kefr=village. But Abdallah Bey makes
good sense. Hugo may have confused *beit*, house, with *bey*, prince.

Toute la pauvre rose est éparse sur l'onde;
Ses cent feuilles que noie et roule l'eau profonde,
Tournoyant, naufrageant, s'en vont de tous côtés
Sur mille petits flots par la brise irrités;
On croit voir dans un gouffre une flotte qui sombre.
"Madame," dit la duègne avec sa face d'ombre
A la petite fille étonnée et rêvant,
"Tout sur terre appartient aux princes, hors le vent."


## XXV.  DE LA FEMME AU CIEL*

L'âme a des étapes profondes.
On se laisse d'abord charmer,
Puis convaincre.  Ce sont deux mondes.
Comprendre est au delà d'aimer.

Aimer, comprendre : c'est le faîte.
Le Cœur, cet oiseau du vallon,
Sur le premier degré s'arrête ;
L'Esprit vole à l'autre échelon.

A l'amant succède l'archange ;
Le baiser, puis le firmament ;                    10
Le point d'obscurité se change
En un point de rayonnement.

Mets de l'amour sur cette terre
Dans les vains brins d'herbe flottants,
Cette herbe devient, ô mystère !
Le nid sombre au fond du printemps.

Ajoute, en écartant son voile,
De la lumière au nid béni,
Et le nid deviendra l'étoile
Dans la forêt de l'infini.                         20

* *Chansons des rues et des bois* (1865).  A volume of poems in quatrains.

## XXVI.  SAISON DES SEMAILLES, LE SOIR*

C'est le moment crépusculaire.
J'admire, assis sous un portail,
Ce reste de jour dont s'éclaire
La dernière heure du travail.

Dans les terres, de nuit baignées,
Je contemple, ému, les haillons
D'un vieillard qui jette à poignées
La moisson future aux sillons.

Sa haute silhouette noire
Domine les profonds labours.                    10
On sent à quel point il doit croire
A la fuite utile des jours.

Il marche dans la plaine immense,
Va, vient, lance la graine au loin,
Rouvre sa main, et recommence,
Et je médite, obscur témoin,

Pendant que, déployant ses voiles,
L'ombre, où se mêle une rumeur,
Semble élargir jusqu'aux étoiles
Le geste auguste du semeur.                     20

## XXVII.  QUATRIÈME PROMENADE†

Dieu! que les monts sont beaux avec ces taches d'ombre!
Que la mer a de grâce, et le ciel de clarté!
De mes jours passagers que m'importe le nombre!
Je touche l'infini, je vois l'éternité.

Orages! passions! taisez-vous dans mon âme!
Jamais si près de Dieu mon cœur n'a pénétré.
Le couchant me regarde avec ses yeux de flamme,
La vaste mer me parle, et je me sens sacré.

* *Chansons des rues et des bois.*
† *Les quatre vents de l'Esprit*, 3rd part, "Livre lyrique."  The poem
probably belongs to the period 1843, though not published till 1881.

Béni soit qui me hait, et béni soit qui m'aime!
A l'amour, à l'esprit, donnons tous nos instants.        10
Fou qui poursuit la gloire, ou qui creuse un problème!
Moi, je ne veux qu'aimer, car j'ai si peu de temps!

L'étoile sort des flots où le soleil se noie;
Le nid chante; la vague à mes pieds retentit;
Dans toute sa splendeur le soleil se déploie.
Mon Dieu! que l'âme est grande, et que l'homme est petit!

Tous les objets créés, feu qui luit, mer qui tremble,
Ne savent qu'à demi le grand nom du Très-Haut.
Ils jettent vaguement des sons que seul j'assemble;
Chacun dit sa syllabe, et moi je dis le mot.        20

Ma voix s'élève aux cieux, comme la tienne, abîme!
Mer, je rêve avec toi! monts, je prie avec vous!
La nature est l'encens, pur, éternel, sublime;
Moi, je suis l'encensoir intelligent et doux.


# THÉOPHILE GAUTIER

## I. SOLEIL COUCHANT*

> *Notre Dame*
> *Que c'est beau!*
> VICTOR HUGO.

En passant sur le pont de la Tournelle, un soir,
Je me suis arrêté quelques instants pour voir
Le Soleil se coucher derrière Notre-Dame.
Un nuage splendide à l'horizon de flamme,
Tel qu'un oiseau géant qui va prendre l'essor,
D'un bout du ciel à l'autre ouvrait ses ailes d'or,
—Et c'étaient des clartés à baisser la paupière.

---

* From *Poésies* (1830). For the subject see above p. 42. The Pont de la Tournelle, so called from a fortress of that name built by Philip Augustus and demolished in 1792, connects the Ile de Saint-Louis with the left bank of the Seine. It is therefore just to the east of Notre-Dame, of which it commands a splendid view.

Les tours au front orné de dentelles de pierre,
Le drapeau que le vent fouette, les minarets
Qui s'élèvent pareils aux sapins des forêts.     10
Les pignons tailladés que surmontent des anges
Aux corps roides et longs, aux figures étranges,
D'un fond clair ressortaient en noir ; l'archevêché,
Comme au pied de sa mère un jeune enfant couché,
Se dessinait au pied de l'église, dont l'ombre
S'allongeait à l'entour mystérieuse et sombre.
—Plus loin, un rayon rouge allumait les carreaux
D'une maison du quai :—l'air était doux : les eaux
Se plaignaient contre l'arche à doux bruit, et la vague
De la vieille cité berçait l'image vague ;     20
Et moi, je regardais toujours, ne songeant pas
Que la nuit étoilée arrivait à grands pas.

## II. PAN DE MUR*

*La mousse des vieux jours qui brunit sa surface,
Et d'hiver en hiver incrustée à ses flancs,
Donne en lettre vivante une date à ses ans.*
          *Harmonies.*

*...Qu'il vienne à ma croisée.*
          PETRUS BOREL.

De la maison momie enterrée au Marais
Où, du monde cloîtré, jadis je demeurais,
L'un a pour perspective une muraille sombre,
Où des pignons voisins tombe, à grands angles, l'ombre.
A ses flancs dégradés par les pluies et les ans,
Pousse dans les gravois l'ortie aux feux cuisants,
Et sur ses pieds moisis, comme un tapis verdâtre,
La mousse se déploie et fait gercer le plâtre.
—Une treille stérile avec ses bras grimpants
Jusqu'au premier étage en festonne les pans ;     10
Le bleu volubilis dans les fentes s'accroche,

* From *Albertus, ou l'Ame et le Péché* (1833). Petrus Borel, le Lycan-
thrope, as he called himself, cultivated eccentricity, but his verse and prose
show considerable litemry talent. Lamartine, *Harmonies poétiques et
religieuses*, II. 2, "Milly."

La capucine rouge épanouit sa cloche,
Et, mariant en l'air leurs tranchantes couleurs,
A sa fenêtre font comme un cadre de fleurs :
Car elle n'en a qu'une, et sans cesse vous lorgne
De son regard unique ainsi que fait un borgne.
Allumant aux braisiers du soir, comme autant d'yeux,
Dans leurs mailles de plomb ses carreaux chassieux.
—Une caisse d'œillets, un pot de giroflée
Qui laisse choir au vent sa feuille étiolée,                    20
Et du soleil oblique implore le regard,
Une cage d'osier où saute un geai criard,
C'est un tableau tout fait qui vaut qu'on l'étudie ;
Mais il faut pour le rendre une touche hardie,
Une palette riche où luise plus d'un ton,
Celle de Boulanger ou bien de Bonnington.


## III.  LE POT DE FLEURS*

Parfois un enfant trouve une petite graine,
Et tout d'abord, charmé de ses vives couleurs,
Pour la planter, il prend un pot de porcelaine
Orné de dragons bleus et de bizarres fleurs.

Il s'en va.   La racine en couleuvres s'allonge,
Sort de terre, fleurit et devient arbrisseau ;
Chaque jour, plus avant, son pied chevelu plonge
Tant qu'il fasse éclater le ventre du vaisseau.

L'enfant revient ; surpris, il voit la plante grasse
Sur les débris du pot brandir ses verts poignards ;   10
Il la veut arracher, mais la tige est tenace ;
Il s'obstine, et ses doigts s'ensanglantent aux dards.

---

l. 26.   For Boulanger see above p. 33 and *R. M.* p. 62.   Richard Parker
Bonington (not Bonnington) was an English *genre* and landscape painter
of great merit, who died in 1828 in his twenty-seventh year.   He went at
fifteen to Paris, where he won a considerable reputation especially with
the rising Romantic School.   He is represented best in the Wallace
collection, where there are thirty-five of his works.

* From *La Comédie de la Mort* (1838).   Cp. "Le vase brisé" of Sully
Prudhomme.

Ainsi germa l'amour dans mon âme surprise ;
Je croyais ne semer qu'une fleur de printemps :
C'est un grand aloès dont la racine brise
Le pot de porcelaine aux dessins éclatants.


## IV.  SYMPHONIE EN BLANC MAJEUR*

De leur col blanc courbant les lignes,
On voit dans les contes du Nord,
Sur le vieux Rhin, des femmes-cygnes
Nager en chantant près du bord.

Ou, suspendant à quelque branche
Le plumage qui les revêt,
Faire luire leur peau plus blanche
Que la neige de leur duvet.

De ces femmes il en est une,
Qui chez nous descend quelquefois,                    10
Blanche comme le clair de lune
Sur les glaciers dans les cieux froids ;

Conviant la vue enivrée
De sa boréale fraîcheur
A des régals de chair nacrée,
A des débauches de blancheur !

Son sein, neige moulée en globe,
Contre les camélias blancs
Et le blanc satin de sa robe
Soutient des combats insolents.                    20

Dans ces grandes batailles blanches,
Satins et fleurs ont le dessous,
Et, sans demander leurs revanches,
Jaunissent comme des jaloux.

* From *Émaux et Camées* (1852).

Sur les blancheurs de son épaule,
Paros au grain éblouissant,
Comme dans une nuit du pôle,
Un givre invisible descend.

De quel mica de neige vierge,
De quelle moelle de roseau,                                      30
De quelle hostie et de quel cierge
A-t-on fait le blanc de sa peau?

A-t-on pris la goutte lactée
Tachant l'azur du ciel d'hiver,
Le lis à la pulpe argentée,
La blanche écume de la mer;

Le marbre blanc, chair froide et pâle,
Où vivent les divinités;
L'argent mat, la laiteuse opale
Qu'irisent de vagues clartés;                                   40

L'ivoire, où ses mains ont des ailes,
Et, comme des papillons blancs,
Sur la pointe des notes frêles
Suspendent leurs baisers tremblants;

L'hermine vierge de souillure,
Qui, pour abriter leurs frissons,
Ouate de sa blanche fourrure
Les épaules et les blasons;

Le vif-argent aux fleurs fantasques
Dont les vitraux sont ramagés;                                  50
Les blanches dentelles des vasques,
Pleurs de l'ondine en l'air figés;

L'aubépine de mai qui plie
Sous les blancs frimas de ses fleurs;
L'albâtre où la mélancolie
Aime à retrouver ses pâleurs;

Le duvet blanc de la colombe,
Neigeant sur les toits du manoir,
Et la stalactite qui tombe,
Larme blanche de l'antre noir ?           60

Des Groenlands et des Norvéges
Vient-elle avec Séraphita ?
Est-ce la Madone des neiges,
Un sphinx blanc que l'hiver sculpta,

Sphinx enterré par l'avalanche,
Gardien des glaciers étoilés,
Et qui, sous sa poitrine blanche,
Cache de blancs secrets gelés ?

Sous la glace où calme il repose,
Oh ! qui pourra fondre ce cœur !           70
Oh ! qui pourra mettre un ton rose
Dans cette implacable blancheur !

## V.   L'ART*

Oui, l'œuvre sort plus belle
D'une forme au travail
        Rebelle,
Vers, marbre, onyx, émail.

Point de contraintes fausses !
Mais que pour marcher droit
        Tu chausses,
Muse, un cothurne étroit.

Fi du rhythme commode,
Comme un soulier trop grand,           10
        Du mode
Que tout pied quitte et prend !

l. 62.  Séraphita.  The reference is to Balzac's story of this name.
* *Émaux et Camées*.  This poem is an expression of that devotion to
form and style which Gautier shares with Flaubert and Leconte de Lisle,
and which helped to bring about his transition from Romanticism to
Realism.

Statuaire, repousse
L'argile que pétrit
   Le pouce
Quand flotte ailleurs l'esprit ;

Lutte avec le carrare,
Avec le paros dur
   Et rare,
Gardiens du contour pur ;         20

Emprunte à Syracuse
Son bronze où fermement
   S'accuse
Le trait fier et charmant ;

D'une main délicate
Poursuis dans un filon
   D'agate
Le profil d'Apollon.

Peintre, fuis l'aquarelle,
Et fixe la couleur
   Trop frêle            30
Au four de l'émailleur.

Fais les sirènes bleues,
Tordant de cent façons
   Leurs queues,
Les monstres des blasons ;

Dans son nimbe trilobe
La Vierge et son Jésus,
   Le globe
Avec la croix dessus.          40

Tout passe. — L'art robuste
Seul a l'éternité.
   Le buste
Survit à la cité.

Et la médaille austère
Que trouve un laboureur
   Sous terre
Révèle un empereur.


Les dieux eux-mêmes meurent.
Mais les vers souverains                    50
   Demeurent
Plus forts que les airains.


Sculpte, lime, cisèle;
Que ton rêve flottant
   Se scelle
Dans le bloc résistant!


# GÉRARD DE NERVAL

## NOTRE-DAME DE PARIS*

Notre-Dame est bien vieille; on la verra peut-être
Enterrer cependant Paris qu'elle a vu naître.
Mais, dans quelque mille ans, le temps fera broncher
Comme un loup fait un bœuf, cette carcasse lourde,
Tordra ses nerfs de fer, et puis d'une dent lourde
Rongera tristement ses vieux os de rocher.

Bien des hommes de tous les pays de la terre
Viendront pour contempler cette ruine austère,
Rêveurs, en relisant le livre de Victor...
— Alors ils croiront voir la vieille basilique,        10
Toute ainsi qu'elle était puissante et magnifique,
Se lever devant eux comme l'ombre d'un mort!

* From *Poésies complètes* (1837). The poem was written in 1831, just
after the publication of Hugo's novel. For G. de Nerval, see *R. M.* p. 185.

# ALFRED DE MUSSET

## I. CHANSON*

A Saint-Blaise, à la Zuecca,
Vous étiez, vous étiez bien aise
    A Saint-Blaise.
A Saint-Blaise, à la Zuecca,
    Nous étions bien là.

Mais de vous en souvenir
    Prendrez-vous la peine?
Mais de vous en souvenir
    Et d'y revenir.

A Saint-Blaise, à la Zuecca,         10
Dans les prés fleuris cueillir la verveine,
    A Saint-Blaise, à la Zuecca,
    Vivre et mourir là !

Venise, 3 *février* 1834.

## II. LA NUIT DE MAI†

### LA MUSE.

Poëte, prends ton luth et me donne un baiser;
La fleur de l'églantier sent ses bourgeons éclore.
Le printemps naît ce soir; les vents vont s'embraser
Et la bergeronnette, en attendant l'aurore,
Aux premiers buissons verts commence à se poser.
Poëte, prends ton luth et me donne un baiser.

### LE POËTE.

Comme il fait noir dans la vallée !
J'ai cru qu'une forme voilée
Flottait là-bas sur la forêt.

---

  * *Poésies Nouvelles* (1840).
  † *Poésies Nouvelles*. "La Nuit de Mai" was written two months after Musset's final breach with George Sand.

Elle sortait de la prairie ;                    10
Son pied rasait l'herbe fleurie ;
C'est une étrange rêverie ;
Elle s'efface et disparaît.

### LA MUSE.

Poëte, prends ton luth ; la nuit, sur la pelouse,
Balance le zéphyr dans son voile odorant.
La rose, vierge encor, se referme jalouse
Sur le frelon nacré qu'elle enivre en mourant.
Écoute ! tout se tait ; songe à ta bien-aimée.
Ce soir, sous les tilleuls, à la sombre ramée
Le rayon du couchant laisse un adieu plus doux.    20
Ce soir, tout va fleurir : l'immortelle nature
Se remplit de parfums, d'amour et de murmure,
Comme le lit joyeux de deux jeunes époux.

### LE POÈTE.

Pourquoi mon cœur bat-il si vite ?
Qu'ai-je donc en moi qui s'agite
Dont je me sens épouvanté ?
Ne frappe-t-on pas à ma porte ?
Pourquoi ma lampe à demi morte
M'éblouit-elle de clarté ?
Dieu puissant ! tout mon corps frissonne.    30
Qui vient ? qui m'appelle ?—Personne.
Je suis seul ; c'est l'heure qui sonne ;
O solitude ! ô pauvreté !

### LA MUSE.

Poëte, prends ton luth ; le vin de la jeunesse
Fermente cette nuit dans les veines de Dieu.
Mon sein est inquiet ; la volupté l'oppresse,
Et les vents altérés m'ont mis la lèvre en feu.
O paresseux enfant ! regarde, je suis belle.
Notre premier baiser, ne t'en souviens-tu pas,
Quand je te vis si pâle au toucher de mon aile,    40
Et que, les yeux en pleurs, tu tombas dans mes bras.

Ah! je t'ai consolé d'une amère souffrance!
Hélas! bien jeune encor, tu te mourais d'amour.
Console-moi ce soir, je me meurs d'espérance;
J'ai besoin de prier pour vivre jusqu'au jour.

### LE POÈTE.

Est-ce toi dont la voix m'appelle,
O ma pauvre Muse! est-ce toi?
O ma fleur! ô mon immortelle!
Seul être pudique et fidèle
Où vive encor l'amour de moi!        50
Oui, te voilà, c'est toi, ma blonde,
C'est toi, ma maîtresse et ma sœur!
Et je sens, dans la nuit profonde,
De ta robe d'or qui m'inonde
Les rayons glisser dans mon cœur.

### LA MUSE.

Poëte, prends ton luth; c'est moi, ton immortelle,
Qui t'ai vu cette nuit triste et silencieux,
Et qui, comme un oiseau que sa couvée appelle,
Pour pleurer avec toi descends du haut des cieux.
Viens, tu souffres, ami. Quelque ennui solitaire    60
Te ronge, quelque chose a gémi dans ton cœur;
Quelque amour t'est venu, comme on en voit sur terre,
Une ombre de plaisir, un semblant de bonheur.
Viens, chantons devant Dieu; chantons dans tes pensées,
Dans tes plaisirs perdus, dans tes peines passées;
Partons, dans un baiser, pour un monde inconnu.
Éveillons au hasard les échos de ta vie,
Parlons-nous de bonheur, de gloire et de folie,
Et que ce soit un rêve, et le premier venu.
Inventons quelque part des lieux où l'on oublie;    70
Partons, nous sommes seuls, l'univers est à nous.
Voici la verte Écosse et la brune Italie,
Et la Grèce, ma mère, où le miel est si doux,
Argos, et Ptéléon, ville des hécatombes;
Et Messa, la divine, agréable aux colombes;

l. 74 ff. Musset had evidently been reading *Iliad*, bk II (the catalogue

Et le front chevelu du Pélion changeant ;
Et le bleu Titarèse, et le golfe d'argent
Qui montre dans ses eaux, où le cygne se mire,
La blanche Oloossone à la blanche Camyre.
Dis-moi, quel songe d'or nos chants vont-ils bercer ?     80
D'où vont venir les pleurs que nous allons verser ?
Ce matin, quand le jour a frappé ta paupière,
Quel séraphin pensif, courbé sur ton chevet,
Secouait des lilas dans sa robe légère,
Et te contait tout bas les amours qu'il rêvait ?
Chanterons-nous l'espoir, la tristesse ou la joie ?
Tremperons-nous de sang les bataillons d'acier ?
Suspendrons-nous l'amant sur l'échelle de soie ?
Jetterons-nous au vent l'écume du coursier ?
Dirons-nous quelle main, dans les lampes sans nombre
De la maison céleste, allume nuit et jour     91
L'huile sainte de vie et d'éternel amour ?
Crierons-nous à Tarquin: "Il est temps, voici l'ombre!"
Descendrons-nous cueillir la perle au fond des mers ?
Mènerons-nous la chèvre aux ébéniers amers ?
Montrerons-nous le ciel à la Mélancolie ?
Suivrons-nous le chasseur sur les monts escarpés ?
La biche le regarde; elle pleure et supplie;
Sa bruyère l'attend; ses faons sont nouveau-nés;
Il se baisse, il l'égorge, il jette à la curée     100
Sur les chiens en sueur son cœur encor vivant.
Peindrons-nous une vierge à la joue empourprée,
S'en allant à la messe, un page la suivant,
Et d'un regard distrait, à côté de sa mère,
Sur sa lèvre entr'ouverte oubliant sa prière ?
Elle écoute en tremblant, dans l'écho du pilier,
Résonner l'éperon d'un hardi cavalier.

of ships), where all the places which he mentions here occur and nearly
all with the epithets he gives them. Thus Messa is "home of doves,"
Pelion is "quivering with leaves," Oloossonos is "white" and Kameiros is
"silvery."
    l. 93.    "Now stole upon the time the dead of night
        When heavy sleep had closed up mortal eyes."
                                    *Rape of Lucrece.*

Dirons-nous aux héros des vieux temps de la France
De monter tout armés aux créneaux de leurs tours,
Et de ressusciter la naïve romance                           110
Que leur gloire oubliée apprit aux troubadours ?
Vêtirons-nous de blanc une molle élégie ?
L'homme de Waterloo nous dira-t-il sa vie,
Et ce qu'il a fauché du troupeau des humains
Avant que l'envoyé de la nuit éternelle
Vînt sur son tertre vert l'abattre d'un coup d'aile,
Et sur son cœur de fer lui croiser les deux mains ?
Clouerons-nous au poteau d'une satire altière
Le nom sept fois vendu d'un pâle pamphlétaire,
Qui, poussé par la faim, du fond de son oubli,        120
S'en vient, tout grelottant d'envie et d'impuissance,
Sur le front du génie insulter l'espérance,
Et mordre le laurier que son souffle a sali ?
Prends ton luth ! prends ton luth ! je ne peux plus me
        taire ;
Mon aile me soulève au souffle du printemps.
Le vent va m'emporter ; je vais quitter la terre.
Une larme de toi ! Dieu m'écoute ; il est temps.

### LE POÈTE.

S'il ne te faut, ma sœur chérie,
Qu'un baiser d'une lèvre amie
Et qu'une larme de mes yeux,                           130
Je te les donnerai sans peine ;
De nos amours qu'il te souvienne,
Si tu remontes dans les cieux.
Je ne chante ni l'espérance,
Ni la gloire, ni le bonheur,
Hélas ! pas même la souffrance.
La bouche garde le silence
Pour écouter parler le cœur.

### LA MUSE.

Crois-tu donc que je sois comme le vent d'automne,
Qui se nourrit de pleurs jusque sur un tombeau,        140
Et pour qui la douleur n'est qu'une goutte d'eau ?
O poëte ! un baiser, c'est moi qui te le donne.

L'herbe que je voulais arracher de ce lieu,
C'est ton oisiveté; ta douleur est à Dieu.
Quel que soit le souci que ta jeunesse endure,
Laisse-la s'élargir, cette sainte blessure
Que les noirs séraphins t'ont faite au fond du cœur;
Rien ne nous rend si grands qu'une grande douleur.
Mais, pour en être atteint, ne crois pas, ô poëte,
Que ta voix ici-bas doive rester muette.          150
Les plus désespérés sont les chants les plus beaux,
Et j'en sais d'immortels qui sont de purs sanglots.
Lorsque le pélican, lassé d'un long voyage,
Dans les brouillards du soir retourne à ses roseaux,
Ses petits affamés courent sur le rivage
En le voyant au loin s'abattre sur les eaux.
Déjà, croyant saisir et partager leur proie,
Ils courent à leur père avec des cris de joie
En secouant leurs becs sur leurs goîtres hideux.
Lui, gagnant à pas lents une roche élevée          160
De son aile pendante abritant sa couvée,
Pêcheur mélancolique, il regarde les cieux.
Le sang coule à longs flots de sa poitrine ouverte;
En vain il a des mers fouillé la profondeur:
L'Océan était vide et la plage déserte;
Pour toute nourriture il apporte son cœur.
Sombre et silencieux, étendu sur la pierre,
Partageant à ses fils ses entrailles de père,
Dans son amour sublime il berce sa douleur,
Et, regardant couler sa sanglante mamelle,          170
Sur son festin de mort il s'affaisse et chancelle,
Ivre de volupté, de tendresse et d'horreur.
Mais parfois, au milieu du divin sacrifice,
Fatigué de mourir dans un trop long supplice,

l. 153. "Le pélican est plus remarquable, plus intéressant pour un naturaliste par la hauteur de sa taille et par le grand sac qu'il porte sous son bec, que par la célébrité fabuleuse de son nom, consacré dans les emblêmes religieux des peuples ignorants; on a représenté sous sa figure la tendresse paternelle se déchirant le sein pour nourrir de son' sang sa famille languissante; mais cette fable que les Egyptiens racontaient déjà du vautour, ne devait pas s'appliquer au pélican qui vit dans l'abondance," etc. Buffon.

Il craint que ses enfants ne le laissent vivant;
Alors il se soulève, ouvre son aile au vent,
Et se frappant le cœur avec un cri sauvage,
Il pousse dans la nuit un si funèbre adieu,
Que les oiseaux des mers désertent le rivage,
Et que le voyageur attardé sur la plage,             180
Sentant passer la mort, se recommande à Dieu.
Poëte, c'est ainsi que font les grands poëtes.
Ils laissent s'égayer ceux qui vivent un temps;
Mais les festins humains qu'ils servent à leurs fêtes
Ressemblent la plupart à ceux des pélicans.
Quand ils parlent ainsi d'espérances trompées,
De tristesse et d'oubli, d'amour et de malheur,
Ce n'est pas un concert à dilater le cœur.
Leurs déclamations sont comme des épées:
Elles tracent dans l'air un cercle éblouissant,     190
Mais il y pend toujours quelque goutte de sang.


LE POÈTE.

O Muse! spectre insatiable,
Ne m'en demande pas si long.
L'homme n'écrit rien sur le sable
A l'heure où passe l'aquilon.
J'ai vu le temps où ma jeunesse
Sur mes lèvres était sans cesse
Prête à chanter comme un oiseau;
Mais j'ai souffert un dur martyre,
Et le moins que j'en pourrais dire,                 200
Si je l'essayais sur ma lyre,
La briserait comme un roseau.

*Mai* 1835.

## III.  LA NUIT DE DÉCEMBRE*

### LE POÈTE.

Du temps que j'étais écolier,
Je restais un soir à veiller
Dans notre salle solitaire.
Devant ma table vint s'asseoir
Un pauvre enfant vêtu de noir,
Qui me ressemblait comme un frère.

Son visage était triste et beau :
A la lueur de mon flambeau,
Dans mon livre ouvert il vint lire.
Il pencha son front sur ma main,          10
Et resta jusqu'au lendemain,
Pensif, avec un doux sourire.

Comme j'allais avoir quinze ans,
Je marchais un jour, à pas lents,
Dans un bois, sur une bruyère.
Au pied d'un arbre vint s'asseoir
Un jeune homme vêtu de noir,
Qui me ressemblait comme un frère.

Je lui demandai mon chemin ;
Il tenait un luth d'une main,               20
De l'autre un bouquet d'églantine.
Il me fit un salut d'ami,
Et, se détournant à demi,
Me montra du doigt la colline.

* *Poésies Nouvelles.*   For the visions described in this poem cp. "Il
avait eu une hallucination...il avait vu passer devant lui un homme qui
courait, les vêtements déchirés et les cheveux au vent...'Il a passé' dit-il,
en me jetant un regard hébété, hideux, et en me faisant une laide grimace
de haine et de mépris.   Alors j'ai eu peur et je me suis jeté la face contre
terre, car cet homme...c'était moi !"   G. Sand, *Elle et Lui.*

A l'âge où l'on croit à l'amour,
J'étais seul dans ma chambre un jour,
Pleurant ma première misère.
Au coin de mon feu vint s'asseoir
Un étranger vêtu de noir,
Qui me ressemblait comme un frère.     30

Il était morne et soucieux ;
D'une main il montrait les cieux,
Et de l'autre il tenait un glaive.
De ma peine il semblait souffrir,
Mais il ne poussa qu'un soupir,
Et s'évanouit comme un rêve.

A l'âge où l'on est libertin,
Pour boire un toast en un festin,
Un jour je soulevai mon verre.
En face de moi vint s'asseoir     40
Un convive vêtu de noir,
Qui me ressemblait comme un frère.

Il secouait sous son manteau
Un haillon de pourpre en lambeau.
Sur sa tête un myrte stérile,
Son bras maigre cherchait le mien,
Et mon verre, en touchant le sien,
Se brisa dans ma main débile.

Un an après, il était nuit,
J'étais à genoux près du lit     50
Où venait de mourir mon père.
Au chevet du lit vint s'asseoir
Un orphelin vêtu de noir,
Qui me ressemblait comme un frère.

Ses yeux étaient noyés de pleurs ;
Comme les anges de douleurs,
Il était couronné d'épine ;
Son luth à terre était gisant,
Sa pourpre de couleur de sang,
Et son glaive dans sa poitrine.     60

Je m'en suis si bien souvenu,
Que je l'ai toujours reconnu
À tous les instants de ma vie.
C'est une étrange vision,
Et cependant, ange ou démon,
J'ai vu partout cette ombre amie.

Lorsque plus tard, las de souffrir,
Pour renaître ou pour en finir,
J'ai voulu m'exiler de France ;
Lorsqu'impatient de marcher,                    70
J'ai voulu partir, et chercher
Les vestiges d'une espérance ;

A Pise, au pied de l'Apennin ;
A Cologne, en face du Rhin ;
A Nice, au penchant des vallées ;
A Florence, au fond des palais ;
A Brigues, dans les vieux chalets ;
Au sein des Alpes désolées ;

A Gênes, sous les citronniers ;
A Vevay, sous les verts pommiers ;              80
Au Havre, devant l'Atlantique ;
A Venise, à l'affreux Lido,
Où vient sur l'herbe d'un tombeau
Mourir la pâle Adriatique ;

Partout où, sous ces vastes cieux,
J'ai lassé mon cœur et mes yeux,
Saignant d'une éternelle plaie ;
Partout où le boiteux Ennui,
Traînant ma fatigue après lui,
M'a promené sur une claie ;                     90

Partout où, sans cesse altéré
De la soif d'un monde ignoré,
J'ai suivi l'ombre de mes songes ;
Partout où, sans avoir vécu,
J'ai revu ce que j'avais vu,
La face humaine et ses mensonges ;

Partout où, le long des chemins,
J'ai posé mon front dans mes mains,
Et sangloté comme une femme ;
Partout où j'ai, comme un mouton          100
Qui laisse sa laine au buisson,
Senti se dénuer mon âme ;

Partout où j'ai voulu dormir,
Partout où j'ai voulu mourir,
Partout où j'ai touché la terre,
Sur ma route est venu s'asseoir
Un malheureux vêtu de noir,
Qui me ressemblait comme un frère.

Qui donc es-tu, toi que dans cette vie
  Je vois toujours sur mon chemin?        110
Je ne puis croire, à ta mélancolie,
  Que tu sois mon mauvais Destin.
Ton doux sourire a trop de patience,
  Tes larmes ont trop de pitié.
En te voyant, j'aime la Providence.
Ta douleur même est sœur de ma souffrance;
  Elle ressemble à l'Amitié.

Qui donc es-tu?—Tu n'es pas mon bon ange;
  Jamais tu ne viens m'avertir.
Tu vois mes maux (c'est une chose étrange!), 120
  Et tu me regardes souffrir.
Depuis vingt ans tu marches dans ma voie,
  Et je ne saurais t'appeler.
Qui donc es-tu, si c'est Dieu qui t'envoie?
Tu me souris sans partager ma joie,
  Tu me plains sans me consoler !

Ce soir encor je t'ai vu m'apparaître.
  C'était par une triste nuit.
L'aile des vents battait à ma fenêtre;
  J'étais seul, courbé sur mon lit.       130

J'y regardais une place chérie,
   Tiède encor d'un baiser brûlant;
Et je songeais comme la femme oublie,
Et je sentais un lambeau de ma vie,
   Qui se déchirait lentement.

Je rassemblais des lettres de la veille,
   Des cheveux, des débris d'amour.
Tout ce passé me criait à l'oreille
   Ses éternels serments d'un jour.
Je contemplais ces reliques sacrées,       140
   Qui me faisaient trembler la main :
Larmes du cœur par le cœur dévorées,
Et que les yeux qui les avaient pleurées
   Ne reconnaîtront plus demain!

J'enveloppais dans un morceau de bure
   Ces ruines des jours heureux.
Je me disais qu'ici-bas ce qui dure,
   C'est une mèche de cheveux.
Comme un plongeur dans une mer profonde,
   Je me perdais dans tant d'oubli.       150
De tous côtés j'y retournais la sonde,
Et je pleurais seul, loin des yeux du monde,
   Mon pauvre amour enseveli.

J'allais poser le sceau de cire noire
   Sur ce fragile et cher trésor.
J'allais le rendre, et n'y pouvant pas croire,
   En pleurant j'en doutais encor.
Ah! faible femme, orgueilleuse insensée,
   Malgré toi, tu t'en souviendras!
Pourquoi, grand Dieu! mentir à sa pensée?    160
Pourquoi ces pleurs, cette gorge oppressée,
   Ces sanglots, si tu n'aimais pas?

Oui, tu languis, tu souffres, et tu pleures;
   Mais ta chimère est entre nous.
Eh bien, adieu! Vous compterez les heures
   Qui me sépareront de vous.

Partez, partez, et dans ce cœur de glace
  Emportez l'orgueil satisfait.
Je sens encor le mien jeune et vivace,
Et bien des maux pourront y trouver place      170
  Sur le mal que vous m'avez fait.

Partez, partez! la Nature immortelle
  N'a pas tout voulu vous donner.
Ah! pauvre enfant, qui voulez être belle,
  Et ne savez pas pardonner!
Allez, allez, suivez la destinée;
  Qui vous perd n'a pas tout perdu.
Jetez au vent notre amour consumée;—
Éternel Dieu! toi que j'ai tant aimée.
  Si tu pars, pourquoi m'aimes-tu?      180

Mais tout à coup j'ai vu dans la nuit sombre
  Une forme glisser sans bruit.
Sur mon rideau j'ai vu passer une ombre;
  Elle vient s'asseoir sur mon lit.
Qui donc es-tu, morne et pâle visage,
  Sombre portrait vêtu de noir?
Que me veux-tu, triste oiseau de passage?
Est-ce un vain rêve? est-ce ma propre image
  Que j'aperçois dans ce miroir?

Qui donc es-tu, spectre de ma jeunesse,      190
  Pèlerin que rien n'a lassé?
Dis-moi pourquoi je te trouve sans cesse
  Assis dans l'ombre où j'ai passé.
Qui donc es-tu, visiteur solitaire,
  Hôte assidu de mes douleurs?
Qu'as-tu donc fait pour me suivre sur terre?
Qui donc es-tu, qui donc es-tu, mon frère,
  Qui n'apparais qu'au jour des pleurs?

LA VISION.

  —Ami, notre père est le tien.
  Je ne suis ni l'ange gardien,      200
  Ni le mauvais destin des hommes.

Ceux que j'aime, je ne sais pas
De quel côté s'en vont leurs pas
Sur ce peu de fange où nous sommes.

Je ne suis ni dieu ni démon,
Et tu m'as nommé par mon nom
Quand tu m'as appelé ton frère ;
Où tu vas, j'y serai toujours,
Jusques au dernier de tes jours,
Où j'irai m'asseoir sur ta pierre.          210

Le ciel m'a confié ton cœur.
Quand tu seras dans la douleur,
Viens à moi sans inquiétude,
Je te suivrai sur le chemin ;
Mais je ne puis toucher ta main,
Ami, je suis la Solitude.

*Novembre* 1835.

## IV.  LETTRE A LAMARTINE*

Lorsque le grand Byron allait quitter Ravenne
Et chercher sur les mers quelque plage lointaine
Où finir en héros son immortel ennui,
Comme il était assis aux pieds de sa maîtresse,
Pâle, et déjà tourné du côté de la Grèce,
Celle qu'il appelait alors sa Guiccioli
Ouvrit un soir un livre où l'on parlait de lui.

Avez-vous de ce temps conservé la mémoire,
Lamartine, et ces vers au prince des proscrits,
Vous souvient-il encor qui les avait écrits ?          10
Vous étiez jeune alors, vous, notre chère gloire.

* *Poésies Nouvelles.*
l. 6.  "La Guiccioli" was Teresa Gamba, wife of Count Guiccioli.
The book in question was a volume of *Portraits* by the Countess Albizzi,
named the De Staël of Italy.  The portrait of Byron was the second
Meditation of Lamartine, "Toi dont le monde ignore le vrai nom," etc.
The incident is told in Moore's *Life of Byron*, s.a. 1819, i.e. a year before
the publication of *Les Méditations*, but it is well known that the separate
Meditations were circulated among Lamartine's friends before they were
collected into a volume.

Vous veniez d'essayer pour la première fois
Ce beau luth éploré qui vibre sous vos doigts.
La Muse que le ciel vous avait fiancée
Sur votre front rêveur cherchait votre pensée,
Vierge craintive encore, amante des lauriers.
Vous ne connaissiez pas, noble fils de la France,
Vous ne connaissiez pas, sinon par sa souffrance,
Ce sublime orgueilleux à qui vous écriviez.
De quel droit osiez-vous l'aborder et le plaindre?        20
Quel aigle, Ganymède, à ce Dieu vous portait?
Pressentiez-vous qu'un jour vous le pourriez atteindre,
Celui qui de si haut alors vous écoutait?
Non, vous aviez vingt ans, et le cœur vous battait.
Vous aviez lu *Lara*, *Manfred* et *le Corsaire*,
Et vous aviez écrit sans essuyer vos pleurs;
Le souffle de Byron vous soulevait de terre,
Et vous alliez à lui, porté par ses douleurs.
Vous appeliez de loin cette âme désolée;
Pour grand qu'il vous parût, vous le sentiez ami,        30
Et, comme le torrent dans la verte vallée,
L'écho de son génie en vous avait gémi.


Et lui, lui dont l'Europe, encore toute armée,
Écoutait en tremblant les sauvages concerts;
Lui qui depuis dix ans fuyait sa renommée,
Et de sa solitude emplissait l'univers;
Lui, le grand inspiré de la Mélancolie,
Qui, las d'être envié, se changeait en martyr;
Lui, le dernier amant de la pauvre Italie,
Pour son dernier exil s'apprêtant à partir;        40
Lui qui, rassasié de la grandeur humaine,
Comme un cygne, à son chant sentant sa mort pro-
        chaine,
Sur terre autour de lui cherchait pour qui mourir...
Il écouta ces vers que lisait sa maîtresse,

---

l. 25. Cp. Lamartine, *Commentaire* on *Méditation II*, "Je lus...
quelques fragments traduits du *Corsaire*, de *Lara*, de *Manfred*. Je devins
ivre de cette poésie."

Ce doux salut lointain d'un jeune homme inconnu.
Je ne sais si du style il comprit la richesse;
Il laissa dans ses yeux sourire sa tristesse:
Ce qui venait du cœur lui fut le bienvenu.

Poëte, maintenant que ta muse fidèle,
Par ton pudique amour sûre d'être immortelle,          50
De la verveine en fleur t'a couronné le front,
A ton tour, reçois-moi comme le grand Byron.
De t'égaler jamais je n'ai pas l'espérance;
Ce que tu tiens du ciel, nul ne me l'a promis,
Mais de ton sort au mien plus grande est la distance.
Meilleur en sera Dieu qui peut nous rendre amis.
Je ne t'adresse pas d'inutiles louanges,
Et je ne songe point que tu me répondras;
Pour être proposés, ces illustres échanges
Veulent être signés d'un nom que je n'ai pas.          60
J'ai cru pendant longtemps que j'étais las du monde;
J'ai dit que je niais, croyant avoir douté,
Et j'ai pris, devant moi, pour une nuit profonde
Mon ombre qui passait pleine de vanité.
Poëte, je t'écris pour te dire que j'aime,
Qu'un rayon du soleil est tombé jusqu'à moi,
Et qu'en un jour de deuil et de douleur suprême,
Les pleurs que je versais m'ont fait penser à toi.

Qui de nous, Lamartine, et de notre jeunesse,
Ne sait par cœur ce chant, des amants adoré,          70
Qu'un soir, au bord d'un lac, tu nous as soupiré?
Qui n'a lu mille fois, qui ne relit sans cesse
Ces vers mystérieux où parle ta maîtresse,
Et qui n'a sangloté sur ces divins sanglots,
Profonds comme le ciel et purs comme les flots?
Hélas! ces longs regrets des amours mensongères,
Ces ruines du temps qu'on trouve à chaque pas,
Ces sillons infinis de lueurs éphémères,
Qui peut se dire un homme et ne les connaît pas?

l. 48.   As a matter of fact Byron wanted to burn the "portrait," which
he does not appear to have read.

Quiconque aima jamais porte une cicatrice ;     80
Chacun l'a dans le sein, toujours prête à s'ouvrir ;
Chacun la garde en soi, cher et secret supplice,
Et mieux il est frappé, moins il en veut guérir.
Te le dirai-je, à toi, chantre de la souffrance,
Que ton glorieux mal, je l'ai souffert aussi ?
Qu'un instant, comme toi, devant ce ciel immense,
J'ai serré dans mes bras la vie et l'espérance,
Et qu'ainsi que le tien, mon rêve s'est enfui ?
Te dirai-je qu'un soir, dans la brise embaumée,
Endormi, comme toi, dans la paix du bonheur,     90
Aux célestes accents d'une voix bien-aimée,
J'ai cru sentir le temps s'arrêter dans mon cœur ?
Te dirai-je qu'un soir, resté seul sur la terre,
Dévoré, comme toi, d'un affreux souvenir,
Je me suis étonné de ma propre misère,
Et de ce qu'un enfant peut souffrir sans mourir ?
Ah ! ce que j'ai senti dans cet instant terrible,
Oserai-je m'en plaindre et te le raconter ?
Comment exprimerai-je une peine indicible ?
Après toi, devant toi, puis-je encor le tenter ?     100
Oui, de ce jour fatal, plein d'horreur et de charmes,
Je veux fidèlement te faire le récit ;
Ce ne sont pas des chants, ce ne sont que des
    larmes,
Et je ne te dirai que ce que Dieu m'a dit.

Lorsque le laboureur, regagnant sa chaumière,
Trouve le soir son champ rasé par le tonnerre,
Il croit d'abord qu'un rêve a fasciné ses yeux,
Et, doutant de lui-même, interroge les cieux.
Partout la nuit est sombre, et la terre enflammée.
Il cherche autour de lui la place accoutumée     110
Où sa femme l'attend sur le seuil entr'ouvert ;
Il voit un peu de cendre au milieu d'un désert.
Ses enfants demi nus sortent de la bruyère,
Et viennent lui conter comme leur pauvre mère
Est morte sous le chaume avec des cris affreux ;
Mais maintenant au loin tout est silencieux.

Le misérable écoute et comprend sa ruine.
Il serre, désolé, ses fils sur sa poitrine;
Il ne lui reste plus, s'il ne tend pas la main,
Que la faim pour ce soir et la mort pour demain. 120
Pas un sanglot ne sort de sa gorge oppressée;
Muet et chancelant, sans force et sans pensée,
Il s'assoit à l'écart, les yeux sur l'horizon,
Et, regardant s'enfuir sa moisson consumée,
Dans les noirs tourbillons de l'épaisse fumée
L'ivresse du malheur emporte sa raison.

Tel, lorsque abandonné d'une infidèle amante,
Pour la première fois j'ai connu la douleur,
Transpercé tout à coup d'une flèche sanglante,
Seul, je me suis assis dans la nuit de mon cœur. 130
Ce n'était pas au bord d'un lac au flot limpide,
Ni sur l'herbe fleurie au penchant des coteaux;
Mes yeux noyés de pleurs ne voyaient que le vide,
Mes sanglots étouffés n'éveillaient point d'échos.
C'était dans une rue obscure et tortueuse
De cet immense égout qu'on appelle Paris;
Autour de moi criait cette foule railleuse
Qui des infortunés n'entend jamais les cris.
Sur le pavé noirci les blafardes lanternes
Versaient un jour douteux plus triste que la nuit, 140
Et, suivant au hasard ces feux vagues et ternes,
L'homme passait dans l'ombre, allant où va le bruit.
Partout retentissait comme une joie étrange;
C'était en février, au temps du carnaval.
Les masques avinés, se croisant dans la fange,
S'accostaient d'une injure ou d'un refrain banal.
Dans un carrosse ouvert une troupe entassée
Paraissait par moments sous le ciel pluvieux,
Puis se perdait au loin dans la ville insensée,
Hurlant un hymne impur sous la résine en feux. 150
Cependant des vieillards, des enfants et des femmes
Se barbouillaient de lie au fond des cabarets,
Tandis que de la nuit les prêtresses infâmes
Promenaient çà et là leurs spectres inquiets.

On eut dit un portrait de la débauche antique,
Un de ces soirs fameux chers au peuple romain,
Où des temples secrets la Vénus impudique
Sortait échevelée, une torche à la main.
Dieu juste! pleurer seul par une nuit pareille!
O mon unique amour! que vous avais-je fait?          160
Vous m'aviez pu quitter, vous qui juriez la veille
Que vous étiez ma vie et que Dieu le savait?
Ah! toi, le savais-tu, froide et cruelle amie,
Qu'à travers cette honte et cette obscurité,
J'étais là, regardant de ta lampe chérie,
Comme une étoile au ciel, la tremblante clarté?
Non, tu n'en savais rien, je n'ai pas vu ton ombre;
Ta main n'est pas venue entr'ouvrir ton rideau.
Tu n'as pas regardé si le ciel était sombre;
Tu ne m'as pas cherché dans cet affreux tombeau.

Lamartine, c'est là, dans cette rue obscure,          171
Assis sur une borne, au fond d'un carrefour,
Les deux mains sur mon cœur, et serrant ma blessure,
Et sentant y saigner un invincible amour;
C'est là, dans cette nuit d'horreur et de détresse,
Au milieu des transports d'un peuple furieux
Qui semblait en passant crier à ma jeunesse:
"Toi qui pleures ce soir, n'as-tu pas ri comme eux?"
C'est là, devant ce mur, où j'ai frappé ma tête,
Où j'ai posé deux fois le fer sur mon sein nu;          180
C'est là, le croiras-tu? chaste et noble poëte,
Que de tes chants divins je me suis souvenu.

O toi qui sais aimer, réponds, amant d'Elvire,
Comprends-tu que l'on parte et qu'on se dise adieu?
Comprends-tu que ce mot, la main puisse l'écrire,
Et le cœur le signer, et les lèvres le dire,
Les lèvres, qu'un baiser vient d'unir devant Dieu?
Comprends-tu qu'un lien qui, dans l'âme immortelle,
Chaque jour plus profond, se forme à notre insu;
Qui déracine en nous la volonté rebelle,          190
Et nous attache au cœur son merveilleux tissu;

Un lien tout-puissant dont les nœuds et la trame
Sont plus durs que la roche et que les diamants;
Qui ne craint ni le temps, ni le fer, ni la flamme,
Ni la mort elle-même, et qui fait des amants
Jusque dans le tombeau s'aimer les ossements;
Comprends-tu que dix ans ce lien nous enlace,
Qu'il ne fasse dix ans qu'un seul être de deux,
Puis tout à coup se brise, et, perdu dans l'espace,
Nous laisse épouvantés d'avoir cru vivre heureux? 200

O poëte! il est dur que la nature humaine,
Qui marche à pas comptés vers une fin certaine,
Doive encor s'y traîner en portant une croix,
Et qu'il faille ici-bas mourir plus d'une fois.
Car de quel autre nom peut s'appeler sur terre
Cette nécessité de changer de misère,
Qui nous fait, jour et nuit, tout prendre et tout
       quitter,
Si bien que notre temps se passe à convoiter?
Ne sont-ce pas des morts, et des morts effroyables,
Que tant de changements d'êtres si variables,      210
Qui se disent toujours fatigués d'espérer,
Et qui sont toujours prêts à se transfigurer?
Quel tombeau que le cœur, et quelle solitude!
Comment la passion devient-elle habitude,
Et comment se fait-il que, sans y trébucher,
Sur ses propres débris l'homme puisse marcher?
Il y marche pourtant; c'est Dieu qui l'y convie.
Il va semant partout et prodiguant sa vie:
Désir, crainte, colère, inquiétude, ennui,
Tout passe et disparaît, tout est fantôme en lui.  220
Son misérable cœur est fait de telle sorte,
Qu'il faut incessamment qu'une ruine en sorte;
Que la mort soit son terme, il ne l'ignore pas,
Et, marchant à la mort, il meurt à chaque pas.
Il meurt dans ses amis, dans son fils, dans son père.
Il meurt dans ce qu'il pleure et dans ce qu'il espère;
Et, sans parler des corps qu'il faut ensevelir,
Qu'est-ce donc qu'oublier, si ce n'est pas mourir?

Ah! c'est plus que mourir, c'est survivre à soi-même.
L'âme remonte au ciel quand on perd ce qu'on aime.
Il ne reste de nous qu'un cadavre vivant ;          231
Le désespoir l'habite, et le néant l'attend.

Eh bien! bon ou mauvais, inflexible ou fragile,
Humble ou fier, triste ou gai, mais toujours gémissant,
Cet homme, tel qu'il est, cet être fait d'argile,
Tu l'as vu, Lamartine, et son sang est ton sang.
Son bonheur est le tien ; sa douleur est la tienne ;
Et des maux qu'ici-bas il lui faut endurer,
Pas un qui ne te touche et qui ne t'appartienne ;
Puisque tu sais chanter, ami, tu sais pleurer.          240
Dis-moi, qu'en penses-tu dans tes jours de tristesse ?
Que t'a dit le malheur, quand tu l'as consulté?
Trompé par tes amis, trahi par ta maîtresse,
Du ciel et de toi-même as-tu jamais douté?

Non, Alphonse, jamais.   La triste expérience
Nous apporte la cendre, et n'éteint pas le feu.
Tu respectes le mal fait par la Providence,
Tu le laisses passer et tu crois à ton Dieu.
Quel qu'il soit, c'est le mien; il n'est pas deux croyances.
Je ne sais pas son nom, j'ai regardé les cieux ;          250
Je sais qu'ils sont à lui, je sais qu'ils sont immenses,
Et que l'immensité ne peut pas être à deux.

J'ai connu, jeune encor, de sévères souffrances ;
J'ai vu verdir les bois, et j'ai tenté d'aimer.
Je sais ce que la terre engloutit d'espérances,
Et, pour y recueillir, ce qu'il y faut semer.
Mais ce que j'ai senti, ce que je veux t'écrire,
C'est ce que m'ont appris les anges de douleur ;
Je le sais mieux encore et puis mieux te le dire,
Car leur glaive, en entrant, l'a gravé dans mon cœur.

Créature d'un jour qui t'agites une heure,          261
De quoi viens-tu te plaindre et qui te fait gémir ?
Ton âme t'inquiète, et tu crois qu'elle pleure :
Ton âme est immortelle, et tes pleurs vont tarir.

Tu te sens le cœur pris d'un caprice de femme,
Et tu dis qu'il se brise à force de souffrir.
Tu demandes à Dieu de soulager ton âme:
Ton âme est immortelle, et ton cœur va guérir.

Le regret d'un instant te trouble et te dévore;
Tu dis que le passé te voile l'avenir.                    270
Ne te plains pas d'hier; laisse venir l'aurore:
Ton âme est immortelle, et le temps va s'enfuir.

Ton corps est abattu du mal de ta pensée;
Tu sens ton front peser et tes genoux fléchir.
Tombe, agenouille-toi, créature insensée:
Ton âme est immortelle, et la mort va venir.

Tes os dans le cercueil vont tomber en poussière,
Ta mémoire, ton nom, ta gloire vont périr,
Mais non pas ton amour, si ton amour t'est chère:
Ton âme est immortelle, et va s'en souvenir.            280

   *Février* 1836.


## V.  CHANSON DE FORTUNIO*

Si vous croyez que je vais dire
        Qui j'ose aimer,
Je ne saurais, pour un empire,
        Vous la nommer.

Nous allons chanter à la ronde,
        Si vous voulez,
Que je l'adore et qu'elle est blonde
        Comme les blés.

Je fais ce que sa fantaisie
        Veut m'ordonner,                               10
Et je puis, s'il lui faut ma vie,
        La lui donner.

   * From Musset's comedy, *Le Chandelier*, first published in the *Revue des deux Mondes* for Nov. 1, 1835.   The date given by Musset is therefore wrong.

Du mal qu'une amour ignorée
        Nous fait souffrir,
J'en porte l'âme déchirée
        Jusqu'à mourir.

Mais j'aime trop pour que je die
        Qui j'ose aimer,
Et je veux mourir pour ma mie
        Sans la nommer.                    20

1836.


## VI.  LA NUIT D'OCTOBRE*

### LE POÈTE.

Le mal dont j'ai souffert s'est enfui comme un rêve;
Je n'en puis comparer le lointain souvenir
Qu'à ces brouillards légers que l'aurore soulève,
Et qu'avec la rosée on voit s'évanouir.

### LA MUSE.

        Qu'aviez-vous donc, ô mon poëte!
        Et quelle est la peine secrète
        Qui de moi vous a séparé?
        Hélas! je m'en ressens encore.
        Quel est donc ce mal que j'ignore
        Et dont j'ai si longtemps pleuré?        10

### LE POÈTE.

C'était un mal vulgaire et bien connu des hommes;
Mais, lorsque nous avons quelque ennui dans le cœur,
Nous nous imaginons, pauvres fous que nous sommes,
Que personne avant nous n'a senti la douleur.

### LA MUSE.

        Il n'est de vulgaire chagrin
        Que celui d'une âme vulgaire.
        Ami, que ce triste mystère
        S'échappe aujourd'hui de ton sein.

* *Poésies Nouvelles.*

Crois-moi, parle avec confiance ;
Le sévère dieu du silence                    20
Est un des frères de la Mort ;
En se plaignant on se console,
Et quelquefois une parole
Nous a délivrés d'un remord.

### LE POÈTE.

S'il fallait maintenant parler de ma souffrance,
Je ne sais trop quel nom elle devrait porter,
Si c'est amour, folie, orgueil, expérience,
Ni si personne au monde en pourrait profiter.
Je veux bien toutefois t'en raconter l'histoire,
Puisque nous voilà seuls, assis près du foyer.        30
Prends cette lyre, approche, et laisse ma mémoire
Au son de tes accords doucement s'éveiller.

### LA MUSE.

Avant de me dire ta peine,
O poëte ! en es-tu guéri ?
Songe qu'il t'en faut aujourd'hui
Parler sans amour et sans haine.
S'il te souvient que j'ai reçu
Le doux nom de consolatrice,
Ne fais pas de moi la complice
Des passions qui t'ont perdu.                 40

### LE POÈTE.

Je suis si bien guéri de cette maladie,
Que j'en doute parfois lorsque j'y veux songer ;
Et quand je pense aux lieux où j'ai risqué ma vie,
J'y crois voir à ma place un visage étranger.
Muse, sois donc sans crainte ; au souffle qui t'inspire
Nous pouvons sans péril tous deux nous confier.
Il est doux de pleurer, il est doux de sourire
Au souvenir des maux qu'on pourrait oublier.

### LA MUSE.

Comme une mère vigilante
Au berceau d'un fils bien-aimé,            50
Ainsi je me penche tremblante
Sur ce cœur qui m'était fermé.

8—2

Parle, ami,—ma lyre attentive
D'une note faible et plaintive
Suit déjà l'accent de ta voix,
Et dans un rayon de lumière,
Comme une vision légère,
Passent les ombres d'autrefois.

LE POÈTE.

Jours de travail! seuls jours où j'ai vécu!
   O trois fois chère solitude!                              60
Dieu soit loué, j'y suis donc revenu,
   A ce vieux cabinet d'étude!
Pauvre réduit, murs tant de fois déserts,
   Fauteuils poudreux, lampe fidèle,
O mon palais, mon petit univers,
   Et toi, Muse, ô jeune immortelle,
Dieu soit loué, nous allons donc chanter!
   Oui, je veux vous ouvrir mon âme,
Vous saurez tout, et je vais vous conter
   Le mal que peut faire une femme;                          70
Car c'en est une, ô mes pauvres amis
   (Hélas! vous le saviez peut-être)!
C'est une femme à qui je fus soumis,
   Comme le serf l'est à son maître.
Joug détesté! c'est par là que mon cœur
   Perdit sa force et sa jeunesse;—
Et cependant, auprès de ma maîtresse,
   J'avais entrevu le bonheur.
Près du ruisseau, quand nous marchions ensemble,
   Le soir, sur le sable argentin,                           80
Quand devant nous le blanc spectre du tremble
   De loin nous montrait le chemin;
Je vois encore, aux rayons de la lune,
   Ce beau corps plier dans mes bras...
N'en parlons plus...—je ne prévoyais pas
   Où me conduirait la Fortune.
Sans doute alors la colère des dieux
   Avait besoin d'une victime,
Car elle m'a puni comme d'un crime
   D'avoir essayé d'être heureux.                            90

## LA MUSE.

L'image d'un doux souvenir
Vient de s'offrir à ta pensée.
Sur la trace qu'il a laissée
Pourquoi crains-tu de revenir ?
Est-ce faire un récit fidèle
Que de renier ses beaux jours ?
Si ta fortune fut cruelle,
Jeune homme, fais du moins comme elle,
Souris à tes premiers amours.

## LE POÈTE.

Non,—c'est à mes malheurs que je prétends sourire.
Muse, je te l'ai dit : je veux, sans passion,           101
Te conter mes ennuis, mes rêves, mon délire,
Et t'en dire le temps, l'heure et l'occasion.
C'était, il m'en souvient, par une nuit d'automne,
Triste et froide, à peu près semblable à celle-ci ;
Le murmure du vent, de son bruit monotone,
Dans mon cerveau lassé berçait mon noir souci.
J'étais à la fenêtre, attendant ma maîtresse ;
Et, tout en écoutant dans cette obscurité,
Je me sentais dans l'âme une telle détresse,           110
Qu'il me vint le soupçon d'une infidélité.
La rue où je logeais était sombre et déserte ;
Quelques ombres passaient, un falot à la main ;
Quand la bise soufflait dans la porte entr'ouverte,
On entendait de loin comme un soupir humain.
Je ne sais, à vrai dire, à quel fâcheux présage
Mon esprit inquiet alors s'abandonna.
Je rappelais en vain un reste de courage,
Et me sentis frémir lorsque l'heure sonna.
Elle ne venait pas. Seul, la tête baissée,           120
Je regardai longtemps les murs et le chemin,—
Et je ne t'ai pas dit quelle ardeur insensée
Cette inconstante femme allumait dans mon sein ;
Je n'aimais qu'elle au monde, et vivre un jour sans elle

Me semblait un destin plus affreux que la mort.
Je me souviens pourtant qu'en cette nuit cruelle
Pour briser mon lien je fis un long effort.
Je la nommai cent fois perfide et déloyale,
Je comptais tous les maux qu'elle m'avait causés.
Hélas! au souvenir de sa beauté fatale,        130
Quels maux et quels chagrins n'étaient pas apaisés!
Le jour parut enfin.—Las d'une vaine attente,
Sur le bord du balcon je m'étais assoupi;
Je rouvris la paupière à l'aurore naissante,
Et je laissai flotter mon regard ébloui.
Tout à coup, au détour de l'étroite ruelle,
J'entends sur le gravier marcher à petit bruit...
Grand Dieu! préservez-moi! je l'aperçois, c'est elle;
Elle entre.—D'où viens-tu? qu'as-tu fait cette nuit?
Réponds, que me veux-tu? qui t'amène à cette heure?
Ce beau corps, jusqu'au jour, où s'est-il étendu?        141
Tandis qu'à ce balcon, seul, je veille et je pleure,
En quel lieu, dans quel lit, à qui souriais-tu?
Perfide! audacieuse! est-il encor possible
Que tu viennes offrir ta bouche à mes baisers?
Que demandes-tu donc? par quelle soif horrible
Oses-tu m'attirer dans tes bras épuisés?
Va-t'en, retire-toi, spectre de ma maîtresse!
Rentre dans ton tombeau, si tu t'en es levé;
Laisse-moi pour toujours oublier ma jeunesse,        150
Et, quand je pense à toi, croire que j'ai rêvé!

LA MUSE.

Apaise-toi, je t'en conjure;
Tes paroles m'ont fait frémir.
O mon bien-aimé! ta blessure
Est encor prête à se rouvrir.
Hélas! elle est donc bien profonde?
Et les misères de ce monde
Sont si lentes à s'effacer!
Oublie, enfant, et de ton âme
Chasse le nom de cette femme,        160
Que je ne veux pas prononcer.

## LE POÈTE.

Honte à toi qui la première
M'as appris la trahison,
Et d'horreur et de colère
M'as fait perdre la raison!
Honte à toi, femme à l'œil sombre,
Dont les funestes amours
Ont enseveli dans l'ombre
Mon printemps et mes beaux jours!
C'est ta voix, c'est ton sourire,                    170
C'est ton regard corrupteur,
Qui m'ont appris à maudire
Jusqu'au semblant du bonheur;
C'est ta jeunesse et tes charmes
Qui m'ont fait désespérer,
Et si je doute des larmes,
C'est que je t'ai vu pleurer.
Honte à toi, j'étais encore
Aussi simple qu'un enfant;
Comme une fleur à l'aurore,                    180
Mon cœur s'ouvrait en t'aimant.
Certes, ce cœur sans défense
Put sans peine être abusé;
Mais lui laisser l'innocence
Était encor plus aisé.
Honte à toi! tu fus la mère
De mes premières douleurs,
Et tu fis de ma paupière
Jaillir la source des pleurs!
Elle coule, sois-en sûre,                    190
Et rien ne la tarira;
Elle sort d'une blessure
Qui jamais ne guérira;
Mais dans cette source amère
Du moins je me laverai,
Et j'y laisserai, j'espère,
Ton souvenir abhorré!

## LA MUSE.

Poëte, c'est assez.  Auprès d'une infidèle,
Quand ton illusion n'aurait duré qu'un jour,
N'outrage pas ce jour lorsque tu parles d'elle;          200
Si tu veux être aimé, respecte ton amour.
Si l'effort est trop grand pour la faiblesse humaine
De pardonner les maux qui nous viennent d'autrui,
Épargne-toi du moins le tourment de la haine;
A défaut du pardon, laisse venir l'oubli.
Les morts dorment en paix dans le sein de la terre:
Ainsi doivent dormir nos sentiments éteints.
Ces reliques du cœur ont aussi leur poussière;
Sur leurs restes sacrés ne portons pas les mains.
Pourquoi, dans ce récit d'une vive souffrance,          210
Ne veux-tu voir qu'un rêve et qu'un amour trompé?
Est-ce donc sans motif qu'agit la Providence?
Et crois-tu donc distrait le Dieu qui t'a frappé?
Le coup dont tu te plains t'a préservé peut-être,
Enfant; car c'est par là que ton cœur s'est ouvert.
L'homme est un apprenti, la douleur est son maître,
Et nul ne se connaît tant qu'il n'a pas souffert.
C'est une dure loi, mais une loi suprême,
Vieille comme le monde et la fatalité,
Qu'il nous faut du malheur recevoir le baptême,          220
Et qu'à ce triste prix tout doit être acheté.
Les moissons pour mûrir ont besoin de rosée;
Pour vivre et pour sentir, l'homme a besoin des pleurs;
La joie a pour symbole une plante brisée,
Humide encor de pluie et couverte de fleurs.
Ne te disais-tu pas guéri de ta folie?
N'es-tu pas jeune, heureux, partout le bienvenu,
Et ces plaisirs légers qui font aimer la vie,
Si tu n'avais pleuré, quel cas en ferais-tu?
Lorsqu'au déclin du jour, assis sur la bruyère,          230
Avec un vieil ami, tu bois en liberté,
Dis-moi, d'aussi bon cœur lèverais-tu ton verre,
Si tu n'avais senti le prix de la gaîté?
Aimerais-tu les fleurs, les prés et la verdure,

Les sonnets de Pétrarque et le chant des oiseaux,
Michel-Ange et les arts, Shakspeare et la nature,
Si tu n'y retrouvais quelques anciens sanglots ?
Comprendrais-tu des cieux l'ineffable harmonie,
Le silence des nuits, le murmure des flots,
Si quelque part là-bas la fièvre et l'insomnie           240
Ne t'avaient fait songer à l'éternel repos ?
N'as-tu pas maintenant une belle maîtresse ?
Et, lorsqu'en t'endormant tu lui serres la main,
Le lointain souvenir des maux de ta jeunesse
Ne rend-il pas plus doux son sourire divin ?
N'allez-vous pas aussi vous promener ensemble
Au fond des bois fleuris, sur le sable argentin ?
Et, dans ce vert palais, le blanc spectre du tremble
Ne sait-il plus, le soir, vous montrer le chemin ?
Ne vois-tu pas, alors, aux rayons de la lune,           250
Plier comme autrefois un beau corps dans tes bras ?
Et, si dans le sentier tu trouvais la Fortune,
Derrière elle, en chantant, ne marcherais-tu pas ?
De quoi te plains-tu donc ?   L'immortelle espérance
S'est retrempée en toi sous la main du malheur.
Pourquoi veux-tu haïr ta jeune expérience,
Et détester un mal qui t'a rendu meilleur ?
O mon enfant ! plains-la, cette belle infidèle,
Qui fit couler jadis les larmes de tes yeux ;
Plains-la ! c'est une femme, et Dieu t'a fait, près d'elle,
Deviner, en souffrant, le secret des heureux.           261
Sa tâche fut pénible ; elle t'aimait peut-être ;
Mais le destin voulait qu'elle brisât ton cœur.
Elle savait la vie, et te l'a fait connaître ;
Une autre a recueilli le fruit de ta douleur.
Plains-la ! son triste amour a passé comme un songe ;
Elle a vu ta blessure et n'a pu la fermer.
Dans ses larmes, crois-moi, tout n'était pas mensonge.
Quand tout l'aurait été, plains-la ! tu sais aimer.

## LE POÈTE.

Tu dis vrai : la haine est impie.                    270
Et c'est un frisson plein d'horreur
Quand cette vipère assoupie
Se déroule dans notre cœur.
Écoute-moi donc, ô déesse !
Et sois témoin de mon serment :
Par les yeux bleus de ma maîtresse
Et par l'azur du firmament ;
Par cette étincelle brillante
Qui de Vénus porte le nom,
Et, comme une perle tremblante,              280
Scintille au loin sur l'horizon ;
Par la grandeur de la nature,
Par la bonté du Créateur,
Par la clarté tranquille et pure
De l'astre cher au voyageur,
Par les herbes de la prairie,
Par les forêts, par les prés verts,
Par la puissance de la vie,
Par la sève de l'univers,
Je te bannis de ma mémoire,                    290
Reste d'un amour insensé,
Mystérieuse et sombre histoire
Qui dormiras dans le passé !
Et toi qui, jadis, d'une amie
Portas la forme et le doux nom,
L'instant suprême où je t'oublie
Doit être celui du pardon.
Pardonnons-nous ;—je romps le charme
Qui nous unissait devant Dieu.
Avec une dernière larme                           300
Reçois un éternel adieu.
—Et maintenant, blonde rêveuse,
Maintenant, Muse, à nos amours !
Dis-moi quelque chanson joyeuse,
Comme au premier temps des beaux jours.

Déjà la pelouse embaumée
Sent les approches du matin ;
Viens éveiller ma bien-aimée,
Et cueillir les fleurs du jardin.
Viens voir la nature immortelle            310
Sortir des voiles du sommeil ;
Nous allons renaître avec elle
Au premier rayon du soleil !

*Octobre* 1837.

## VII.   TRISTESSE*

J'ai perdu ma force et ma vie,
Et mes amis et ma gaîté ;
J'ai perdu jusqu'à la fierté
Qui faisait croire à mon génie.

Quand j'ai connu la Vérité,
J'ai cru que c'était une amie ;
Quand je l'ai comprise et sentie,
J'en étais déjà dégoûté.

Et pourtant elle est éternelle,
Et ceux qui se sont passés d'elle            10
Ici-bas ont tout ignoré.

Dieu parle, il faut qu'on lui réponde,
Le seul bien qui me reste au monde
Est d'avoir quelquefois pleuré.

*Bury,* 14 *juin* 1840.

* *Poésies Nouvelles.*   Written at the country house of his friend Alfred Tattet.

## VIII.  SOUVENIR*

J'espérais bien pleurer, mais je croyais souffrir
En osant te revoir, place à jamais sacrée,
O la plus chère tombe et la plus ignorée
　　Où dorme un souvenir!

Que redoutiez-vous donc de cette solitude,
Et pourquoi, mes amis, me preniez-vous la main?
Alors qu'une si douce et si vieille habitude
　　Me montrait ce chemin?

Les voilà, ces coteaux, ces bruyères fleuries,
Et ces pas argentins sur le sable muet,          10
Ces sentiers amoureux, remplis de causeries,
　　Où son bras m'enlaçait.

Les voilà, ces sapins à la sombre verdure,
Cette gorge profonde aux nonchalants détours,
Ces sauvages amis, dont l'antique murmure
　　A bercé mes beaux jours.

Les voilà, ces buissons où toute ma jeunesse,
Comme un essaim d'oiseaux chante au bruit de mes pas.
Lieux charmants, beau désert où passa ma maîtresse,
　　Ne m'attendiez-vous pas?          20

Ah! laissez-les couler, elles me sont bien chères,
Ces larmes que soulève un cœur encor blessé!
Ne les essuyez pas, laissez sur mes paupières
　　Ce voile du passé!

Je ne viens point jeter un regret inutile
Dans l'écho de ces bois témoins de mon bonheur.
Fière est cette forêt dans sa beauté tranquille,
　　Et fier aussi mon cœur.

* *Poésies Nouvelles.*   Written, almost at one sitting, immediately after meeting George Sand for the first time for nearly six years at the Théâtre des Italiens.   For the theme, cp. Lamartine's *Le Lac* (see above p. 5) and Hugo's *La Tristesse d'Olympio* (*Les Rayons et les Ombres*, 1840).

Que celui-là se livre à des plaintes amères,
Qui s'agenouille et prie au tombeau d'un ami.            30
Tout respire en ces lieux ; les fleurs des cimetières
    Ne poussent point ici.

Voyez ! la lune monte à travers ces ombrages.
Ton regard tremble encor, belle reine des nuits ;
Mais du sombre horizon déjà tu te dégages,
    Et tu t'épanouis.

Ainsi de cette terre, humide encor de pluie,
Sortent, sous tes rayons, tous les parfums du jour ;
Aussi calme, aussi pur, de mon âme attendrie
    Sort mon ancien amour.            40

Que sont-ils devenus, les chagrins de ma vie ?
Tout ce qui m'a fait vieux est bien loin maintenant ;
Et rien qu'en regardant cette vallée amie,
    Je redeviens enfant.

O puissance du temps ! ô légères années !
Vous emportez nos pleurs, nos cris et nos regrets ;
Mais la pitié vous prend, et sur nos fleurs fanées
    Vous ne marchez jamais.

Tout mon cœur te bénit, bonté consolatrice !
Je n'aurais jamais cru que l'on pût tant souffrir            50
D'une telle blessure, et que sa cicatrice
    Fût si douce à sentir.

Loin de moi les vains mots, les frivoles pensées,
Des vulgaires douleurs linceul accoutumé,
Que viennent étaler sur leurs amours passées
    Ceux qui n'ont point aimé !

Dante, pourquoi dis-tu qu'il n'est pire misère
Qu'un souvenir heureux dans les jours de douleur ?
Quel chagrin t'a dicté cette parole amère,
    Cette offense au malheur ?            60

l. 57. "Nessun maggior dolore | che ricordarsi del tempo felice | nella miseria." These words are put into the mouth of Francesca da Rimini (*Inf.* v. 121).

En est-il donc moins vrai que la lumière existe,
Et faut-il l'oublier du moment qu'il fait nuit ?
Est-ce bien toi, grande âme immortellement triste,
　　　　Est-ce toi qui l'as dit ?

Non, par ce pur flambeau dont la splendeur m'éclaire,
Ce blasphème vanté ne vient pas de ton cœur.
Un souvenir heureux est peut-être sur terre
　　　　Plus vrai que le bonheur.

Eh quoi ! l'infortuné qui trouve une étincelle
Dans la cendre brûlante où dorment ses ennuis,　　　70
Qui saisit cette flamme et qui fixe sur elle
　　　　Ses regards éblouis ;

Dans ce passé perdu quand son âme se noie,
Sur ce miroir brisé lorsqu'il rêve en pleurant,
Tu lui dis qu'il se trompe, et que sa faible joie
　　　　N'est qu'un affreux tourment !

Et c'est à ta Françoise, à ton ange de gloire,
Que tu pouvais donner ces mots à prononcer,
Elle qui s'interrompt, pour conter son histoire,
　　　　D'un éternel baiser !　　　　　　　80

Qu'est-ce donc, juste Dieu, que la pensée humaine,
Et qui pourra jamais aimer la vérité,
S'il n'est joie ou douleur si juste et si certaine
　　　　Dont quelqu'un n'ait douté ?

Comment vivez-vous donc, étranges créatures ?
Vous riez, vous chantez, vous marchez à grands pas,
Le ciel et sa beauté, le monde et ses souillures
　　　　Ne vous dérangent pas ;

Mais, lorsque par hasard le destin vous ramène
Vers quelque monument d'un amour oublié,　　　90
Ce caillou vous arrête, et cela vous fait peine
　　　　Qu'il vous heurte le pié.

　　l. 77. "Questi che mai da me non fia diviso | la bocca mi baciò tutto
tremante" (*Inf.* v. 135).

Et vous criez alors que la vie est un songe ;
Vous vous tordez les bras comme en vous réveillant,
Et vous trouvez fâcheux qu'un si joyeux mensonge
　　　Ne dure qu'un instant.

Malheureux ! cet instant où votre âme engourdie
A secoué les fers qu'elle traîne ici-bas,
Ce fugitif instant fut toute votre vie ;
　　　Ne le regrettez pas !                        100

Regrettez la torpeur qui vous cloue à la terre,
Vos agitations dans la fange et le sang,
Vos nuits sans espérance et vos jours sans lumière :
　　　C'est là qu'est le néant !

Mais que vous revient-il de vos froides doctrines?
Que demandent au ciel ces regrets inconstants
Que vous allez semant sur vos propres ruines,
　　　A chaque pas du Temps ?

Oui, sans doute, tout meurt; ce monde est un grand
　　　rêve,
Et le peu de bonheur qui nous vient en chemin,    110
Nous n'avons pas plus tôt ce roseau dans la main,
　　　Que le vent nous l'enlève.

Oui, les premiers baisers, oui, les premiers serments
Que deux êtres mortels échangèrent sur terre,
Ce fut au pied d'un arbre effeuillé par les vents,
　　　Sur un roc en poussière.

Ils prirent à témoin de leur joie éphémère
Un ciel toujours voilé qui change à tout moment,
Et des astres sans nom que leur propre lumière
　　　Dévore incessamment.                        120

Tout mourait autour d'eux, l'oiseau dans le feuillage,
La fleur entre leurs mains, l'insecte sous leurs piés,
La source desséchée où vacillait l'image
　　　De leurs traits oubliés ;

Et sur tous ces débris joignant leurs mains d'argile,
Étourdis des éclairs d'un instant de plaisir,
Ils croyaient échapper à cet Être immobile
    Qui regarde mourir !

—Insensés ! dit le sage.—Heureux ! dit le poëte.
Et quels tristes amours as-tu donc dans le cœur,    130
Si le bruit du torrent te trouble et t'inquiète,
    Si le vent te fait peur ?

J'ai vu sous le soleil tomber bien d'autres choses
Que les feuilles des bois et l'écume des eaux,
Bien d'autres s'en aller que le parfum des roses
    Et le chant des oiseaux.

Mes yeux ont contemplé des objets plus funèbres
Que Juliette morte au fond de son tombeau,
Plus affreux que le toast à l'ange des ténèbres
    Porté par Roméo.    140

J'ai vu ma seule amie, à jamais la plus chère,
Devenue elle-même un sépulcre blanchi,
Une tombe vivante où flottait la poussière
    De notre mort chéri,

De notre pauvre amour, que, dans la nuit profonde,
Nous avions sur nos cœurs si doucement bercé !
C'était plus qu'une vie, hélas ! c'était un monde
    Qui s'était effacé !

Oui, jeune et belle encor, plus belle, osait-on dire,
Je l'ai vue, et ses yeux brillaient comme autrefois.    150
Ses lèvres s'entr'ouvraient, et c'était un sourire,
    Et c'était une voix ;

Mais non plus cette voix, non plus ce doux langage,
Ces regards adorés dans les miens confondus ;
Mon cœur, encor plein d'elle, errait sur son visage,
    Et ne la trouvait plus.

Et pourtant j'aurais pu marcher alors vers elle,
Entourer de mes bras ce sein vide et glacé,
Et j'aurais pu crier : " Qu'as-tu fait, infidèle,
    Qu'as-tu fait du passé ? "                    160

Mais non : il me semblait qu'une femme inconnue
Avait pris par hasard cette voix et ces yeux ;
Et je laissai passer cette froide statue
    En regardant les cieux.

Eh bien ! ce fut sans doute une horrible misère
Que ce riant adieu d'un être inanimé.
Eh bien ! qu'importe encore?   O nature ! ô ma mère !
    En ai-je moins aimé ?

La foudre maintenant peut tomber sur ma tête ,
Jamais ce souvenir ne peut m'être arraché !            170
Comme le matelot brisé par la tempête.
    Je m'y tiens attaché.

Je ne veux rien savoir, ni si les champs fleurissent,
Ni ce qu'il adviendra du simulacre humain,
Ni si ces vastes cieux éclaireront demain
    Ce qu'ils ensevelissent.

Je me dis seulement : " A cette heure, en ce lieu,
Un jour, je fus aimé, j'aimais, elle était belle.
J'enfouis ce trésor dans mon âme immortelle,
    Et je l'emporte à Dieu ! "                    180

*Février* 1841.

# CHATEAUBRIAND

## I. NATURE IN THE NEW WORLD*

Un soir je m'étais égaré dans une forêt, à quelque distance de la cataracte du Niagara ; bientôt je vis le jour s'éteindre autour de moi, et je goûtai, dans toute sa solitude, le beau spectacle d'une nuit dans les déserts du Nouveau-Monde.

Une heure après le coucher du soleil, la lune se montra au-dessus des arbres à l'horizon opposé. Une brise embaumée, que cette reine des nuits amenait de l'orient avec elle, semblait la précéder dans les forêts
10 comme sa fraîche haleine. L'astre solitaire monta peu à peu dans le ciel : tantôt il suivait paisiblement sa course azurée ; tantôt il reposait sur des groupes de nues qui ressemblaient à la cime de hautes montagnes couronnées de neige. Ces nues, ployant et déployant leurs voiles, se déroulaient en zones diaphanes de satin blanc, se dispersaient en légers flocons d'écume, ou formaient dans les cieux des bancs d'une ouate éblouissante, si doux à l'œil, qu'on croyait ressentir leur mollesse et leur élasticité.
20 La scène sur la terre n'était pas moins ravissante : le jour bleuâtre et velouté de la lune descendait dans les intervalles des arbres et poussait des gerbes de lumière jusque dans l'épaisseur des plus profondes ténèbres. La rivière qui coulait à mes pieds tour à tour se perdait dans le bois, tour à tour reparaissait brillante des constellations de la nuit, qu'elle répétait dans son sein.

* From *Le Génie du Christianisme* (1802), partie I. livre V. ch. XII, "Le *Génie du Christianisme* fut utile en ce qu'il contribua à rétablir le respect pour le Christianisme considéré socialement et politiquement.... Littérairement, il ouvrit une foule d'aspects nouveaux et de perspectives, qui sont devenues de grandes routes battues et même rebattues depuis; goût du Moyen-Age, du gothique, poésie et génie de l'histoire nationale ; il donna l'impulsion à ces trains d'idées modernes où la science est intervenue ensuite, mais que l'instinct du grand artiste avait d'abord devinées." Sainte-Beuve, *Chateaubriand et son groupe littéraire*, I. 340.

Dans une savane, de l'autre côté de la rivière, la clarté
de la lune dormait sans mouvement sur les gazons; des
bouleaux agités par les brises et dispersés çà et là
formaient des îles d'ombres flottantes sur cette mer im- 30
mobile de lumière.   Auprès, tout aurait été silence et
repos, sans la chute de quelques feuilles, le passage d'un
vent subit, le gémissement de la hulotte; au loin, par
intervalles, on entendait les sourds mugissements de la
cataracte de Niagara, qui, dans le calme de la nuit, se
prolongeaient de désert en désert et expiraient à travers
les forêts solitaires.

La grandeur, l'étonnante mélancolie de ce tableau,
ne sauraient s'exprimer dans les langues humaines; les
plus belles nuits en Europe ne peuvent en donner une 40
idée.   En vain dans nos champs cultivés l'imagination
cherche à s'étendre; elle rencontre de toutes parts les
habitations des hommes: mais dans ces régions sauvages
l'âme se plaît à s'enfoncer dans un océan de forêts, à
planer sur le gouffre des cataractes, à méditer au bord
des lacs et des fleuves, et, pour ainsi dire, à se trouver
seule devant Dieu.

## II.  THE CHRISTIAN SOUL BEFORE
## THE UNIVERSE *

Pénétrez dans ces forêts américaines aussi vieilles que
le monde: quel profond silence dans ces retraites quand
les vents reposent! quelles voix inconnues quand les
vents viennent à s'élever! Êtes-vous immobile, tout
est muet; faites-vous un pas, tout soupire.   La nuit
s'approche, les ombres s'épaississent: on entend les
troupeaux de bêtes sauvages passer dans les ténèbres;
la terre murmure sous vos pas; quelques coups de
foudre font mugir les déserts; la forêt s'agite, les arbres
tombent, un fleuve inconnu coule devant vous.   La lune 10
sort enfin de l'Orient; à mesure que vous passez au pied
des arbres, elle semble errer devant vous dans leurs

* _Génie_, partie II. livre V. ch. I.

cimes et suivre tristement vos yeux. Le voyageur
s'assied sur le tronc d'un chêne pour attendre le jour ;
il regarde tour à tour l'astre des nuits, les ténèbres, le
fleuve ; il se sent inquiet, agité, et dans l'attente de
quelque chose d'inconnu ; un plaisir inouï, une crainte
extraordinaire, font palpiter son sein, comme s'il allait
être admis à quelque secret de la Divinité : il est seul
20 au fond des forêts ; mais l'esprit de l'homme remplit
aisément les espaces de la nature, et toutes les solitudes
de la terre sont moins vastes qu'une seule pensée de son
cœur.

Oui, quand l'homme renierait la Divinité, l'être
pensant, sans cortége et sans spectateur, serait encore
plus auguste au milieu des mondes solitaires que s'il
y paraissait environné des petites déités de la Fable ; le
désert vide aurait encore quelques convenances avec
l'étendue de ses idées, la tristesse de ses passions, et le
30 dégoût même d'une vie sans illusion et sans espérance.

Il y a dans l'homme un instinct qui le met en
rapport avec les scènes de la nature.  Eh ! qui n'a passé
des heures entières assis sur le rivage d'un fleuve, à voir
s'écouler les ondes !  Qui ne s'est plu, au bord de la mer,
à regarder blanchir l'écueil éloigné !  Il faut plaindre les
anciens, qui n'avaient trouvé dans l'Océan que le palais
de Neptune et la grotte de Protée ; il était dur de ne
voir que les aventures des tritons et des néréides dans
cette immensité des mers, qui semble nous donner une
40 mesure confuse de la grandeur de notre âme ; dans cette
immensité qui fait naître en nous un vague désir de
quitter la vie pour embrasser la nature et nous confondre
avec son auteur.


### III.   CHRISTIAN ARCHITECTURE*

Les forêts des Gaules ont passé à leur tour dans les
temples de nos pères, et nos bois de chênes ont ainsi
maintenu leur origine sacrée.  Ces voûtes ciselées en

----

* *Génie*, partie III. livre I. ch. VII.

feuillages, ces jambages qui appuient les murs et finissent brusquement comme des troncs brisés, la fraîcheur des voûtes, les ténèbres du sanctuaire, les ailes obscures, les passages secrets, les portes abaissées, tout retrace les labyrinthes des bois dans l'Église gothique ; tout en fait sentir la religieuse horreur, les mystères et la divinité. Les deux tours hautaines plantées à l'entrée de l'édifice 10 surmontent les ormes et les ifs du cimetière, et font un effet pittoresque sur l'azur du ciel. Tantôt le jour naissant illumine leurs têtes jumelles, tantôt elles paraissent couronnées d'un chapiteau de nuages, ou grossies dans une atmosphère vaporeuse. Les oiseaux eux-mêmes semblent s'y méprendre et les adopter pour les arbres de leurs forêts : des corneilles voltigent autour de leurs faîtes et se perchent sur leurs galeries. Mais tout à coup des rumeurs confuses s'échappent de la cime de ces tours et en chassent les oiseaux effrayés. L'archi- 20 tecte chrétien, non content de bâtir des forêts, a voulu, pour ainsi dire, en imiter les murmures, et, au moyen de l'orgue et du bronze suspendu, il a attaché au temple gothique jusqu'au bruit des vents et des tonnerres qui roulent dans la profondeur des bois. Les siècles, évoqués par ces sons religieux, font sortir leur antique voix du sein des pierres, et soupirent dans la vaste basilique : le sanctuaire mugit comme l'antre de l'ancienne Sibylle ; et, tandis que l'airain se balance avec fracas sur votre tête, les souterrains voûtés de la mort se taisent pro- 30 fondément sous vos pieds.

## IV. SAINT-DENIS*

On voyait autrefois, près de Paris, des sépultures fameuses entre les sépultures des hommes. Les étrangers venaient en foule visiter les merveilles de Saint-Denis.

* *Génie*, partie IV. livre II. ch. VIII.
IV. l. 3. 5 miles N. of Paris. The present church was begun by Abbot Suger in 1137. It served as the burial place of the kings of France from Dagobert I in the seventh century to Louis XV (1774). In October 1793 the church was dismantled and the tombs desecrated. The remains of

Ils y puisaient une profonde vénération pour la France, et s'en retournaient en disant en dedans d'eux-mêmes, comme saint Grégoire : *Ce royaume est réellement le plus grand parmi les nations* ; mais il s'est élevé un vent de la colère autour de l'édifice de la Mort ; les flots des peuples ont été poussés sur lui ; et les hommes étonnés
10 se demandent encore *comment le temple d'*AMMON *a disparu sous les sables des déserts.*

L'abbaye gothique où se rassemblaient ces grands vassaux de la mort ne manquait point de gloire : les richesses de la France étaient à ses portes ; la Seine passait à l'extrémité de sa plaine ; cent endroits célèbres remplissaient, à quelque distance, tous les sites de beaux noms, tous les champs de beaux souvenirs ; la ville d'Henri IV et de Louis le Grand était assise dans le voisinage, et la sépulture royale de Saint-Denis se
20 trouvait au centre de notre puissance et de notre luxe, comme un trésor où l'on déposait les débris du temps et la surabondance des grandeurs de l'empire français.

C'est là que venaient, tour à tour, s'engloutir les rois de la France. Un d'entre eux, et toujours le dernier descendu dans ces abîmes, restait sur les degrés du souterrain, comme pour inviter sa postérité à descendre. Cependant Louis XIV a vainement attendu ses deux derniers fils : l'un s'est précipité au fond de la voûte, en
30 laissant son ancêtre sur le seuil ; l'autre, ainsi qu'Œdipe, a disparu dans une tempête. Chose digne de méditation ! le premier monarque que les envoyés de la justice divine rencontrèrent fut ce Louis si fameux par l'obéissance que

kings, beginning with Henry IV, queens, princes, and princesses, were exhumed and cast into a common grave outside.

l. 10. The ruins of Karnac and Luxor attest the former splendour of Thebes, whose supreme God was Amon (or Amen).

l. 29. l'un etc. Louis XVI, executed Jan. 21, 1793, was hastily buried in the cemetery of La Madeleine in the Rue d'Anjou.

l. 30. l'autre. The unhappy Dauphin died in the prison of the Temple June 8, 1795. He was said to have been buried in the cemetery of Sainte-Marguerite, but no trace of his body was found in 1816, when search was made for it.

les nations lui portaient. Il était encore tout entier dans son cercueil. En vain, pour défendre son trône, il parut se lever avec la majesté de son siècle et une arrière-garde de huit siècles de rois; en vain son geste menaçant épouvanta les ennemis des morts, lorsque, précipité dans une fosse commune, il tomba sur le sein de Marie de Médicis: tout fut détruit. Dieu, dans l'effusion de sa 40 colère, avait juré par lui-même de châtier la France: ne cherchons point sur la terre les causes de pareils événements; elles sont plus haut.

Dès le temps de Bossuet, dans le souterrain *de ces princes anéantis*, on pouvait à peine déposer madame Henriette, *tant les rangs y sont pressés !* s'écrie le plus éloquent des orateurs, *tant la mort est prompte à remplir ces places !* En présence des âges, dont les flots écoulés semblent gronder encore dans ces profondeurs, les esprits sont abattus par le poids des pensées qui les oppressent. 50 L'âme entière frémit en contemplant tant de néant et tant de grandeur. Lorsqu'on cherche une expression assez magnifique pour peindre ce qu'il y a de plus élevé, l'autre moitié de l'objet sollicite le terme le plus bas, pour exprimer ce qu'il y a de plus vil. Ici les ombres des vieilles voûtes s'abaissent pour se confondre avec les ombres des vieux tombeaux; là des grilles de fer entourent inutilement ces bières, et ne peuvent défendre la mort des empressements des hommes. Écoutez le sourd travail du sépulcre, qui semble filer dans ces 60 cercueils les indestructibles réseaux de la mort ! Tout annonce qu'on est descendu à l'empire des ruines; et, à je ne sais quelle odeur de vétusté répandue sous ces arches funèbres, on croirait, pour ainsi dire, respirer la poussière des temps passés.

Lecteurs chrétiens, pardonnez aux larmes qui coulent de nos yeux en errant au milieu de cette famille de saint

l. 34. "Quelques uns de ces corps étaient bien conservés, surtout Louis XIII, reconnaissable à sa moustache. Louis XIV l'était aussi par ses grands traits. Mais il était noir comme de l'encre" etc.

l. 46. Henrietta of England, daughter of Charles I and of Henrietta Maria, first wife of Monsieur, only brother of Louis XIV.

l. 46. Cp. Bossuet, *Oraison funèbre de Henriette d'Angleterre.*

Louis et de Clovis. Si tout à coup, jetant à l'écart le
drap mortuaire qui les couvre, ces monarques allaient
70 se dresser dans leurs sépulcres, et fixer sur nous leurs
regards, à la lueur de cette lampe!—Oui, nous les voyons
tous se lever à demi, ces spectres des rois; nous les
reconnaissons, nous osons interroger ces majestés du
tombeau. Eh bien, peuple royal de fantômes, dites-le-
nous: voudriez-vous revivre maintenant au prix d'une
couronne? Le trône vous tente-t-il encore? Mais d'où
vient ce profond silence? D'où vient que vous êtes tous
muets sous ces voûtes? Vous secouez vos têtes royales,
d'où tombe un nuage de poussière; vos yeux se re-
80 ferment, et vous vous recouchez lentement dans vos
cercueils!

Ah! si nous avions interrogé ces morts champêtres,
dont naguère nous visitions les cendres, ils auraient percé
le gazon de leurs tombeaux; et, sortant du sein de la
terre comme des vapeurs brillantes, ils nous auraient
répondu: "Si Dieu l'ordonne ainsi, pourquoi refuserions-
nous de revivre? Pourquoi ne passerions-nous pas encore
des jours résignés dans nos chaumières? Notre hoyau
n'était pas si pesant que vous le pensez; nos sueurs
90 mêmes avaient leurs charmes, lorsqu'elles étaient essuyées
par une tendre épouse ou bénies par la religion."

Mais où nous entraîne la description de ces tombeaux
déjà effacés de la terre? Elles ne sont plus, ces sépultures! Les petits enfants se sont joués avec les os
des puissants monarques: Saint-Denis est désert; l'oiseau
l'a pris pour passage, l'herbe croît sur ses autels brisés;
et au lieu du cantique de la mort, qui retentissait sous
ses dômes, on n'entend plus que les gouttes de pluie qui
tombent par son toit découvert, la chute de quelque
100 pierre qui se détache de ses murs en ruine, ou le son de
son horloge, qui va roulant dans les tombeaux vides et
les souterrains dévastés.

## V.  THE CAMPAGNA*

Rien n'est comparable pour la beauté aux lignes de
l'horizon romain, à la douce inclinaison des plans, aux
contours suaves et fuyants des montagnes qui le
terminent.  Souvent les vallées dans la campagne
prennent la forme d'une arène, d'un cirque, d'un hippo-
drome ; les coteaux sont taillés en terrasses, comme si
la main puissante des Romains avait remué toute cette
terre.  Une vapeur particulière, répandue dans les
lointains, arrondit les objets et dissimule ce qu'ils
pourraient avoir de dur ou de heurté dans leurs formes. 10
Les ombres ne sont jamais lourdes et noires ; il n'y a
pas de masses si obscures de rochers et de feuillages,
dans lesquelles il ne s'insinue toujours un peu de
lumière.  Une teinte singulièrement harmonieuse marie
la terre, le ciel et les eaux : toutes les surfaces, au
moyen d'une gradation insensible de couleurs, s'unissent
par leurs extrémités, sans qu'on puisse déterminer le
point où une nuance finit et où l'autre commence.  Vous
avez sans doute admiré dans les paysages de Claude
Lorrain cette lumière qui semble idéale et plus belle que 20
nature ? eh bien, c'est la lumière de Rome !
Je ne me lassais point de voir à la *villa* Borghèse
le soleil se coucher sur les cyprès du mont Marius et sur
les pins de la *villa* Pamphili, plantés par Le Nôtre.  J'ai
souvent aussi remonté le Tibre à Ponte-Mole, pour jouir
de cette grande scène de la fin du jour.  Les sommets
des montagnes de la Sabine apparaissent alors de lapis-
lazuli et d'opale, tandis que leurs bases et leurs flancs
sont noyés dans une vapeur d'une teinte violette et

* From a letter to the Marquis de Fontanes (for whom see Sainte-
Beuve, *Port. litt.* II), written at Rome in 1804, and afterwards incorporated
in the *Voyage en Suisse et Italie.*
l. 24.  Le Nôtre, the famous landscape gardener of Louis XIV, visited
Italy in 1678.
l. 25.  Ponte-Mole (Molle)=Pons Mulvius, a bridge over the Tiber
above Rome on the Via Flaminia.

30 purpurine. Quelquefois de beaux nuages comme des
chars légers, portés sur le vent du soir avec une grâce
inimitable, font comprendre l'apparition des habitants
de l'Olympe sous ce ciel mythologique; quelquefois
l'antique Rome semble avoir étendu dans l'occident
toute la pourpre de ses consuls et de ses Césars, sous les
derniers pas du dieu du jour. Cette riche décoration ne
se retire pas aussi vite que dans nos climats: lorsque
vous croyez que ses teintes vont s'effacer, elle se ranime
sur quelque autre point de l'horizon; un crépuscule
40 succède à un crépuscule, et la magie du couchant se
prolonge. Il est vrai qu'à cette heure du repos des
campagnes, l'air ne retentit plus de chants bucoliques;
les bergers n'y sont plus, *Dulcia linquimus arva!* mais
on voit encore les *grandes victimes du Clytumne*, des
bœufs blancs ou des troupeaux de cavales demi-sauvages
qui descendent au bord du Tibre et viennent s'abreuver
dans ses eaux.

## VI.  THE  FRANKS*

Parés de la dépouille des ours, des veaux marins,
des urochs et des sangliers, les Francs se montraient de
loin comme un troupeau de bêtes féroces. Une tunique
courte et serrée laissait voir toute la hauteur de leur
taille, et ne leur cachait pas le genou. Les yeux de
ces Barbares ont la couleur d'une mer orageuse; leur
chevelure blonde, ramenée en avant sur leur poitrine,
et teinte d'une liqueur rouge, est semblable à du sang et
à du feu. La plupart ne laissent croître leur barbe
10 qu'au-dessus de la bouche, afin de donner à leurs lèvres
plus de ressemblance avec le mufle des dogues et des

* From *Les Martyrs ou le Triomphe de la Religion Chrétienne* (1809),
livre VI. The scene of *Les Martyrs* is laid during the persecution of Diocletian towards the end of the third century. This passage describing the
battle of the Franks and Romans is from the autobiography of the hero
Eudore, which occupies most of the book. Chateaubriand was at pains to
read up his subject, and justifies his description by reference to authorities,
Tacitus, Strabo, the Historia Augusta, etc.

loups. Les uns chargent leur main droite d'une longue framée, et leur main gauche d'un bouclier qu'ils tournent comme une roue rapide ; d'autres, au lieu de ce bouclier, tiennent une espèce de javelot, nommé angon, où s'enfoncent deux fers recourbés ; mais tous ont à la ceinture la redoutable francisque, espèce de hache à deux tranchants, dont le manche est recouvert d'un dur acier ; arme funeste que le Franc jette en poussant un cri de mort, et qui manque rarement de frapper le but qu'un 10 œil intrépide a marqué.

Ces Barbares, fidèles aux usages des anciens Germains, s'étaient formés en coin, leur ordre accoutumé de bataille. Le formidable triangle, où l'on ne distinguait qu'une forêt de framées, des peaux de bêtes et des corps demi-nus, s'avançait avec impétuosité, mais d'un mouvement égal, pour percer la ligne romaine. A la pointe de ce triangle étaient placés des braves qui conservaient une barbe longue et hérissée, et qui portaient au bras un anneau de fer. Ils avaient juré de ne quitter ces marques 30 de servitude qu'après avoir sacrifié un Romain. Chaque chef, dans ce vaste corps, était environné des guerriers de sa famille, afin que, plus ferme dans le choc, il remportât la victoire ou mourût avec ses amis. Chaque tribu se ralliait sous un symbole : la plus noble d'entre elles se distinguait par des abeilles ou trois fers de lance. Le vieux roi des Sicambres, Pharamond, conduisait l'armée entière, et laissait une partie du commandement à son petit-fils Mérovée. Les cavaliers francs, en face de la cavalerie romaine, couvraient les deux côtés de leur 40 infanterie : à leurs casques en forme de gueules ouvertes ombragées de deux ailes de vautour, à leurs corselets de fer, à leurs boucliers blancs, on les eût pris pour des

l. 37. The Sicambri were one of the "frank and free" tribes of the lower Rhine. As their name suited Latin verse endings well, it was generally adopted to designate the Franks as a whole.

"Il y aura ici anachronisme si l'on veut, ou l'on dira que c'est un Pharamond, un Mérovée, un Clodion, ancêtre des princes de ce nom que nous voyons dans l'histoire. On sait d'ailleurs qu'il y a en plusieurs Pharamond, et peut-être ce nom n'était-il que celui de la dignité." Note of Chateaubriand.

fantômes ou pour ces figures bizarres que l'on aperçoit
au milieu des nuages pendant une tempête. Clodion,
fils de Pharamond et père de Mérovée, brillait à la tête
de ces cavaliers menaçants.

Sur une grève, derrière cet essaim d'ennemis, on
apercevait leur camp, semblable à un marché de
50 laboureurs et de pêcheurs; il était rempli de femmes
et d'enfants, et retranché avec des bateaux de cuir et
des chariots attelés de grands bœufs. Non loin de ce
camp champêtre, trois sorcières en lambeaux faisaient
sortir de jeunes poulains d'un bois sacré, afin de découvrir par leur course à quel parti Tuiston promettait
la victoire. La mer d'un côté, des forêts de l'autre,
formaient le cadre de ce grand tableau.

Le soleil du matin, s'échappant des replis d'un
nuage d'or, verse tout à coup sa lumière sur les bois,
60 l'Océan et les armées. La terre paraît embrasée du feu
des casques et des lances, les instruments guerriers
sonnent l'air antique de Jules César partant pour les
Gaules. La rage s'empare de tous les cœurs, les yeux
roulent du sang, la main frémit sur l'épée. Les chevaux
se cabrent, creusent l'arène, secouent leur crinière,
frappent de leur bouche écumante leur poitrine enflammée, ou lèvent vers le ciel leurs naseaux brûlants,
pour respirer les sons belliqueux. Les Romains commencent le chant de Probus:

70 "Quand nous aurons vaincu mille guerriers francs,
combien ne vaincrons-nous pas de millions de Perses!"

Les Grecs répètent en chœur le Pæan, et les
Gaulois l'hymne des Druides. Les Francs répondent
à ces cantiques de mort: ils serrent leurs boucliers
contre leur bouche, et font entendre un mugissement
semblable au bruit de la mer que le vent brise contre

l. 55. Cp. *Celebrant carminibus antiquis Tuistonem deum*, Tac.
*Germ.* II.

l. 69. Probus, Emperor 276—282 A.D., the "hammer" of the bar-
barians; cp. his epitaph, *Victor omnium gentium barbarorum.*

l. 70. Mille Francos, mille Sarmatos semel occidimus,
Mille, mille, mille, mille, mille Persas quaesimus.
Vopiscus, *Vit. Aurel.* 7.

un rocher; puis tout à coup poussant un cri aigu, ils
entonnent le bardit à la louange de leurs héros:
"Pharamond! Pharamond! nous avons combattu
avec l'épée.                                                                80

"Nous avons lancé la francisque à deux tranchants;
la sueur tombait du front des guerriers et ruisselait le
long de leurs bras. Les aigles et les oiseaux aux pieds
jaunes poussaient des cris de joie; le corbeau nageait
dans le sang des morts; tout l'Océan n'était qu'une
plaie: les vierges ont pleuré longtemps!

"Pharamond! Pharamond! nous avons combattu
avec l'épée.

"Nos pères sont morts dans les batailles, tous les
vautours en ont gémi; nos pères les rassasiaient de 90
carnage! Choisissons des épouses dont le lait soit du
sang, et qui remplissent de valeur le cœur de nos fils.
Pharamond, le bardit est achevé, les heures de la vie
s'écoulent, nous sourirons quand il faudra mourir!"

Ainsi chantaient quarante mille Barbares. Leurs

---

l. 80. "J'ai imité ici le chant de Lodbrog, en y ajoutant un refrain et
quelques détails sur les armes appropriés à mon sujet." Note of Chateaubriand.

The Song of King Regner Lodbrog (ob. 857), scald and pirate, was first
printed (in Runic characters !) with a Latin translation by Ole Worm in his
*Danica Litteratura* (Copenhagen, 1651). Although obviously not by Lodbrog
himself, it is probably of his time. That Chateaubriand's imitation is
exceedingly close, even for the refrain, is shewn by the following lines
from the song, which is in twenty-nine stanzas of ten lines each:

pugnauimus ensibus (repeated at the beginning of each stanza)

    *      *      *

uulnerum omnes auidae ferae
et flaui pedes aues

    *      *      *

omnis erat oceanus uulnus,
nadauit coruus in sanguine caesorum

    *      *      *

uirgo deplorauit matutinam laniaenam (butchery)

    *      *      *

matrem accepi meis
filiis ita ut corda ualent

    *      *      *

non est lugenda mors,
uitae elapsae sunt horae;
ridens moriar.

cavaliers haussaient et baissaient leurs boucliers blancs
en cadence; et à chaque refrain, ils frappaient du fer d'un
javelot leur poitrine couverte de fer.


## VII.  THE  RUINS  OF  SPARTA*

Il y avait déjà une heure que nous courions par un
chemin uni qui se dirigeait droit au sud-est, lorsqu'au
lever de l'aurore j'aperçus quelques débris et un long
mur de construction antique : le cœur commence à me
battre.  Le janissaire se tourne vers moi, et me montrant
sur la droite, avec son fouet, une cabane blanchâtre, il
me crie d'un air de satisfaction : " Palæochôri ! "  Je me
dirigeai vers la principale ruine que je découvrais sur
une hauteur.  En tournant cette hauteur par le nord-
10 ouest afin d'y monter, je m'arrêtai tout à coup à la vue
d'une vaste enceinte, ouverte en demi-cercle, et que je
reconnus à l'instant pour un théâtre.  Je ne puis peindre
les sentiments confus qui vinrent m'assiéger.  La colline
au pied de laquelle je me trouvais était donc la colline
de la citadelle de Sparte, puisque le théâtre était adossé
à la citadelle ; la ruine que je voyais sur cette colline
était donc le temple de Minerve-Chalciœcos, puisque
celui-ci était dans la citadelle ; les débris et le long mur
que j'avais passés plus bas faisaient donc partie de la
20 tribu des Cynosures, puisque cette tribu était au nord de
la ville : Sparte était donc sous mes yeux ; et son théâtre,
que j'avais eu le bonheur de découvrir en arrivant, me
donnait sur-le-champ les positions des quartiers et des

* From *Itinéraire de Paris à Jérusalem et de Jérusalem à Paris* (1811).
Chateaubriand visited Sparta on August 18, 1806.
    l. 7.   Palæochôri = Modern Greek form of παλαιοχώριον, a derelict or
ruined village.
    l. 17.   The temple of Athena of the brazen house (χαλκίοικος) was
famous in antiquity.  It was probably not built of bronze but lined with
bronze plates.
    l. 20.   Cynosura was originally a separate village, afterwards forming
one of the wards or quarters of the city.

monuments. Je mis pied à terre, et je montai en courant sur la colline de la citadelle.

Comme j'arrivais à son sommet, le soleil se levait derrière les monts Ménélaïons. Quel beau spectacle! mais qu'il était triste! L'Eurotas coulant solitaire sous les débris du pont Babyx; des ruines de toutes parts, et pas un homme parmi ces ruines! Je restai immobile, 30 dans une espèce de stupeur, à contempler cette scène. Un mélange d'admiration et de douleur arrêtait mes pas et ma pensée; le silence était profond autour de moi: je voulus du moins faire parler l'écho dans des lieux où la voix humaine ne se faisait plus entendre, et je criai de toute ma force: Léonidas! Aucune ruine ne répéta ce grand nom, et Sparte même sembla l'avoir oublié.

Si des ruines où s'attachent des souvenirs illustres font bien voir la vanité de tout ici-bas, il faut pourtant convenir que les noms qui survivent à des empires et 40 qui immortalisent des temps et des lieux sont quelque chose. Après tout, ne dédaignons pas trop la gloire; rien n'est plus beau qu'elle, si ce n'est la vertu. Le comble du bonheur serait de réunir l'une à l'autre dans cette vie; et c'était l'objet de l'unique prière que les Spartiates adressaient aux dieux: " *Ut pulchra bonis adderent!* "

\* \* \* \*

Il était midi; le soleil dardait à plomb ses rayons sur nos têtes. Nous nous mîmes à l'ombre dans un coin du théâtre, et nous mangeâmes d'un grand appétit du pain et des figues sèches que nous avions apportés de 50 Misitra; Joseph s'était emparé du reste des provisions. Le janissaire se rejouissait; il croyait en être quitte, et se préparait à partir; mais il vit bientôt, à son grand déplaisir, qu'il s'était trompé. Je me mis à écrire des notes et à·prendre la vue des lieux: tout cela dura deux grandes heures, après quoi je voulus examiner les monuments à l'ouest de la citadelle. C'était de ce côté que devait être le tombeau de Léonidas. Le janissaire

l. 46. τὰ καλὰ ἐπὶ τοῖς ἀγαθοῖς, cp. Plato, *Alcib.* II. 292.
l. 58. The walls of what is popularly known as the tomb of Leonidas are still standing, in one place to the height of 10 feet.

m'accompagna tirant les chevaux par la bride ; nous
60 allions errant de ruine en ruine. Nous étions les deux
seuls hommes vivants au milieu de tant de morts illustres:
tous deux barbares, étrangers l'un à l'autre ainsi qu'à la
Grèce, sortis des forêts de la Gaule et des rochers du
Caucase, nous nous étions rencontrés au fond du Pélo-
ponèse, moi pour passer, lui pour vivre sur les tombeaux
qui n'étaient pas ceux de nos aïeux.


# VIII.  ATHENS*

Il faut maintenant se figurer tout cet espace tantôt
nu et couvert d'une bruyère jaune, tantôt coupé par des
bouquets d'oliviers, par des carrés d'orge, par des sillons
de vignes ; il faut se représenter des fûts de colonnes et
des bouts de ruines anciennes et modernes, sortant du
milieu de ces cultures ; des murs blanchis et des clôtures
de jardins traversant les champs : il faut répandre dans
la campagne des Albanaises qui tirent de l'eau ou qui
lavent à des puits les robes des Turcs ; des paysans qui
10 vont et viennent, conduisant des ânes, ou portant sur
leur dos des provisions à la ville : il faut supposer toutes
ces montagnes dont les noms sont si beaux, toutes ces
ruines si célèbres, toutes ces îles, toutes ces mers non
moins fameuses, éclairées d'une lumière éclatante.    J'ai
vu, du haut de l'Acropolis, le soleil se lever entre les
deux cimes du mont Hymette: les corneilles qui nichent
autour de la citadelle, mais qui ne franchissent jamais
son sommet, planaient au-dessous de nous ; leurs ailes
noires et lustrées étaient glacées de rose par les premiers
20 reflets du jour ; des colonnes de fumée bleue et légère
montaient dans l'ombre le long des flancs de l'Hymette,
et annonçaient les parcs ou les chalets des abeilles ;
Athènes, l'Acropolis et les débris du Parthénon se colo-
raient de la plus belle teinte de la fleur du pêcher ; les

* *Itinéraire.*

sculptures de Phidias, frappées horizontalement d'un rayon d'or, s'animaient et semblaient se mouvoir sur le marbre par la mobilité des ombres du relief ; au loin, la mer et le Pirée étaient tout blancs de lumière ; et la citadelle de Corinthe, renvoyant l'éclat du jour nouveau, brillait sur l'horizon du couchant, comme un rocher de 30 pourpre et de feu.

Du lieu où nous étions placés, nous aurions pu voir dans les beaux jours d'Athènes, les flottes sortir du Pirée pour combattre l'ennemi ou pour se rendre aux fêtes de Délos ; nous aurions pu entendre éclater au théâtre de Bacchus les douleurs d'Œdipe, de Philoctète et d'Hécube ; nous aurions pu ouïr les applaudissements des citoyens aux discours de Démosthènes. Mais, hélas! aucun son ne frappait notre oreille. A peine quelques cris échappés à une populace esclave sortaient par 40 intervalles de ces murs qui retentirent si longtemps de la voix d'un peuple libre. Je me disais, pour me consoler, ce qu'il faut se dire sans cesse : Tout passe, tout finit dans ce monde. Où sont allés les génies divins qui élevèrent le temple sur les débris duquel j'étais assis? Ce soleil, qui peut-être éclairait les derniers soupirs de la pauvre fille de Mégare, avait vu mourir la brillante Aspasie. Ce tableau de l'Attique, ce spectacle que je contemplais, avait été contemplé par des yeux fermés depuis deux mille ans. Je passerai à mon tour: d'autres 50 hommes aussi fugitifs que moi viendront faire les mêmes réflexions sur les mêmes ruines. Notre vie et notre cœur sont entre les mains de Dieu : laissons-le donc disposer de l'une comme de l'autre.

l. 25. I.e. the sculptures left behind by Lord Elgin, who, when Chateaubriand wrote, had already removed the major part of them. The Elgin marbles did not pass into our possession until 1816.

l. 47. A poor girl whom Chateaubriand had seen dying of fever at Megara a few days previously.

## IX. THE VALLEY OF JEHOSHAPHAT*

La vallée de Josaphat est encore appelée dans l'Écriture *vallée de Savé, vallée du Roi, vallée de Melchisédech.* Ce fut dans la vallée de Melchisédech que le roi de Sodome chercha Abraham pour le féliciter de la victoire remportée sur les cinq rois. Moloch et Béelphégor furent adorés dans cette même vallée. Elle prit dans la suite le nom de *Josaphat*, parce que le roi de ce nom y fit élever son tombeau. La vallée de Josaphat semble avoir toujours servi de cimetière à Jérusalem; on y
10 rencontre les monuments des siècles les plus reculés et des temps les plus modernes: les Juifs viennent y mourir des quatre parties du monde; un étranger leur vend au poids de l'or un peu de terre pour couvrir leurs corps dans le champ de leurs aïeux. Les cèdres dont Salomon planta cette vallée, l'ombre du temple dont elle était couverte, le torrent qui la traversait, les cantiques de deuil que David y composa, les lamentations que Jérémie y fit entendre, la rendaient propre à la tristesse et à la paix des tombeaux. En commençant sa Passion
20 dans ce lieu solitaire, Jésus-Christ le consacra de nouveau aux douleurs: ce David innocent y versa, pour effacer nos crimes, les larmes que le David coupable y répandit pour expier ses propres erreurs. Il y a peu de noms qui réveillent dans l'imagination des pensées à la fois plus touchantes et plus formidables que celui de la vallée de Josaphat: vallée si pleine de mystères que, selon le prophète Joël, tous les hommes y doivent comparaître un jour devant le juge redoutable: *Congregabo omnes gentes, et deducam eas in vallem Josaphat, et disceptabo*

---

* *Itinéraire.*

l. 2. "The vale of Shaveh (the same is the King's Vale)"—the scene of Abraham's meeting with Melchizedek (Gen. xiv. 17 ff.) is not called the Vale of Melchizedek in the Bible. According to Jewish tradition it is the valley between the Temple Mount and Mount Olivet.

l. 5. Rather in the valley of Hinnom, which runs at right angles to the valley of Jehoshaphat.

l. 28. Joel iii. 2.

*cum eis ibi.* "Il est raisonnable, dit le père Nau, que l'honneur de Jésus-Christ soit réparé publiquement dans le lieu où il lui a été ravi par tant d'opprobres et d'ignominies, et qu'il juge justement les hommes où ils l'ont jugé si injustement."

L'aspect de la vallée de Josaphat est désolé : le côté occidental est une haute falaise de craie qui soutient les murs gothiques de la ville, au-dessus desquels on aperçoit Jérusalem ; le côté oriental est formé par le mont des Oliviers et par la montagne du Scandale, *mons Offensionis,* ainsi nommée de l'idolâtrie de Salomon. Ces deux montagnes, qui se touchent, sont presque nues et d'une couleur rouge et sombre : sur leurs flancs déserts on voit çà et là quelques vignes noires et brûlées, quelques bouquets d'oliviers sauvages, des friches couvertes d'hysope, des chapelles, des oratoires et des mosquées en ruine. Au fond de la vallée on découvre un pont d'une seule arche, jeté sur la ravine du torrent de Cédron. Les pierres du cimetière des Juifs se montrent comme un amas de débris au pied de la montagne du Scandale, sous le village arabe de Siloan : on a peine à distinguer les masures de ce village des sépulcres dont elles sont environnées. Trois monuments antiques, les tombeaux de Zacharie, de Josaphat et d'Absalon, se font remarquer dans ce champ de destruction. A la tristesse de Jérusalem, dont il ne s'élève aucune fumée, dont il ne sort aucun bruit ; à la solitude des montagnes où l'on n'aperçoit pas un être vivant ; au désordre de toutes ces tombes fracassées, brisées, demi-ouvertes, on dirait que la trompette du jugement s'est déjà fait entendre, et que les morts vont se lever dans la vallée de Josaphat.

l. 30. Michel Nau (1631–83), a Jesuit missionary, whose *Voyage Nouveau en Terre Sainte* appeared in 1679.

# CHARLES NODIER

### THE NIGHTMARE*

Tandis que je me débattais contre la terreur dont
j'étais accablé, et que j'essayais d'arracher de mon sein
quelque malédiction qui réveillât dans le ciel la ven-
geance des dieux :—Misérable ! s'écria Méroé, sois puni à
jamais de ton insolente curiosité !...Ah ! tu oses violer
les enchantements du sommeil....Tu parles, tu cries et
tu vois....Eh bien, tu ne parleras plus que pour te
plaindre, tu ne crieras plus que pour implorer en vain
la sourde pitié des absents, tu ne verras plus que des
10 scènes d'horreur qui glaceront ton âme.—Et, en s'exprimant ainsi avec une voix plus grêle et plus déchi-
rante que celle d'une hyène égorgée qui menace encore
les chasseurs, elle détachait de son doigt la turquoise
chatoyante qui étincelait de flammes variées comme les
couleurs de l'arc-en-ciel, ou comme la vague qui bondit
à la marée montante, et réflechit en se roulant sur elle-
même les feux du soleil levant.   Elle presse du doigt un
ressort inconnu qui soulève la pierre merveilleuse sur sa
charnière invisible, et découvre dans un écrin d'or je ne
20 sais quel monstre sans couleur et sans forme, qui bondit,
hurle, s'élance, et tombe accroupi sur le sein de la magicienne. — Te voilà, dit-elle, mon cher Smarra, le bien-
aimé, l'unique favori de mes pensées amoureuses, toi que
la haine du ciel a choisi dans tous ses trésors pour le
désespoir des enfants de l'homme.   Va, je te l'ordonne,
spectre flatteur, ou décevant ou terrible, va tourmenter

---

* From *Smarra ou les démons de la nuit* (1821), a tale which reflects
one of the prevailing tastes of the Romantic school and forms part of a
kind of manifesto in favour of the fantastic in literature.   The episode here
printed is a nightmare within a nightmare.

l. 4.   Méroé is the Thessalian sorceress—the name and character being
borrowed from the *Golden Ass* of Apuleius, the writer for whom Nodier
had an unbounded admiration.   For C. Nodier see *R. M.* p. 59.

l. 22.   Smarra is found in Slavonic=nightmare.   The speaker is one
Polemon.

la victime que je t'ai livrée; fais-lui des supplices aussi variés que les épouvantements de l'enfer qui t'a conçu, aussi cruels, aussi implacables que ma colère. Va te rassasier des angoisses de son cœur palpitant, compter 30 les battements convulsifs de son pouls qui se précipite, qui s'arrête—contempler sa douloureuse agonie et la suspendre pour la recommencer.—A ce prix, fidèle esclave de l'amour, tu pourras au départ des songes redescendre sur l'oreiller embaumé de ta maîtresse, et presser dans tes bras caressants la reine des terreurs nocturnes.... — Elle dit, et le monstre jaillit de sa main brûlante comme le palet arrondi du discobole, il tourne dans l'air avec la rapidité de ces feux artificiels qu'on lance sur les navires, étend des ailes bizarrement feston- 40 nées, monte, descend, grandit, se rapetisse, et, nain difforme et joyeux, dont les mains sont armées d'ongles d'un métal plus fin que l'acier, qui pénètrent la chair sans la déchirer, et boivent le sang à la manière de la pompe insidieuse des sangsues, il s'attache sur mon cœur, se développe, soulève sa tête énorme et rit. En vain mon œil, fixe d'effroi, cherche dans l'espace qu'il peut embrasser un objet qui le rassure: les mille démons de la nuit es-cortent l'affreux démon de la turquoise. Des femmes rabougries au regard ivre; des serpents rouges et violets 50 dont la bouche jette du feu; des lézards qui élèvent au-dessus d'un lac de boue et de sang un visage pareil à celui de l'homme; des têtes nouvellement détachées du tronc par la hache du soldat, mais qui me regardent avec des yeux vivants, et s'enfuient en sautillant sur des pieds de reptiles.

Depuis cette nuit funeste, ô Lucius! il n'est plus de nuit paisible pour moi. La couche parfumée des jeunes filles qui n'est ouverte qu'aux songes voluptueux; la tente infidèle du voyageur qui se déploie tous les soirs 60 sous de nouveaux ombrages; le sanctuaire même des temples est un asile impuissant contre les démons de la nuit. A peine mes paupières, fatiguées de lutter contre le sommeil si redouté, se ferment d'accablement, tous

l. 57. Lucius is the name of the hero of the *Golden Ass.*

les monstres sont là, comme à l'instant où je les ai vus
s'échapper avec Smarra de la bague magique de Méroé.
Ils courent en cercle autour de moi, m'étourdissent de
leurs cris, m'effrayent de leurs plaisirs et souillent mes
lèvres frémissantes de leurs caresses de harpie.   Méroé
70 les conduit et plane au-dessus d'eux, en secouant sa
longue chevelure, d'où s'échappent des éclairs d'un bleu
livide.   Hier encore—elle était bien plus grande que
je ne l'ai vue autrefois—c'étaient les mêmes formes et
les mêmes traits, mais sous leur apparence séduisante
je discernais avec effroi, comme au travers d'une gaze
subtile et légère, le teint plombé de la magicienne et
ses membres couleur de soufre : ses yeux fixes et creux
étaient tout noyés de sang, des larmes de sang sillon-
naient ses joues profondes, et sa main, déployée dans
80 l'espace, laissait imprimée sur l'air même la trace d'une
main de sang.... — Viens, me dit-elle en m'effleurant
d'un signe du doigt qui m'aurait anéanti s'il m'avait
touché, viens visiter l'empire que je donne à mon époux,
car je veux que tu connaisses tous les domaines de la
terreur et du désespoir.... — Et, en parlant ainsi, elle
volait devant moi, les pieds à peine détachés du sol, et
s'approchant ou s'éloignant alternativement de la terre,
comme la flamme qui danse au-dessus d'une torche
prête à s'éteindre.   Oh ! que l'aspect du chemin que
90 nous dévorions en courant était affreux à tous les sens !
Que la magicienne elle-même paraissait impatiente d'en
trouver la fin !   Imagine-toi le caveau funèbre où elles
entassent les débris de toutes les innocentes victimes de
leurs sacrifices, et, parmi les plus imparfaits de ces
restes mutilés, pas un lambeau qui n'ait conservé une
voix, des gémissements et des pleurs !   Imagine-toi des
murailles mobiles, mobiles et animées, qui se resserrent
de part et d'autre au-devant de tes pas, et qui embrassent
peu à peu tous tes membres de l'enceinte d'une prison
étroite et glacée. — l'on sent oppresse qui se soulève, qui
tressaille, qui bondit pour aspirer l'air de la vie à travers
la poussière des ruines, la fumée des flambeaux, l'humi-
dité des catacombes, le souffle empoisonné des morts—

et tous les démons de la nuit qui crient, qui sifflent, hurlent ou rugissent à ton oreille épouvantée: tu ne respireras plus !

Et, pendant que je marchais, un insecte mille fois plus petit que celui qui attaque d'une dent impuissante le tissu délicat des feuilles de rose ; un atome disgracié qui passe mille ans à imposer un de ses pas sur la sphère univer- 110 selle des cieux, dont la matière est mille fois plus dure que le diamant.—Il marchait, il marchait aussi ; et la trace obstinée de ses pieds paresseux avait divisé ce globe impérissable jusqu'à son axe.

Après avoir parcouru ainsi, tant notre élan était rapide, une distance pour laquelle les langages de l'homme n'ont point de terme de comparaison, je vis jaillir de la bouche d'un soupirail, voisin comme la plus éloignée des étoiles, quelques traits d'une blanche clarté. Pleine d'espérance, Méroé s'élança, je la suivis, entraîné par 120 une puissance invincible ; et d'ailleurs le chemin du retour, effacé comme le néant, infini comme l'éternité, venait de se fermer derrière moi d'une manière impénétrable au courage et à la patience de l'homme. Il y avait déjà entre Larisse et nous tous les débris des mondes innombrables qui ont précédé celui-ci dans les essais de la création, depuis le commencement des temps, et dont le plus grand nombre ne le surpassent pas moins en immensité qu'il n'excède lui-même de son étendue prodigieuse le nid invisible du moucheron. La porte 130 sépulcrale qui nous reçut ou plutôt qui nous aspira au sortir de ce goufre s'ouvrait sur un champ sans horizon, qui n'avait jamais rien produit. On y distinguait à peine dans un coin reculé du ciel le contour indécis d'un astre immobile et obscur, plus immobile que l'air, plus obscur que les ténèbres qui règnent dans ce séjour de désolation. C'était le cadavre du plus ancien des soleils, couché sur le fond ténébreux du firmament, comme un bateau submergé sur un lac grossi par la fonte des neiges. La lueur pâle qui venait de frapper mes yeux ne provenait 140 point de lui. On aurait dit qu'elle n'avait aucune origine et qu'elle n'était qu'une couleur particulière de la nuit,

à moins qu'elle ne résultât de l'incendie de quelque
monde éloigné dont la cendre brûlait encore. Alors,
le croirais-tu ? elles vinrent toutes, les sorcières de
Thessalie, escortées de ces nains de la terre qui tra-
vaillent dans les mines, qui ont un visage comme le
cuivre et des cheveux bleus comme l'argent dans la
fournaise ; de ces salamandres aux longs bras, à la queue
150 aplatie en rame, aux couleurs inconnues, qui descendent
vivantes et agiles du milieu des flammes, comme des
lézards noirs à travers une poussière de feu ; elles vinrent suivies des Aspioles, qui ont le corps si frêle, si
élancé, surmonté d'une tête difforme, mais riante, et
qui se balancent sur les ossements de leurs jambes vides
et grêles, semblables à un chaume stérile agité par le
vent ; des Achrones, qui n'ont point de membres, point
de voix, point de figure, point d'âge, et qui bondissent
en pleurant sur la terre gémissante, comme des outres
160 gonflées d'air ; des Psylles, qui sucent un venin cruel,
et qui, avides de poisons, dansent en rond en poussant
des sifflements aigus pour éveiller les serpents, pour les
réveiller dans l'asile caché, dans le trou sinueux des serpents. Il y avait là jusqu'aux Morphoses, que vous avez
tant aimées, qui sont belles comme Psyché, qui jouent
comme les Grâces, qui ont des concerts comme les Muses,
et dont le regard séducteur, plus pénétrant, plus enve-
nimé que la dent de la vipère, va incendier votre sang
et faire bouillir la moelle dans vos os calcinés. Tu les
170 aurais vues, enveloppées dans leurs linceuls de pourpre,
promener autour d'elles des nuages plus brillants que
l'Orient, plus parfumés que l'encens d'Arabie, plus harmonieux que le premier soupir d'une vierge attendrie
par l'amour, et dont la vapeur enivrante fascinait l'âme
pour la tuer. Tantôt leurs yeux roulent une flamme
humide qui charme et qui dévore ; tantôt elles penchent
la tête avec une grâce qui n'appartient qu'à elles, en

l. 153.  Aspioles, see *R. M.* p. 137.
l. 157.  Achrones. ἄχρονοι = timeless.
l. 160.  Psylles, see *R. M.* p. 137.
l. 164.  Morphoses. Μορφώ (= shapely) was one of the epithets of
Aphrodite.

sollicitant votre confiance crédule d'un sourire carres-
sant, du sourire d'un masque perfide et animé qui cache
la joie du crime et la laideur de la mort. Que te dirai-je ? 180
Entraîné par le tourbillon des esprits qui flottait comme
un nuage ; comme la fumée d'un rouge sanglant qui
descend d'une ville incendiée ; comme la lave liquide
qui répand, croise, entrelace des ruisseaux ardents sur
une campagne de cendres...j'arrivai...j'arrivai....Tous
les sépulcres étaient ouverts...tous les morts étaient ex-
humés...toutes les goules, pâles, impatientes, affamées,
étaient présentes ; elles brisaient les ais des cercueils,
déchiraient les vêtements sacrés, les derniers vêtements
du cadavre ; se partageaient d'affreux débris avec une 190
plus affreuse volupté, et, d'une main irrésistible, car
j'étais, hélas ! faible et captif comme un enfant au
berceau, elles me forçaient à m'associer...ô terreur !...
à leur exécrable festin !

En achevant ces paroles, Polémon se souleva sur son
lit, et, tremblant, éperdu, les cheveux hérissés, le regard
fixe et terrible, il nous appela d'une voix qui n'avait rien
d'humain. — Mais les airs de la harpe de Myrthé volaient
déjà dans les airs ; les démons étaient apaisés, le silence
était calme comme la pensée de l'innocent qui s'endort 200
la veille de son jugement. Polémon dormait paisible
aux doux sons de la harpe de Myrthé.

# LAMENNAIS

## I. PARABLE*

Deux hommes étaient voisins, et chacun d'eux avait
une femme et plusieurs petits enfants, et son seul travail
pour les faire vivre.

* From *Paroles d'un Croyant* (1834), § XVII. The publication of this
book, which is the expression of Lamennais's liberal catholicism, marked
his final breach with Rome. Pope Leo XII condemned it as being
"small in volume but great in perversity." It was seen through the press
by Sainte-Beuve.

Et l'un de ces deux hommes s'inquiétait en lui-même, disant : Si je meurs ou que je tombe malade, que deviendront ma femme et mes enfants ?

Et cette pensée ne le quittait point, et elle rongeait son cœur comme un ver ronge le fruit où il est caché.

Or, bien que la même pensée fût venue également 10 à l'autre père, il ne s'y était point arrêté ; car, disait-il, Dieu, qui connaît toutes ses créatures et qui veille sur elles, veillera aussi sur moi, et sur ma femme, et sur mes enfants.

Et celui-ci vivait tranquille, tandis que le premier ne goûtait pas un instant de repos ni de joie intérieurement.

Un jour qu'il travaillait aux champs, triste et abattu à cause de sa crainte, il vit quelques oiseaux entrer dans un buisson, en sortir, et puis bientôt y revenir 20 encore.

Et, s'étant approché, il vit deux nids posés côte à côte, et dans chacun plusieurs petits nouvellement éclos et encore sans plumes.

Et quand il fut retourné à son travail, de temps en temps il levait les yeux, et regardait ces oiseaux qui allaient et venaient portant la nourriture à leurs petits.

Or, voilà qu'au moment où l'une des mères rentrait avec sa becquée, un vautour la saisit, l'enlève, et la pauvre mère, se débattant vainement sous sa serre, jetait 30 des cris perçants.

A cette vue l'homme qui travaillait sentit son âme plus troublée qu'auparavant ; car, pensait-il, la mort de la mère, c'est la mort des enfants. Les miens n'ont que moi non plus. Que deviendront-ils si je leur manque ?

Et tout le jour il fut sombre et triste, et la nuit il ne dormit point.

Le lendemain, de retour aux champs, il se dit : Je vous voir les petits de cette pauvre mère, plusieurs sans 40 doute ont déjà péri. Et il s'achemina vers le buisson.

Et, regardant, il vit les petits bien portants ; pas un ne semblait avoir pâti.

Et, ceci l'ayant étonné, il se cacha pour observer ce qui se passerait.

Et, après un peu de temps, il entendit un léger cri, et il aperçut la seconde mère rapportant en hâte la nourriture qu'elle avait recueillie, et elle la distribua à tous les petits indistinctement, et il y en eut pour tous, et les orphelins ne furent point délaissés dans leur misère.                                                                    50

Et le père qui s'était défié de la Providence raconta le soir à l'autre père ce qu'il avait vu.

Et celui-ci lui dit : Pourquoi s'inquiéter? Jamais Dieu n'abandonne les siens. Son amour a des secrets que nous ne connaissons point. Croyons, espérons, aimons, et poursuivons notre route en paix.

Si je meurs avant vous, vous serez le père de mes enfants ; si vous mourez avant moi, je serai le père des vôtres.

Et si, l'un et l'autre, nous mourons avant qu'ils soient 60 en âge de pourvoir eux-mêmes à leurs nécessités, ils auront pour père le Père qui est dans les cieux.


## II.  MOTHER AND CHILD*

C'était une nuit d'hiver.   Le vent soufflait au dehors, et la neige blanchissait les toits.

Sous un de ces toits, dans une chambre étroite, étaient assises, travaillant de leurs mains, une femme à cheveux blancs et une jeune fille.

Et de temps en temps la vieille femme réchauffait à un petit brasier ses mains pâles.   Une lampe d'argile éclairait cette pauvre demeure, et un rayon de la lampe venait expirer sur une image de la Vierge suspendue au mur.                                                              10

Et la jeune fille, levant les yeux, regarda en silence, pendant quelques moments, la femme à cheveux blancs; puis elle lui dit : Ma mère, vous n'avez pas été toujours dans ce dénûment.

* *Paroles d'un Croyant*, § xxv.

Et il y avait dans sa voix une douceur et une tendresse inexprimables.

Et la femme aux cheveux blancs répondit : Ma fille,
Dieu est le maître : ce qu'il fait est bien fait.

Ayant dit ces mots, elle se tut un peu de temps ;
20 ensuite elle reprit :

Quand je perdis votre père, ce fut une douleur que je
crus sans consolation : cependant vous me restiez ; mais
je ne sentais qu'une chose alors.

Depuis, j'ai pensé que s'il vivait et qu'il nous vît en
cette détresse, son âme se briserait ; et j'ai reconnu que
Dieu avait été bon envers lui.

La jeune fille ne répondit rien, mais elle baissa la
tête, et quelques larmes, qu'elle s'efforçait de cacher,
tombèrent sur la toile qu'elle tenait entre ses mains.

30 La mère ajouta: Dieu, qui a été bon envers lui, a été
bon aussi envers nous. De quoi avons-nous manqué,
tandis que tant d'autres manquent de tout ?

Il est vrai qu'il a fallu nous habituer à peu, et, ce peu,
le gagner par notre travail ; mais ce peu ne suffit-il pas?
et tous n'ont-ils pas été dès le commencement condamnés
à vivre de leur travail ?

Dieu, dans sa bonté, nous a donné le pain de chaque
jour ; et combien ne l'ont pas ! un abri, et combien ne
savent où se retirer ?

40 Il vous a, ma fille, donnée à moi : de quoi me plain-
drois-je ?

A ces dernières paroles, la jeune fille, tout émue,
tomba aux genoux de sa mère, prit ses mains, les baisa,
et se pencha sur son sein en pleurant.

Et la mère, faisant un effort pour élever la voix: Ma
fille, dit-elle, le bonheur n'est pas de posséder beaucoup,
mais d'espérer et d'aimer beaucoup.

Notre espérance n'est pas ici-bas, ni notre amour non
plus, ou, s'il y est, ce n'est qu'en passant.

50 Après Dieu, vous m'êtes tout en ce monde ; mais ce
monde s'évanouit comme un songe, et c'est pourquoi mon
amour s'élève avec vous vers un autre monde.

Lorsque je vous portais dans mon sein, un jour

je priai avec plus d'ardeur la Vierge Marie, et elle
m'apparut pendant mon sommeil, et il me semblait
qu'avec un sourire céleste elle me présentait un petit
enfant.

Et je pris l'enfant qu'elle me présentait, et, lorsque je
le tins dans mes bras, la Vierge Mère posa sur sa tête
une couronne de roses blanches. 60

Peu de mois après vous naquîtes, et la douce vision
était toujours devant mes yeux.

Ce disant, la femme aux cheveux blancs tressaillit, et
serra sur son cœur la jeune fille.

A quelque temps de là une âme sainte vit deux
formes lumineuses monter vers le ciel, et une troupe
d'anges les accompagnait, et l'air retentissait de leurs
chants d'allégresse.


# AUGUSTIN THIERRY

## SAINT RADEGUND*

Dans l'année 529, Chlother, roi de Neustrie, s'était
joint comme auxiliaire à son frère Theoderik, qui marchait contre les Thorings ou Thuringiens, peuple de la
confédération saxonne, voisin et ennemi des Franks
d'Austrasie. Les Thuringiens perdirent plusieurs batailles ; les plus braves de leurs guerriers furent taillés
en pièces sur les rives de l'Unstrudt ; leur pays, ravagé
par le fer et le feu, devint tributaire des Franks, et les
rois vainqueurs firent entre eux un partage égal du butin

* From *Récits des temps merovingiens* (1840–1842). Thierry himself
says that he first awoke to his vocation as historian from reading Chateaubriand's *Les Martyrs*, when he was a schoolboy at Blois.

l. 1. Clotaire or Clotar and Theodoric or Thierry were two of the
four sons of Clovis (Chlodovechus), the founder of the Frankish empire.
Neustria, the western portion of that empire, extended from the Scheldt to
the Loire, and was bounded on the south by Aquitania and on the east by
Burgundy and Austrasia.

10 et des prisonniers.    Dans le lot du roi de Neustrie tombèrent deux enfants de race royale, le fils et la fille de
Berther, l'avant-dernier roi des Thuringiens.    La jeune
fille (c'était Radegonde) avait à peine huit ans ; mais sa
grâce et sa beauté précoce produisirent une telle impression sur l'âme sensuelle du prince frank, qu'il résolut
de la faire élever à sa guise, pour qu'elle devînt un jour
une de ses femmes.

Radegonde fut gardée avec soin dans l'une des
maisons royales de Neustrie, au domaine d'Aties sur
20 la Somme.    Là, par une louable fantaisie de son maître
et de son époux futur, elle reçut, non la simple éducation
des filles de race germanique, qui n'apprenaient guère
qu'à filer et à suivre la chasse au galop, mais l'éducation
raffinée des riches Gauloises.    A tous les travaux
élégants d'une femme civilisée, on lui fit joindre l'étude
des lettres latines et grecques, la lecture des poëtes
profanes et des écrivains ecclésiastiques.    Soit que son
intelligence fût naturellement ouverte à toutes les impressions délicates, soit que la ruine de son pays et de
30 sa famille, et les scènes de la vie barbare dont elle avait
été le témoin, l'eussent frappée de tristesse et de dégoût,
elle se prit à aimer les livres comme s'ils lui eussent
ouvert un monde idéal meilleur que celui qui l'entourait.
En lisant l'Écriture et les Vies des Saints, elle pleurait
et souhaitait le martyre ; et probablement aussi des
rêves moins sombres, des rêves de paix et de liberté,
accompagnaient ses autres lectures.    Mais l'enthousiasme
religieux, qui absorbait alors tout ce qu'il y avait de
noble et d'élevé dans les facultés humaines, domina
40 bientôt en elle, et cette jeune barbare, en s'attachant aux
idées et aux mœurs de la civilisation, les embrassa dans
leur type le plus pur, la vie chrétienne.

Détournant de plus en plus sa pensée des hommes et
des choses de ce siècle de violence et de brutalité, elle
vit approcher avec terreur l'âge nubile et le moment
d'appartenir comme femme au roi dont elle était la
captive.    Quand l'ordre fut donné de la faire venir à
la résidence royale pour la célébration du mariage,

entraînée par un instinct de répugnance invincible, elle
prit la fuite ; mais on l'atteignit, on la ramena, et, malgré 50
elle épousée à Soissons, elle devint reine, ou plutôt l'une
des reines des Franks neustriens, car Chlother, fidèle aux
mœurs de la vieille Germanie, ne se contentait pas d'une
seule épouse, quoiqu'il eût aussi des concubines. D'inexprimables dégoûts que ne pouvait atténuer, pour une âme
comme celle de Radegonde, l'attrait de la puissance et
des richesses, suivirent cette union forcée du roi barbare
avec la femme qu'éloignaient de lui, sans retour possible,
toutes les perfections morales que lui-même s'était réjoui
de trouver en elle, et qu'il lui avait fait donner.          60

Pour se dérober, en partie du moins, aux devoirs de
sa condition, qui lui pesaient comme une chaîne, Radegonde s'en imposait d'autres plus rigoureux en apparence ;
elle consacrait tous ses loisirs à des œuvres de charité ou
d'austérité chrétienne ; elle se dévouait personnellement
au service des pauvres et des malades. La maison royale
d'Aties, où elle avait été élevée, et qu'elle avait reçue en
présent de noces, devint un hospice pour les femmes
indigentes. L'un des passe-temps de la reine était de s'y
rendre, non pour de simples visites, mais pour remplir 70
l'office d'infirmière dans ses détails les plus rebutants.
Les fêtes de la cour de Neustrie, les banquets bruyants,
les chasses périlleuses, les revues et les joutes guerrières,
la société des vassaux à l'esprit inculte et à la voix rude,
la fatiguaient et la rendaient triste. Mais s'il survenait
quelque évêque ou quelque clerc pieux et lettré, un
homme de paix et de conversation douce, sur-le-champ
elle abandonnait toute autre compagnie pour la sienne ;
elle s'attachait à lui durant de longues heures, et quand
venait l'instant de son départ, elle le chargeait de cadeaux 80
en signe de souvenir, lui disait mille fois adieu, et retom-
bait dans sa tristesse.

L'heure des repas qu'elle devait prendre en commun
avec son mari la trouvait toujours en retard, soit par
oubli, soit à dessein, et absorbée dans ses lectures ou ses
exercices de piété. Il fallait qu'on l'avertît plusieurs
fois, et le roi, ennuyé d'attendre, lui faisait de violentes

querelles, sans réussir à la rendre plus empressée ni plus
exacte.   La nuit, sous un prétexte quelconque, elle se
90 levait d'auprès de lui et s'en allait se coucher à terre sur
une simple natte ou un cilice, ne revenant au lit conjugal
que transie de froid, et associant d'une manière bizarre
les mortifications chrétiennes au sentiment d'aversion
insurmontable qu'elle éprouvait pour son mari.   Tant de
signes de dégoût ne lassaient pourtant pas l'amour du
roi de Neustrie.   Chlother n'était pas homme à se faire
sur ce point des scrupules de délicatesse ; pourvu que la
femme dont la beauté lui plaisait demeurât en sa possession, il n'avait nul souci des violences morales qu'il
100 exerçait   sur   elle.   Les   répugnances   de   Radegonde
l'impatientaient sans lui causer une véritable souffrance,
et, dans ses contrariétés conjugales, il se bornait à dire
avec humeur : " C'est une nonne que j'ai là, ce n'est pas
une reine."

Et en effet, pour cette âme froissée par tous les liens
qui l'attachaient au monde, il n'y avait qu'un seul refuge,
la vie du cloître.   Radegonde y aspirait de tous ses vœux ;
mais les obstacles étaient grands, et six années se passè-
rent avant qu'elle osât les braver.   Un dernier malheur
110 de famille lui donna ce courage.   Son frère, qui avait
grandi à la cour de Neustrie, comme otage de la nation
thuringienne, fut mis à mort par l'ordre du roi, peut-être
pour quelques regrets patriotiques ou quelques menaces
inconsidérées.   Dès que la reine apprit cette horrible
nouvelle, sa résolution fut arrêtée ; mais elle la dissimula.
Feignant de n'aller chercher que des consolations religieuses, et cherchant un homme capable de devenir son
libérateur, elle se rendit à Noyon, auprès de l'évêque
Médard, fils d'un Frank et d'une Romaine, personnage
120 célèbre alors dans toute la Gaule par sa réputation de
sainteté.   Chlother ne conçut pas le moindre soupçon de
cette pieuse démarche, et non-seulement il ne s'y opposa
point, mais il ordonna lui-même le départ de la reine ;

l. 119.   St Médard's remains were transported from Noyon to
Soissons, and a great Abbey Church, now destroyed, was erected over his
tomb.

car ses larmes l'importunaient, et il avait hâte de la voir plus calme et moins sombre d'humeur.

Radegonde trouva l'évêque de Noyon dans son église, officiant à l'autel. Lorsqu'elle se vit en sa présence, les sentiments qui l'agitaient, et qu'elle avait contenus jusque-là, s'exhalèrent, et ses premiers mots furent un cri de détresse : "Très-saint prêtre, je veux quitter le siècle 130 et changer d'habit ! Je t'en supplie, très-saint prêtre, consacre-moi au Seigneur !" Malgré l'intrépidité de sa foi et la ferveur de son prosélytisme, l'évêque, surpris de cette brusque requête, hésita et demanda le temps de réfléchir. Il s'agissait, en effet, de prendre une décision périlleuse, de rompre un mariage royal contracté selon la loi salique et d'après les mœurs germaines, mœurs que l'Église, tout en les abhorrant, tolérait encore par crainte de s'aliéner l'esprit des Barbares.

Bien plus, à cette lutte intérieure entre la prudence et 140 le zèle, se joignit aussitôt, pour saint Médard, un combat d'un tout autre genre. Les seigneurs et les guerriers franks qui avaient suivi la reine l'entourèrent en lui criant avec des gestes de menace : "Ne t'avise pas de donner le voile à une femme qui s'est unie au roi ! Prêtre, garde-toi d'enlever au prince une reine épousée solennellement !" Les plus furieux, mettant la main sur lui, l'entraînèrent avec violence des degrés de l'autel jusque dans la nef de l'église, pendant que la reine, effrayée du tumulte, cherchait avec ses femmes un refuge dans la sacristie. Mais 150 là, recueillant ses esprits, au lieu de s'abandonner au désespoir, elle conçut un expédient où l'adresse féminine avait autant de part que la force de volonté. Pour tenter de la manière la plus forte et mettre à la plus rude épreuve le zèle religieux de l'évêque, elle jeta sur ses vêtements royaux un costume de recluse, et marcha ainsi travestie vers le sanctuaire, où saint Médard était assis, triste, pensif et irrésolu. "Si tu tardes à me consacrer, lui dit-elle d'une voix ferme, et que tu craignes plus les hommes que Dieu, tu auras à rendre compte, et le pasteur 160 te redemandera l'âme de sa brebis." Ce spectacle imprévu et ces paroles mystiques frappèrent l'imagination

du vieil évêque, et ranimèrent tout à coup en lui la
volonté défaillante. Élevant sa conscience de prêtre
au-dessus des craintes humaines et des ménagements
politiques, il ne balança plus, et de son autorité propre,
il rompit le mariage de Radegonde, en la consacrant dia-
conesse par l'imposition des mains. Les seigneurs et les
vassaux franks eurent aussi leur part d'entraînement,
170 ils n'osèrent ramener de force à la résidence royale celle
qui avait désormais pour eux le double caractère de reine
et de femme consacrée à Dieu.

La première pensée de la nouvelle convertie (c'était le
nom qu'on employait alors pour exprimer le renoncement
au monde) fut de se dépouiller de tout ce qu'elle portait
sur elle de joyaux et d'objets précieux. Elle couvrit l'autel
de ses ornements de tête, de ses bracelets, de ses agrafes
de pierreries, de ses franges de robe tissues de fil d'or et
de pourpre ; elle brisa de sa propre main sa riche cein-
180 ture d'or massif en disant : "Je la donne aux pauvres" ;
puis elle songea à se mettre à l'abri de tout danger par
une prompte fuite. Libre de choisir sa route, elle se di-
rigea vers le Midi, s'éloignant du centre de la domination
franke par l'instinct de sa sûreté, et peut-être aussi par
un instinct plus délicat qui l'attirait vers les régions de la
Gaule où la barbarie avait fait le moins de ravages ; elle
gagna la ville d'Orléans, et s'y embarqua sur la Loire,
qu'elle descendit jusqu'à Tours. Là, elle fit halte pour
attendre, sous la sauvegarde des nombreux asiles ouverts
190 près du tombeau de saint Martin, ce que déciderait à
son égard l'époux qu'elle avait abandonné. Elle mena
ainsi quelque temps la vie inquiète et agitée des proscrits
réfugiés à l'ombre des basiliques, envoyant au roi des
requêtes, tantôt fières, tantôt suppliantes, le conjurant,
par l'entremise des plus saints personnages, de renoncer
à la voir et de lui permettre d'accomplir ses vœux de
religion.

Chlothar se montra d'abord sourd aux prières et aux
sollicitations ; il revendiquait ses droits d'époux en attes-
200 tant la loi de ses ancêtres, et menaçait d'aller lui-même
saisir de force et ramener la fugitive. Frappée de terreur

quand le bruit public ou les lettres de ses amis lui appor-
taient de pareilles nouvelles, Radegonde se livrait alors à
un redoublement d'austérités, au jeûne, aux veilles, aux
macérations par le cilice, dans l'espoir, tout à la fois,
d'obtenir l'assistance d'en haut, et de perdre ce qu'elle
avait de charme pour l'homme qui la poursuivait de son
amour. Afin d'augmenter la distance qui la séparait de
lui, elle passa de Tours à Poitiers, et, de l'asile de saint
Martin, dans l'asile non moins révéré de saint Hilaire. 210
Le roi pourtant ne se découragea pas, et, une fois, il vint
jusqu'à Tours sous un faux prétexte de dévotion ; mais
les remontrances énergiques d'un évêque l'empêchèrent
d'aller plus loin. Enlacé, pour ainsi dire, par cette puissance morale contre laquelle venait se briser la volonté
fougueuse des rois barbares, il consentit à ce que la fille
des rois thuringiens fondât à Poitiers un monastère de
femmes, d'après l'exemple donné dans la ville d'Arles
par une illustre gallo-romaine, Cæsaria, sœur de l'évêque
Cæsarius ou saint Césaire. 220

Tout ce que Radegonde avait reçu de son mari, selon
la coutume germanique, en dot et en présent du matin,
fut consacré par elle à l'établissement de la congrégation
qui devait lui rendre une famille de choix, à la place de
celle qu'elle avait perdue par les désastres de la conquête
et la tyrannie soupconneuse des vainqueurs de son pays.
Sur un terrain situé aux portes de la ville de Poitiers,
elle fit creuser les fondements du nouveau monastère,
asile ouvert à celles qui voulaient se dérober par la retraite aux séductions mondaines et aux envahissements 230
de la barbarie. Malgré l'empressement de la reine et

---

l. 210. The influence of St Hilary of Poitiers (†367), who must not be
confused with St Hilary of Arles (†449), in the Church of Gaul was hardly
less than that of his contemporary, St Martin of Tours. His numerous
writings are marked by great learning and eloquence. He is one of the
greatest Fathers of the western Church, a thinker of rare depth and inde-
pendence, to whom Ambrose and Augustine owe much, and master of an
excellent literary style.

l. 220. Saint Caesarius (†542), for 41 years bishop of Arles, was a
chief agent in organizing the national Church. He was besides distinguished
by his austerity and simple eloquence.

l'assistance que lui prêta l'évêque de Poitiers, Pientius,
plusieurs années s'écoulèrent, à ce qu'il semble, avant que
le bâtiment fût achevé; c'était une habitation romaine
avec toutes ses dépendances, des jardins, des portiques,
des salles de bains et un oratoire.  Par une disposition
bizarre, l'enceinte du monastère fut tracée en partie au
dedans de la ville et en partie au dehors ; une portion
des murailles avec plusieurs tours, s'y trouvait comprise,
240 et, servant aux édifices claustraux de façade sur les
jardins et la campagne, donnait un aspect militaire à ce
paisible couvent de femmes.  Ces préparatifs de réclusion
faits par une personne royale, frappaient vivement les
esprits, et l'annonce de leurs progrès courait au loin
comme une grande nouvelle : "Voyez, disait-on dans le
langage mystique de l'époque, voyez l'arche qui se bâtit
près de nous contre le déluge des passions et contre les
orages du monde !"

Le jour où tout fut prêt, et où la reine entra dans ce
250 refuge, d'où ses vœux lui prescrivaient de ne plus sortir
que morte, fut un jour de joie populaire.  Les places
et les rues de la ville qu'elle devait parcourir étaient
remplies d'une foule immense ; les toits des maisons se
couvraient de spectateurs avides de la voir passer, ou de
voir se refermer sur elle les portes du monastère.  Elle
fit le trajet à pied, escortée d'un grand nombre de jeunes
filles qui allaient partager sa réclusion, attirées auprès
d'elle par le renom de ses vertus chrétiennes et peut-être
aussi par l'éclat de son rang.  La plupart étaient de race
260 gauloise et filles de sénateurs ; c'étaient celles qui, par
leurs habitudes de retenue et de tranquillité domestique,
devaient le mieux répondre aux soins maternels et aux
pieuses intentions de leur directrice ; car les femmes de
race franke portaient jusque dans le cloître quelque chose
des vices originels de la barbarie.  Leur zèle était fougueux, mais de peu de durée ; et, incapables de garder
ni règle ni mesure, elles passaient brusquement d'une
rigidité intraitable à l'oubli le plus complet de tout devoir
et de toute subordination.
270    Ce fut vers l'année 555 que commença pour Radegonde

la vie de retraite qu'elle avait si longtemps désirée. Cette vie selon ses rêves était la paix du cloître, l'austérité monastique unie à quelques-uns des goûts de la société civilisée. L'étude des lettres figurait au premier rang des occupations imposées à toute la communauté ; on devait y consacrer deux heures chaque jour, et le reste du temps était donné aux exercices religieux, à la lecture des livres saints et à des ouvrages de femme. Une des sœurs lisait à haute voix durant le travail fait en commun, et les plus intelligentes, au lieu de filer, de coudre ou de 280 broder, s'occupaient dans une autre salle à transcrire des livres pour en multiplier les copies. Quoique sévère sur certains points, comme l'abstinence de viande et de vin, la règle tolérait quelque chose des commodités et des délassements de la vie mondaine ; l'usage fréquent du bain dans de vastes piscines d'eau chaude, divers amusements, et entre autres le jeu de dés, étaient permis. La fondatrice et les dignitaires du couvent recevaient dans leur compagnie, non-seulement les évêques et les membres du clergé, mais des laïques de distinction. Une table 290 était souvent dressée pour les visiteurs et pour les amis ; on leur servait des collations délicates, et quelquefois de véritables festins, dont la reine faisait les honneurs par courtoisie, tout en s'abstenant d'y prendre part.

Tel fut l'ordre qu'établit Radegonde dans son monastère de Poitiers, mêlant ses penchants personnels aux traditions conservées depuis un demi-siècle dans le célèbre monastère d'Arles. Après avoir ainsi tracé la voie et donné l'impulsion, elle abdiqua, soit par humilité chrétienne, soit par adresse politique, toute suprématie officielle, fit 300 élire par la congrégation une abbesse qu'elle eut soin de désigner, et se mit, avec les autres sœurs, sous son autorité absolue. Elle choisit, pour l'élever à cette dignité, une femme beaucoup plus jeune qu'elle et qui lui était dévouée, Agnès, fille de race gauloise, qu'elle avait prise en affection depuis son enfance. Volontairement descendue au rang de simple religieuse, Radegonde faisait sa semaine de cuisine, balayait à son tour la maison, portait de l'eau et du bois comme les autres ; mais, malgré

310 cette apparence d'égalité, elle était reine dans le couvent par le prestige de sa naissance royale, par son titre de fondatrice, par l'ascendant de l'esprit, du savoir et de la bonté. C'était elle qui maintenait la règle ou la modifiait à son gré, elle qui raffermissait les âmes chancelantes par des exhortations de tous les jours, elle qui expliquait et commentait, pour ses jeunes compagnes, le texte de l'Écriture sainte, entremêlant ses graves homélies de petits mots empreints d'une tendresse de cœur et d'une grâce toute féminine : "Vous, que j'ai choisies, mes filles;
320 vous, jeunes plantes, objets de tous mes soins; vous, mes yeux, vous, ma vie, vous, mon repos et tout mon bonheur…"

# JULES MICHELET

## I. FRANCE*

Qui dit Paris dit la monarchie tout entière. Comment s'est formé en une ville ce grand et complet symbole du pays ? Il faudrait toute l'histoire du pays pour l'expliquer : la description de Paris en serait le dernier chapitre. Le génie parisien est la forme la plus complexe à la fois et la plus haute de la France. Il semblerait qu'une chose qui résultait de l'annihilation de tout esprit local, de toute provincialité, dût être purement négative. Il n'en est pas ainsi. De toutes ces négations
10 d'idées matérielles, locales, particulières, résulte une généralité vivante, une chose positive, une force vive. Nous l'avons vu en Juillet.

l. 322. Thierry's chief authority for the life of St Radegund is Venantius Fortunatus, an Italian who settled at Poitiers in 567 as chaplain and almoner to the monastery of Sainte-Croix. He wrote also lives of St Hilary and St Médard, and much Latin verse, including the great hymns, *Pange, lingua* and *Vexilla regis*. On August 13, the Romanesque church of Sainte-Radegonde at Poitiers used to be thronged with devotees who came to kiss the empty coffin of the saint. Her fame spread to England; it was a dissolved monastery of St Radegund that was converted into Jesus College, Cambridge, by Bishop Alcock of Ely.

* From the famous *Tableau de la France*, which forms book III of *Histoire de France, Moyen Age* (1833-1843).

l. 12. July 27, 28, and 29, "Les trois journeés," when Paris rose against Charles X and drove him from the throne.

C'est un grand et merveilleux spectacle de promener ses regards du centre aux extrémités, et d'embrasser de l'œil ce vaste et puissant organisme où les parties diverses sont si habilement rapprochées, opposées, associées, le faible au fort, le négatif au positif ; de voir l'éloquente et vineuse Bourgogne entre l'ironique naïveté de la Champagne, et l'âpreté critique, polémique, guerrière, de la Franche-Comté et de la Lorraine ; de voir le 20 fanatisme languedocien entre la légèreté provençale et l'indifférence gasconne ; de voir la convoitise, l'esprit conquérant de la Normandie contenus entre la résistante Bretagne et l'épaisse et massive Flandre.

Considérée en longitude, la France ondule en deux longs systèmes organiques, comme le corps humain est double d'appareil, gastrique et cérébro-spinal. D'une part, les provinces de Normandie, Bretagne et Poitou, Auvergne et Guyenne ; de l'autre, celles de Languedoc et de Provence, Bourgogne et Champagne, enfin celles 30 de Picardie et de Flandre, où les deux systèmes se rattachent. Paris est le sensorium.

La force et la beauté de l'ensemble consistent dans la réciprocité des secours, dans la solidarité des parties, dans la distribution des fonctions, dans la division du travail social. La force résistante et guerrière, la vertu d'action est aux extrémités, l'intelligence au centre ; le centre se sait lui-même et sait tout le reste. Les provinces frontières, coopérant plus directement à la défense, gardent les traditions militaires, continuent l'héroïsme 40 barbare et renouvellent sans cesse d'une population énergique le centre énervé par le froissement rapide de la rotation sociale. Le centre, abrité de la guerre, pense, innove dans l'industrie, dans la science, dans la politique ; il transforme tout ce qu'il reçoit. Il boit la vie brute, et elle se transfigure. Les provinces se regardent en lui ; en lui elles s'aiment et s'admirent sous une forme supérieure ; elles se reconnaissent à peine :

Miranturque novas frondes et non sua poma.

l. 32. Sensorium = brain.
l. 49. Verg. *Georg*. II. 82.

₅₀     Cette belle centralisation, par quoi la France est la
France, elle attriste au premier coup d'œil.   La vie est
au centre, aux extrémités ; l'intermédiaire est faible et
pâle.  Entre la riche banlieue de Paris et la riche Flandre,
vous traversez la vieille et triste Picardie ; c'est le sort
des provinces centralisées qui ne sont pas le centre
même.   Il semble que cette attraction puissante les ait
affaiblies, atténuées.   Elles le regardent uniquement, ce
centre, elles ne sont grandes que par lui.   Mais plus
grandes sont-elles par cette préoccupation de l'intérêt
₆₀ central, que les provinces excentriques ne peuvent l'être
par l'originalité qu'elles conservent.   La Picardie centra-
lisée a donné Condorcet, Foy, Béranger, et bien d'autres,
dans les temps modernes.   La riche Flandre, la riche
Alsace, ont-elles eu de nos jours des noms comparables
à leur opposer ?  Dans la France, la première gloire est
d'être Français.   Les extrémités sont opulentes, fortes,
héroïques, mais souvent elles ont des intérêts différents
de l'intérêt national ; elles sont moins françaises.   La
Convention eut à vaincre le fédéralisme provincial avant
₇₀ de vaincre l'Europe.

     C'est néanmoins une des grandeurs de la France que
sur toutes ses frontières elle ait des provinces qui mêlent
au génie national quelque chose du génie étranger.
A l'Allemagne elle oppose une France allemande ; à
l'Espagne une France espagnole ; à l'Italie une France
italienne.   Entre ces provinces et les pays voisins, il
y a analogie et néanmoins opposition.   On sait que les
nuances diverses s'accordent souvent moins que les
couleurs opposées ; les grandes hostilités sont entre
₈₀ parents.   Ainsi la Gascogne ibérienne n'aime pas l'ibérienne Espagne.   Ces provinces analogues et différentes

---

     1. 62.   Jean-Antoine-Nicolas de Caritat, Marquis de Condorcet (1743–
1794), a typical *philosophe*, author of *Progrès de l'esprit humain.*   President
of the National Assembly in 1793, he was condemned to death by the
extreme party, and died in prison.
     Maximilien-Sébastien Foy (1775–1825), soldier, orator, patriot.   He
commanded a division at Waterloo, and from 1819 to his death played a
prominent part on the liberal side in the *Chambre des députés.*
     For Béranger see *R. M.* p. 67.

en même temps, que la France présente à l'étranger, offrent tour à tour à ses attaques une force résistante ou neutralisante. Ce sont des puissances diverses par quoi la France touche le monde, par où elle a prise sur lui. Pousse donc, ma belle et forte France, pousse les longs flots de ton onduleux territoire au Rhin, à la Méditerranée, à l'Océan. Jette à la dure Angleterre la dure Bretagne, la tenace Normandie ; à la grave et solennelle Espagne, oppose la dérision gasconne; à l'Italie la fougue 90 provençale ; au massif empire germanique, les solides et profonds bataillons de l'Alsace et de la Lorraine; à l'enflure, à la colère belge, la sèche et sanguine colère de la Picardie, la sobriété, la réflexion, l'esprit disciplinable et civilisable des Ardennes et de la Champagne !

Pour celui qui passe la frontière et compare la France aux pays qui l'entourent, la première impression n'est pas favorable. Il est peu de côtés où l'étranger ne semble supérieur. De Mons à Valenciennes, de Douvres à Calais, la différence est pénible. La Normandie est une 100 Angleterre, une pâle Angleterre. Que sont pour le commerce et l'industrie, Rouen, le Havre, à côté de Manchester et de Liverpool ? L'Alsace est une Allemagne, moins ce qui fait la gloire de l'Allemagne: l'omniscience, la profondeur philosophique, la naïveté poétique. Mais il ne faut pas prendre ainsi la France pièce à pièce, il faut l'embrasser dans son ensemble. C'est justement parce que la centralisation est puissante, la vie commune, forte et énergique, que la vie locale est faible. Je dirai même que c'est là la beauté de notre 110 pays. Il n'a pas cette tête de l'Angleterre, monstrueusement forte d'industrie, de richesse ; mais il n'a pas non plus le désert de la haute Écosse, le cancer de l'Irlande. Vous n'y trouvez pas, comme en Allemagne et en Italie, vingt centres de science et d'art; il n'en a qu'un, un de vie sociale. L'Angleterre est un empire, l'Allemagne un pays, une race ; la France est une personne.

## II.  JOAN OF ARC*

Née sous les murs mêmes de l'église, bercée du son
des cloches et nourrie de légendes, elle fut une légende
elle-même, rapide et pure, de la naissance à la mort.

Elle fut une légende vivant.—Mais la force de vie,
exaltée et concentrée, n'en devint pas moins créatrice.
La jeune fille, à son insu, *créait*, pour ainsi parler, et
*réalisait* ses propres idées, elle en faisait des êtres, elle
leur communiquait, du trésor de sa vie virginale, une
splendide et toute-puissante existence, à faire pâlir les
10 misérables réalités de ce monde.

Si *poésie* veut dire *création*, c'est là sans doute la
poésie suprême.   Il faut savoir par quels degrés elle en
vint jusque-là, de quel humble point de départ.

Humble à la vérité, mais déjà poétique.   Son village
était à deux pas des grandes forêts des Vosges.   De la
porte de la maison de son père, elle voyait le vieux bois
*des chênes*.   Les fées hantaient ce bois; elles aimaient
surtout une certaine fontaine près d'un grand hêtre
qu'on nommait l'arbre des fées, des *dames*.   Les petits
20 enfants y suspendaient des couronnes, y chantaient.   Ces
anciennes *dames* et maîtresses des forêts ne pouvaient
plus, disait-on, se rassembler à la fontaine; elles en
avaient été exclues pour leurs péchés.   Cependant
l'Église se défiait toujours des vieilles divinités locales;
le curé, pour les chasser, allait chaque année dire une
messe à la fontaine.

Jeanne naquit parmi ces légendes, dans ces rêveries
populaires.   Mais le pays offrait à côté une tout autre
poésie, celle-ci, sauvage, atroce, trop réelle, hélas! la
30 poésie de la guerre.—La guerre! ce mot seul dit toutes
les émotions; ce n'est pas tous les jours sans doute
l'assaut et le pillage, mais bien plutôt l'attente, le tocsin,
le réveil en sursaut, et dans la plaine au loin le rouge
sombre de l'incendie.—État terrible, mais poétique; les
plus prosaïques des hommes, les Écossais du pays bas,

* *Histoire de France.*

se sont trouvés poètes parmi les hasards du *border*; de ce désert sinistre, qui semble encore maudit, ont pourtant germé les ballades, sauvages et vivaces fleurs.

Jeanne eut sa part dans ces romanesques aventures. Elle vit arriver les pauvres fugitifs, elle aida, la bonne 40 fille, à les recevoir; elle leur cédait son lit et allait coucher au grenier. Ses parents furent aussi une fois obligés de s'enfuir. Puis, quand le flot des brigands fut passé, la famille revint et retrouva le village saccagé, la maison dévastée, l'église incendiée.

Elle sut ainsi ce que c'est que la guerre. Elle comprit cet état antichrétien, elle eut horreur de ce règne du diable, où tout homme mourait en péché mortel. Elle se demanda si Dieu permettrait cela toujours, s'il ne mettrait pas un terme à ces misères, 50 s'il n'enverrait pas un libérateur, comme il l'avait fait souvent pour Israël, un Gédéon, une Judith.—Elle savait que plus d'une femme avait sauvé le peuple de Dieu, que dès le commencement il avait été dit que la femme écraserait le serpent. Elle avait pu voir au portail des églises sainte Marguerite, avec saint Michel, foulant aux pieds le dragon.—Si, comme tout le monde disait, la perte du royaume était l'œuvre d'une femme, d'une mère dénaturée, le salut pouvait bien venir d'une fille. C'est justement ce qu'annonçait une prophétie de 60 Merlin; cette prophétie, enrichie, modifiée selon les provinces, était devenue toute lorraine dans le pays de Jeanne Darc. C'était une pucelle des marches de *Lorraine* qui devait sauver le royaume. La prophétie avait pris probablement cet embellissement, par suite du mariage récent de René d'Anjou avec l'héritière du duché de Lorraine, qui, en effet, était très heureux pour la France.

Un jour d'été, jour de jeûne, à midi, Jeanne étant au jardin de son père, tout près de l'église, elle vit de ce 70 côté une éblouissante lumière, et elle entendit une voix: " Jeanne, sois bonne et sage enfant; va souvent à l'église." La pauvre fille eut grand'peur.

Une autre fois, elle entendit encore la voix, vit la

clarté, mais dans cette clarté de nobles figures dont l'une avait des ailes et semblait un sage prud'homme. Il lui dit : " Jeanne, va au secours du roi de France, et tu lui rendras son royaume." Elle répondit, toute tremblante : " Messire, je ne suis qu'une pauvre fille ; je 80 ne saurais chevaucher, ni conduire les hommes d'armes." La voix répliqua : " Tu iras trouver M. de Baudricourt, capitaine de Vaucouleurs, et il te fera mener au roi. Sainte Catherine et sainte Marguerite viendront t'assister." Elle resta stupéfaite et en larmes, comme si elle eût déjà vu sa destinée tout entière.

Le prud'homme n'était pas moins que saint Michel, le sévère archange des jugements et des batailles. Il revint encore, lui rendit courage, " et lui raconta la pitié qui estoit au royaume de France." Puis vinrent 90 les blanches figures des saintes, parmi d'innombrables lumières, la tête parée de riches couronnes, la voix douce et attendrissante, à en pleurer. Mais Jeanne pleurait surtout quand les saintes et les anges la quittaient. " J'aurais bien voulu, dit-elle, que les anges m'eussent emportée.—"

Si elle pleurait, dans un si grand bonheur, ce n'était pas sans raison. Quelque belles et glorieuses que fussent ces visions, sa vie dès lors avait changé. Elle qui n'avait entendu jusque-là qu'une voix, celle de sa mère, 100 dont la sienne était l'écho, elle entendait maintenant la puissante voix des anges !—Et que voulait la voix céleste ? Qu'elle délaissât cette mère, cette douce maison. Elle qu'un seul mot déconcertait, il lui fallait aller parmi les hommes, aux soldats. Il fallait qu'elle quittât pour le monde, pour la guerre, ce petit jardin sous l'ombre de l'église, où elle n'entendait que les cloches et où les oiseaux mangeaient dans sa main. Car tel était l'attrait de douceur qui entourait la jeune sainte ; les animaux et les oiseaux du ciel venaient à 110 elle, comme jadis aux Pères du désert, dans la confiance de la paix de Dieu.

Jeanne ne nous a rien dit de ce premier combat qu'elle soutint. Mais il est évident qu'il eut lieu et

qu'il dura longtemps, puisqu'il s'écoula cinq années
entre sa première vision et sa sortie de la maison
paternelle.

Les deux autorités, paternelle et céleste, comman-
daient des choses contraires.  L'une voulait qu'elle
restât dans l'obscurité, dans la modestie et le travail;
l'autre qu'elle partît et qu'elle sauvât le royaume. 120
L'ange lui disait de prendre les armes.  Le père, rude
et honnête paysan, jurait que, si sa fille s'en allait
avec les gens de guerre, il la noierait plutôt de ses
propres mains.  De part ou d'autre, il fallait qu'elle
désobéît.  Ce fût là sans doute son plus grand combat;
ceux qu'elle soutint contre les Anglais ne devaient être
qu'un jeu à côté.

Elle trouva dans sa famille, non pas seulement
résistance, mais tentation.  On essaya de la marier,
dans l'espoir de la ramener aux idées qui semblaient 130
plus raisonnables.  Un jeune homme du village prétendit qu'étant petite, elle lui avait promis mariage;
et comme elle niait, il la fit assigner devant le juge
ecclésiastique de Toul.  On pensait qu'elle n'oserait se
défendre, qu'elle se laisserait plutôt condamner, marier.
Au grand étonnement de tout le monde, elle alla à
Toul, elle parut en justice, elle parla, elle qui s'était
toujours tue.

Pour échapper à l'autorité de sa famille, il fallait
qu'elle trouvât dans sa famille même quelqu'un qui la 140
crût; c'était le plus difficile.  Au défaut de son père
elle convertit son oncle à sa mission.  Il la prit avec
lui, comme pour soigner sa femme en couches.  Elle
obtint de lui qu'il irait demander pour elle l'appui du
sire de Baudricourt, capitaine de Vaucouleurs.  L'homme
de guerre recut assez mal le paysan, et lui dit qu'il n'y
avait rien à faire, sinon de la ramener chez son père,
"bien souffletée."  Elle ne se rebuta pas; elle voulut
partir, et il fallut bien que son oncle l'accompagnât.
C'était le moment décisif; elle quittait pour toujours le 150
village et la famille; elle embrassa ses amies, surtout sa
petite bonne amie Mengette, qu'elle recommanda à Dieu;

mais, pour sa grande amie et compagne, Haumette, celle
qu'elle aimait le plus, elle aima mieux partir sans la
voir.

    Elle arriva donc dans cette ville de Vaucouleurs,
avec ses gros habits rouges de paysanne, et alla loger
avec son oncle chez la femme d'un charron, qui la prit
en amitié.   Elle se fit mener chez Baudricourt, et lui dit
160 avec fermeté "qu'elle venait vers lui de la part de son
Seigneur, pour qu'il mandât au Dauphin de se bien
maintenir, et qu'il n'assignât point de bataille à ses
ennemis ; parce que son Seigneur lui donnerait secours
dans la mi-carême.—Le royaume n'appartenait pas au
Dauphin, mais à son Seigneur ; toutefois son Seigneur
voulait que le Dauphin devînt roi, et qu'il eût ce
royaume en dépôt."   Elle ajoutait que malgré les
ennemis du Dauphin, il serait fait roi, et qu'elle le
mènerait sacrer.

170    Le capitaine fut bien étonné ; il soupçonna qu'il y
avait là quelque diablerie.   Il consulta le curé, qui
apparemment eut les mêmes doutes.   Elle n'avait parlé
de ses visions à aucun homme d'Église.   Le curé vint
donc avec le capitaine dans la maison du charron, il
déploya son étole et adjura Jeanne de s'éloigner, si elle
était envoyée du mauvais esprit.

    Mais le peuple ne doutait point ; il était dans
l'admiration.   De toutes parts on venait la voir.   Un
gentilhomme lui dit, pour l'éprouver : "Eh bien ! ma
180 mie, il faut donc que le roi soit chassé et que nous
devenions Anglais."   Elle se plaignit à lui du refus
de Baudricourt : "Et cependant, dit-elle, avant qu'il
soit la mi-carême, il faut que je sois devers le roi,
dussé-je, pour m'y rendre, user mes jambes jusqu'aux
genoux.   Car personne au monde, ni roi, ni ducs, ni
fille du roi d'Écosse, ne peuvent reprendre le royaume
de France, et il n'y a pour lui de secours que moi-
même, quoique j'aimasse mieux rester à filer près de
ma pauvre mère ; car ce n'est pas là mon ouvrage ;
190 mais il faut que j'aille et que je le fasse, parce que
mon Seigneur le veut. — Et quel est votre Seigneur ? —

C'est Dieu!—" Le gentilhomme fut touché. Il lui promit "par sa foi, la main dans la sienne, que sous la conduite de Dieu, il la mènerait au roi." Un jeune gentilhomme se sentit aussi touché, et déclara qu'il suivrait cette sainte fille.

Il paraît que Baudricourt envoyer demander l'autorisation du roi. En attendant, il la conduisit chez le duc de Lorraine, qui était malade et voulait la consulter. Le duc n'en tira rien que le conseil d'apaiser 200 Dieu en se réconciliant avec sa femme. Néanmoins il l'encouragea.

De retour à Vaucouleurs, elle y trouva un messager du roi qui l'autorisait à venir. Le revers de la journée des harengs décidait à essayer de tous les moyens. Elle avait annoncé le combat le jour même qu'il eut lieu. Les gens de Vaucouleurs, ne doutant point de sa mission, se cotisèrent pour l'équiper et lui acheter un cheval. Le capitaine ne lui donna qu'une épée.

Elle eut encore en ce moment un obstacle à surmonter. 210 Ses parents, instruits de son prochain départ, avaient failli en perdre le sens ; ils firent les derniers efforts pour la retenir ; ils ordonnèrent, ils menacèrent. Elle résista à cette dernière épreuve et leur fit écrire qu'elle les priait de lui pardonner.

C'était un rude voyage et bien périlleux qu'elle entreprenait. Tout le pays était parcouru par les hommes d'armes des deux partis. Il n'y avait plus ni route ni pont, les rivières étaient grosses ; c'était au mois de février 1429. 220

S'en aller ainsi avec cinq ou six hommes d'armes, il y avait de quoi faire trembler une fille. Une Anglaise, une Allemande, ne s'y fût jamais risquée ; l'*indélicatesse* d'une telle démarche lui eût fait horreur. Celle-ci ne s'en émut pas ; elle était justement trop pure pour rien craindre de ce côté. Elle avait pris l'habit d'homme, et elle ne le quitta plus ; cet habit serré, fortement attaché, était sa meilleure sauvegarde. Elle était pourtant jeune et belle. Mais il y avait autour d'elle, pour ceux même qui la voyaient de plus près, une barrière de religion et 230

de crainte ; le plus jeune des gentilshommes qui la con-
duisirent déclare que, couchant près d'elle, il n'eut jamais
l'ombre même d'une mauvaise pensée.

Elle traversait avec une sérénité héroïque tout ce pays
désert ou infesté de soldats. Ses compagnons regret-
taient bien d'être partis avec elle ; quelques-uns pensaient
que peut-être elle était sorcière ; ils avaient grande envie
de l'abandonner. Pour elle, elle était tellement paisible,
qu'à chaque ville elle voulait s'arrêter pour entendre la
240 messe : "Ne craignez rien, disait-elle, Dieu me fait ma
route ; c'est pour cela que je suis née." Et encore : "Mes
frères de paradis me disent ce que j'ai à faire."

La cour de Charles VII était loin d'être unanime en
faveur de la Pucelle. Cette fille inspirée qui arrivait de
Lorraine et que le duc de Lorraine avait encouragée, ne
pouvait manquer de fortifier près du roi le parti de la
reine et de sa mère, le parti de Lorraine et d'Anjou.
Une embuscade fut dressée à la Pucelle à quelque
distance de Chinon, et elle n'y échappa que par miracle.
250 L'opposition était si forte contre elle que, lorsqu'elle
fut arrivée, le conseil discuta encore pendant deux jours
si le roi la verrait. Ses ennemis crurent ajourner l'affaire
indéfiniment en faisant décider qu'on prendrait des in-
formations dans son pays. Heureusement, elle avait
aussi des amis, les deux reines, sans doute, et surtout le
duc d'Alençon, qui, sorti récemment des mains des
Anglais, était fort impatient de porter la guerre dans
le Nord pour recouvrer son duché. Les gens d'Orléans,
à qui, depuis le 12 février, Dunois promettait ce merveil-
260 leux secours, envoyèrent au roi et réclamèrent la Pucelle.

Le roi la reçut enfin, et au milieu du plus grand
appareil ; on espérait apparemment qu'elle serait décon-
certée. C'était le soir, cinquante torches éclairaient la
salle, nombre de seigneurs, plus de trois cents chevaliers
étaient réunis autour du roi. Tout le monde était curieux
de voir la sorcière ou l'inspirée.

La sorcière avait dix-huit ans ; c'était une belle fille
et fort désirable, assez grande de taille, la voix douce et
pénétrante.

Elle se présenta humblement, "comme une pauvre 270 petite bergerette," démêla au premier regard le roi, qui s'était mêlé exprès à la foule des seigneurs, et quoiqu'il soutînt d'abord qu'il n'était pas le roi, elle lui embrassa les genoux. Mais, comme il n'était pas sacré, elle ne l'appelait que Dauphin: "Gentil Dauphin, dit-elle, j'ai nom Jehanne la Pucelle. Le Roi des cieux vous mande par moi que vous serez sacré et couronné en la ville de Reims et vous serez lieutenant du Roi des cieux, qui est roi de France." Le roi la prit alors à part, et après un moment d'entretien, tous deux changèrent de visage; 280 elle lui disait, comme elle l'a raconté depuis à son confesseur: "Je te dis de la part de Messire, que tu es *vrai héritier* de France et *fils du roi.*"

\* \* \* \*

Quelle légende plus belle que cette incontestable histoire? Mais il faut se garder bien d'en faire une légende; on doit en conserver pieusement tous les traits, même les plus humains, en respecter la réalité touchante et terrible.—

Que l'esprit romanesque y touche, s'il ose; la poésie ne le fera jamais. Eh! que saurait-elle ajouter?— 290 L'idée qu'elle avait, pendant tout le Moyen âge, poursuivie de légende en légende, cette idée se trouva à la fin être une personne; ce rêve, on le toucha. La Vierge secourable des batailles que les chevaliers appelaient, attendaient d'en haut, elle fut ici-bas. En qui? c'est la merveille. Dans ce qu'on méprisait, dans ce qui semblait le plus humble, dans une enfant, dans la simple fille des campagnes, du pauvre peuple de France.—Car il y eut un peuple, il y eut une France. Cette dernière figure du passé fut aussi la première du temps qui com- 300 mençait. En elle apparurent à la fois la Vierge,—et déjà la Patrie.

Telle est la poésie de ce grand fait, telle en est la philosophie, la haute vérité. Mais la réalité historique n'en est pas moins certaine; elle ne fut que trop positive et trop cruellement constatée.—Cette vivante énigme, cette mystérieuse créature, que tous jugèrent

surnaturelle, cet ange ou ce démon, qui, selon quelques-
uns, devait s'envoler un matin, il se trouva que c'était une
310 jeune femme, une jeune fille, qu'elle n'avait point d'ailes,
qu'attachée comme nous à un corps mortel, elle devait
souffrir, mourir, et de quelle affreuse mort !

Mais c'est justement dans cette réalité qui semble
dégradante, dans cette triste épreuve de la nature, que
l'idéal se retrouve et rayonne.   Les contemporains eux-
mêmes y reconnurent le Christ parmi les pharisiens.—
Toutefois nous devons y voir encore autre chose, la
passion de la Vierge, le martyre de la pureté.

Il y a eu bien des martyrs ; l'histoire en cite d'in-
320 nombrables, plus ou moins purs, plus ou moins glorieux.
L'orgueil a eu les siens, et la haine et l'esprit de dispute.
Aucun siècle n'a manqué de martyrs batailleurs, qui sans
doute mouraient de bonne grâce quand ils n'avaient pu
tuer.—Ces fanatiques n'ont rien à voir ici.   La sainte
fille n'est point des leurs, elle eut un signe à part : Bonté,
charité, douceur d'âme.

Elle eut la douceur des anciens martyrs, mais avec
une différence.   Les premiers chrétiens ne restaient doux
et purs qu'en fuyant l'action, en s'épargnant la lutte et
330 l'épreuve du monde.   Celle-ci fut douce dans la plus
âpre lutte, bonne parmi les mauvais, pacifique dans la
guerre même ; la guerre, ce triomphe du diable, elle y
porta l'esprit de Dieu.

Elle prit les armes quand elle sut "la pitié qu'il y
avoit au royaume de France."   Elle ne pouvait voir
"couler le sang françois."   Cette tendresse de cœur,
elle l'eut pour tous les hommes ; elle pleurait après les
victoires et soignait les Anglais blessés.

Pureté, douceur, bonté héroïque, que cette suprême
340 beauté de l'âme se soit rencontrée en une fille de France,
cela peut surprendre les étrangers qui n'aiment à juger
notre nation que par la légèreté de ses mœurs.   Disons-
leur (et sans partialité, aujourd'hui que tout cela est si
loin de nous) que sous cette légèreté, parmi ses folies et
ses vices mêmes, la vieille France n'en fut pas moins le
peuple de l'amour et de la grâce.

Le sauveur de la France devait être une femme. La France était femme elle-même. Elle en avait la mobilité, mais aussi l'aimable douceur, la pitié facile et charmante, l'excellence au moins du premier mouve- 350 ment. Lors même qu'elle se complaisait aux vaines élégances et aux raffinements extérieurs, elle restait au fond plus près de la nature. Le Français, même vicieux, gardait plus qu'aucun autre le bon sens et le bon cœur.

Puisse la nouvelle France ne pas oublier le mot de l'ancienne : " Il n'y a que les grands cœurs qui sachent combien il y a de gloire à *être bon* !" L'être et rester tel, entre les injustices des hommes et les sévérités de la Providence, ce n'est pas seulement le don d'une heureuse 360 nature, c'est de la force et de l'héroïsme. Garder la douceur et la bienveillance parmi tant d'aigres disputes, traverser l'expérience sans lui permettre de toucher à ce trésor intérieur, cela est divin. Ceux qui persistent et vont ainsi jusqu'au bout sont les vrais élus. Et quand même ils auraient quelquefois heurté dans le sentier difficile du monde, parmi leurs chutes, leurs faiblesses et leurs *enfances*, ils n'en resteront pas moins les enfants de Dieu !

# EDGAR QUINET

## THE MEANING OF ART*

Quel est, en effet, le but de l'art ? Je réponds : la beauté ; solution trop élémentaire, dites-vous, et surtout trop antique. Essayons cependant de nous y attacher ; elle peut nous mener plus loin qu'il ne paraît. Car la

---

* From *Le génie des Religions* (1841). Edgar Quinet (1803–1875), half philosopher, half mystic, the close friend of Michelet and his ally and fellow sufferer in the cause of freedom of thought. Both were deprived of their chairs at the Collège de France, Quinet in 1846, Michelet in 1852.

beauté, où est-elle ? Dans une fleur, reprenez-vous,
dans un rayon de soleil, dans le sourire d'une créature
mortelle. Oui, sans doute, elle est dans toutes ces
choses. Mais qu'elle y est incomplète puisqu'elle y est
périssable ! Au lieu de ces objets qui ne vivent qu'un
10 jour, au lieu de cette lueur qui n'a qu'une splendeur
empruntée, que serait-ce, si l'on rencontrait quelque
part la fleur qui ne se fane jamais, le parfum qui ne se
dissipe jamais, le sourire qui jamais ne se convertit en
pleurs ? Alors seulement, ne le pensez-vous pas ? nous
toucherions à la beauté, principe et fin de toutes les
autres. Or, cette beauté, qui se communique sans
s'épuiser, cette splendeur souveraine, sans lever et sans
coucher, sans jeunesse et sans vieillesse, quelle peut-elle
être, si ce n'est l'image même que vous vous faites de la
20 perfection, que rien ne peut ni outrepasser ni altérer,
c'est-à-dire l'idée par laquelle vous vous représentez Dieu
lui-même ? Oui, n'allons pas plus loin ; le Dieu-Esprit,
voilà l'éternel modèle qui, sous une forme ou sous une
autre, pose éternellement devant la pensée de tout artiste
qui mérite ce nom. Ce qui revient à dire que l'art a pour
but de représenter par des formes la beauté infinie, de
saisir l'immuable dans l'éphémère, d'embrasser l'éternité
dans le temps, de peindre l'invisible par le visible.
Arrêtons-nous à cette idée ! et voyez combien de consé-
30 quences en jaillissent comme d'un foyer ardent.

Premièrement, pour exister, l'art n'a pas besoin de
l'homme. Avant l'apparition du genre humain sur la
terre, l'univers était un grand ouvrage d'art qui publiait
la gloire de son auteur. La beauté avait été réalisée et
comme incarnée dans la nature naissante. Non, non, ne
croyez pas que les premiers poëmes aient été ceux
d'Homère ou de Moïse ; ne croyez pas davantage que les
premières sculptures aient été faites par une main mortelle.
Le plus ancien constructeur du temple est celui qui a
40 bâti le monde. De même, voulez-vous savoir quels ont
été le premier poëme et la première peinture ? Il est
facile de le dire. Ce furent le premier lever du soleil au
sortir du chaos, le premier murmure de la mer en

s'informant de ses rivages, le premier frémissement des forêts au toucher de la lumière immaculée ; ce fut aussi l'écho de la parole encore vibrante de la création. Voilà la première poésie, le premier tableau dans lesquels a été peint l'Eternel. Nul peuple n'était encore dans le monde, l'idée de l'art était déjà complète. L'ouvrage et l'ouvrier étaient en présence l'un de l'autre ; 50 et si ces sortes de rapprochements n'étaient trop souvent arbitraires, on pourrait ajouter qu'il existait déjà une sorte d'image anticipée de la division des arts, que dans ce sens, les chaînes des montagnes étaient l'architecture de la nature, les sommets et les pics sculptés par la foudre, sa statuaire ; les ombres et la lumière, le jour et la nuit, sa peinture ; le bruit de la création entière, son harmonie, et l'ensemble de tout cela, sa poésie.

De ce qui précède il résulte que ni la nature ni l'art ne sont copiés l'un sur l'autre, puisque l'un et l'autre 60 dérivent d'un même original, qui est Dieu. Quel que soit l'objet qu'il veuille représenter, l'art le crée, pour ainsi dire, une seconde fois. Ni l'architecture, ni la sculpture, ni la peinture, ne copient servilement une partie du monde extérieur. Ils ne reproduisent pas davantage l'image d'un homme en particulier. Quel est donc le modèle de leur imitation ? Je l'ai déjà dit, le beau en soi, le vrai par excellence. Continuons, si l'on veut, de les appeler arts d'imitation, mais ajoutons qu'ils imitent l'Eternel. Par où l'on voit qu'il faut ranger les artistes en deux familles 70 distinctes : les uns faits pour l'esclavage, qui copient les formes de l'univers, sans y rien ajouter, sans y rien retrancher ; les autres (ils sont libres et souverains), qui imitent, non pas seulement le visage et le corps de la nature, mais ses procédés de formation et son intelligence, pour mieux rivaliser avec elle. On demandait à Raphaël où il trouvait le modèle de ses vierges : " Dans une certaine idée," répondit-il ; et cette idée était le divin qu'il entrevoyait à travers les traits mortels des femmes de Perouge et de Foligno.... Architecture, sculpture, 80 peinture, musique, poésie, tels sont les degrés par lesquels il est donné à l'imagination humaine de tendre jusqu'à l'immortelle beauté. C'est là l'échelle de Jacob sur laquelle s'élèvent constamment les rêves de l'esprit de l'homme. D'un côté, elle s'appuie sur la terre ; de l'autre, elle touche au ciel. Mais sont-ce là, en effet, tous les arts par lesquels on peut gravir vers la beauté ? Je crains bien d'avoir omis le premier et le plus important de tous. Les modernes n'y pensent guère dans leurs théories : les 90 anciens n'avaient garde de l'oublier jamais. Et cet art souverain, quel peut il être, si ce n'est celui de le sagesse, de la justice, de la vertu, ou, pour tout comprendre à la fois, l'art de la vie ? En effet, toute vie humaine n'est-elle pas en soi une œuvre d'art ? Chaque homme en naissant n'apporte-t-il pas dans son cœur un certain idéal de beauté morale qu'il doit peu à peu révéler, exprimer, réaliser par ses œuvres ? Je ne cacherai pas la moitié de ma pensée ; oui, il y a du Phidias dans chacun de nous, parce qu'il y a du Phidias dans toute 100 créature morale. Oui, chaque homme est un sculpteur qui doit corriger son marbre ou son limon jusqu'à ce qu'il ait fait sortir de la masse confuse de ses instincts grossiers une personne intelligente et libre. Le juste, c'est-à-dire celui qui règle ses actions sur un modèle divin, celui qui sait, quand il le faut, dépouiller la vie mortelle, comme le sculpteur dépouille le marbre, pour atteindre la statue intérieure, Socrate buvant la ciguë, Saint Louis sur le lit de cendre, Jeanne d'Arc dans la mêlée ; qui nommerai-je encore ? Napoléon, dites-110 vous ? Non pas Napoléon empereur, mais Napoléon sur le pont d'Arcole ; en un mot, quelque nom que vous leur donniez, le héros et le saint, voilà le dernier terme et le comble de la beauté sur terre. Voilà le poëme, le tableau, l'harmonie par excellence ; car c'est une harmonie vivante, un poëme vivant. L'œuvre et l'ouvrier sont intimement unis et confondus ; il n'y a rien au delà, si ce n'est Dieu lui-même.

# PROSPER MÉRIMÉE

## L'ENLÈVEMENT DE LA REDOUTE*

Un militaire de mes amis, qui est mort de la fièvre en Grèce il y a quelques années, me conta un jour la première affaire à laquelle il avait assisté. Son récit me frappa tellement, que je l'écrivis de mémoire aussitôt que j'en eus le loisir. Le voici :

"Je rejoignis le régiment le 4 septembre au soir. Je trouvai le colonel au bivac. Il me reçut d'abord assez brusquement ; mais après avoir lu la lettre de recommandation du général B***, il changea de manières, et m'adressa quelques paroles obligeantes.         10

"Je fus présenté par lui à mon capitaine, qui revenait à l'instant même d'une reconnaissance. Ce capitaine, que je n'eus guère le temps de connaître, était un grand homme brun, d'une physionomie dure et repoussante. Il avait été simple soldat, et avait gagné ses épaulettes et sa croix sur les champs de bataille. Sa voix, qui était enrouée et faible, contrastait singulièrement avec sa stature presque gigantesque. On me dit qu'il devait cette voix étrange à une balle qui l'avait percé de part en part à la bataille d'Iéna.         20

"En apprenant que je sortais de l'école de Fontaine-bleau, il fit la grimace et dit : 'Mon lieutenant est mort hier....' Je compris qu'il voulait dire : 'C'est vous qui devez le remplacer, et vous n'en êtes pas capable.' Un mot piquant me vint sur les lèvres, mais je me contins.

"La lune se leva derrière la redoute de Cheverino, située à deux portées de canon de notre bivac. Elle était large et rouge comme cela est ordinaire à son lever. Mais ce soir elle me parut d'une grandeur extraordinaire. Pendant un instant la redoute se détacha en noir sur le         30 disque éclatant de la lune. Elle ressemblait au cône d'un volcan au moment de l'éruption.

---

* *L'Enlèvement de la Redoute* first appeared in the *Revue française* for Sept.-Oct. 1829. It was reprinted in the volume entitled *Mosaïque* (1833).

"Un vieux soldat, auprès duquel je me trouvais, remarqua la couleur de la lune. 'Elle est bien rouge,' dit-il ; 'c'est signe qu'il en coûtera bon pour l'avoir, cette fameuse redoute !' J'ai toujours été superstitieux, et cet augure, dans ce moment surtout, m'affecta. Je me couchai, mais je ne pus dormir. Je me levai, et je marchai quelque temps, regardant l'immense ligne de feux qui 40 couvrait les hauteurs au delà du village de Cheverino.

"Lorsque je crus que l'air frais et piquant de la nuit avait assez rafraîchi mon sang, je revins auprès du feu ; je m'enveloppai soigneusement dans mon manteau, et je fermai les yeux, espérant ne pas les ouvrir avant le jour. Mais le sommeil me tint rigueur. Insensiblement mes pensées prenaient une teinte lugubre. Je me disais que je n'avais pas un ami parmi les cent mille hommes qui couvraient cette plaine. Si j'étais blessé, je serais dans un hôpital, traité sans égards par des chirurgiens 50 ignorants. Ce que j'avais entendu dire des opérations chirurgicales me revint à la mémoire. Mon cœur battait avec violence, et machinalement je disposais comme une espèce de cuirasse le mouchoir, et le portefeuille que j'avais sur la poitrine. La fatigue m'accablait, je m'assoupissais à chaque instant, et à chaque instant quelque pensée sinistre se reproduisait avec plus de force et me réveillait en sursaut.

"Cependant la fatigue l'avait emporté, et quand on battit la diane j'étais tout à fait endormi. Nous nous 60 mîmes en bataille, on fit l'appel, puis on remit les armes en faisceaux, et tout annonçait que nous allions passer une journée tranquille.

"Vers trois heures un aide de camp arriva, apportant un ordre. On nous fit reprendre les armes ; nos tirailleurs se répandirent dans la plaine ; nous les suivîmes lentement, et au bout de vingt minutes nous vîmes tous les avant-postes des Russes se replier et rentrer dans la redoute.

"Une batterie d'artillerie vint s'établir à notre droite, 70 une autre à notre gauche, mais toutes les deux bien en avant de nous. Elles commencèrent un feu très-vif sur

l'ennemi qui riposta énergiquement, et bientôt la redoute
de Cheverino disparut sous des nuages épais de fumée.

"Notre régiment était presque à couvert du feu des
Russes par un pli de terrain.  Leurs boulets, rares
d'ailleurs pour nous (car ils tiraient de préférence sur
nos canonniers), passaient au-dessus de nos têtes, ou tout
au plus nous envoyaient de la terre et de petites pierres.

"Aussitôt que l'ordre de marcher en avant nous eut
été donné, mon capitaine me regarda avec une attention 80
qui m'obligea à passer deux ou trois fois la main sur ma
jeune moustache d'un air aussi dégagé qu'il me fut
possible.  Au reste, je n'avais pas peur, et la seule
crainte que j'éprouvasse, c'était que l'on ne s'imaginât
que j'avais peur.  Ces boulets inoffensifs contribuèrent
encore à me maintenir dans mon calme héroïque.  Mon
amour-propre me disait que je courais un danger réel
puisque enfin j'étais sous le feu d'une batterie.  J'étais
enchanté d'être si à mon aise, et je songeai au plaisir de
raconter la prise de la redoute de Cheverino, dans le 90
salon de madame de B***, rue de Provence.

"Le colonel passa devant notre compagnie; il
m'adressa la parole : 'Eh bien! vous allez en voir de
grises pour votre début.'

"Je souris d'un air tout à fait martial en brossant la
manche de mon habit, sur laquelle un boulet, tombé à
trente pas de moi, avait envoyé un peu de poussière.

"Il paraît que les Russes s'aperçurent du mauvais
succès de leurs boulets, car ils les remplacèrent par des
obus qui pouvaient plus facilement nous atteindre dans 100
le creux où nous étions postés.  Un assez gros éclat
m'enleva mon shako et tua un homme auprès de moi.

"'Je vous fais mon compliment,' me dit le capitaine,
comme je venais de ramasser mon shako, 'vous en voilà
quitte pour la journée.'  Je connaissais cette superstition
militaire qui croit que l'axiome *non bis in idem* trouve
son application aussi bien sur un champ de bataille que
dans une cour de justice.  Je remis fièrement mon shako.

C'est faire saluer les gens sans cérémonie,' dis-je aussi
gaiement que je pus.  Cette mauvaise plaisanterie, vu 110

la circonstance, parut excellente. ‘Je vous félicite,’
reprit le capitaine, ‘vous n’aurez rien de plus, et vous
commanderez une compagnie ce soir ; car je sens bien
que le four chauffe pour moi. Toutes les fois que j’ai
été blessé, l’officier auprès de moi a reçu quelque balle
morte, et,’ ajouta-t-il d’un ton plus bas et presque
honteux, ‘leurs noms commençaient toujours par un P.’

   “Je fis l’esprit fort ; bien des gens auraient fait
comme moi ; bien des gens auraient été aussi bien
120 que moi frappés de ces paroles prophétiques. Conscrit
comme je l’étais, je sentais que je ne pouvais confier mes
sentiments à personne, et que je devais toujours paraître
froidement intrépide.

   “Au bout d’une demi-heure, le feu des Russes
diminua sensiblement ; alors nous sortîmes de notre
couvert pour marcher sur la redoute.

   “Notre régiment était composé de trois bataillons.
Le deuxième fut chargé de tourner la redoute du côté
de la gorge ; les deux autres devaient donner l’assaut.
130 J’étais dans le troisième bataillon.

   “En sortant de derrière l’espèce d’épaulement qui
nous avait protégés, nous fûmes reçus par plusieurs
décharges de mousqueterie qui ne firent que peu de
mal dans nos rangs. Le sifflement des balles me
surprit : souvent je tournais la tête, et je m’attirai ainsi
quelques plaisanteries de la part de mes camarades plus
familiarisés avec ce bruit. ‘A tout prendre,’ me dis-je,
‘une bataille n’est pas une chose si terrible.’

   “Nous avancions au pas de course, précédés de
140 tirailleurs : tout à coup les Russes poussèrent trois
hourras, trois hourras distincts, puis demeurèrent
silencieux et sans tirer. ‘Je n’aime pas ce silence,’ dit
mon capitaine ; ‘cela ne nous présage rien de bon.’ Je
trouvai que nos gens étaient un peu trop bruyants, et
je ne pus m’empêcher de faire intérieurement la comparaison de leurs clameurs tumultueuses avec le silence
imposant de l’ennemi.

   “Nous parvînmes rapidement au pied de la redoute,
les palissades avaient été brisées et la terre bouleversée

par nos boulets.   Les soldats s'élancèrent sur ces ruines 150
nouvelles avec des cris de *Vive l'empereur!* plus forts
qu'on ne l'aurait attendu de gens qui avaient déjà tant
crié.

"Je levai les yeux, et jamais je n'oublierai le spectacle
que je vis.   La plus grande partie de la fumée s'était
élevée et restait suspendue comme un dais à vingt pieds
au-dessus de la redoute.   Au travers d'une vapeur
bleuâtre on apercevait derrière leur parapet à demi-
détruit les grenadiers russes, l'arme haute, immobiles
comme des statues.   Je crois voir encore chaque soldat, 160
l'œil gauche attaché sur nous, le droit caché par son fusil
élevé.   Dans une embrasure, à quelques pieds de nous,
un homme tenant une lance à feu était auprès d'un
canon.

"Je frissonnai, et je crus que ma dernière heure était
venue.   'Voilà la danse qui va commencer, s'écria mon
capitaine.   Bonsoir.'   Ce furent les dernières paroles que
je l'entendis prononcer.

"Un roulement de tambours retentit dans la redoute.
Je vis se baisser tous les fusils.   Je fermai les yeux, et 170
j'entendis un fracas épouvantable, suivi de cris et de
gémissements.   J'ouvris les yeux, surpris de me trouver
encore au monde.   La redoute était de nouveau enveloppée de fumée.   J'étais entouré de blessés et de
morts.   Mon capitaine était étendu à mes pieds : sa tête
avait été broyée par un boulet, et j'étais couvert de sa
cervelle et de son sang.   De toute ma compagnie il ne
restait debout que six hommes et moi.

"A ce carnage succéda un moment de stupeur.   Le
colonel, mettant son chapeau au bout de son épée, gravit 180
le premier le parapet en criant : *Vive l'empereur!* il fut
suivi aussitôt de tous les survivants.   Je n'ai presque
plus de souvenir net de ce qui suivit.   Nous entrâmes
dans la redoute, je ne sais comment.   On se battit corps
à corps au milieu d'une fumée si épaisse que l'on ne
pouvait se voir.   Je crois que je frappai, car mon sabre
se trouva tout sanglant.   Enfin j'entendis crier victoire!
et la fumée diminuant, j'aperçus du sang et des morts

sous lesquels disparaissait la terre de la redoute. Les
190 canons surtout étaient enterrés sous des tas de cadavres.
Environ deux cents hommes debout, en uniforme
français, étaient groupés sans ordre, les uns chargeant
leurs fusils, les autres essuyant leurs baïonnettes. Onze
prisonniers russes étaient avec eux.

"Le colonel était renversé tout sanglant sur un
caisson brisé, près de la gorge. Quelques soldats s'em-
pressaient autour de lui : je m'approchai : 'Où est le
plus ancien capitaine?' demandait-il à un sergent.—Le
sergent haussa les épaules d'une manière très-expressive.
200 —'Et le plus ancien lieutenant?—Voici monsieur qui
est arrivé d'hier,' dit le sergent d'un ton tout à fait calme.
—Le colonel sourit amèrement.—'Allons, monsieur,' me
dit-il, 'vous commandez en chef ; faites promptement
fortifier la gorge de la redoute avec ces chariots, car
l'ennemi est en force ; mais le général C\*\*\* va vous
faire soutenir.'—'Colonel,' lui dis-je, 'vous êtes grième-
ment blessé?'—'———, mon cher, mais la redoute est
prise.'"

## SAINTE-BEUVE

### RACINE\*

D'après le peu qu'on vient de lire sur le caractère, les
mœurs et les habitudes d'esprit de Racine, il serait déjà
aisé de présumer les qualités et les défauts essentiels de
son œuvre, de prévoir ce qu'il a pu atteindre, et en même
temps ce qui a dû lui manquer. Un grand art de com-
binaison, un calcul exact d'agencement, une construction
lente et successive, plutôt que cette force de conception,
simple et féconde, qui agit simultanément et comme par
voie de cristallisation autour de plusieurs centres dans
10 les cerveaux naturellement dramatiques ; de la présence

---

\* The article from which this passage is taken appeared in the *Revue
de Paris* for 6 Dec. 1829, and was afterwards reprinted in vol. 1 of *Portraits
Littéraires* (1836).

d'esprit dans les moindres détails ; une singulière adresse
à ne dévider qu'un seul fil à la fois ; de l'habileté pour
élaguer plutôt que la puissance pour étreindre ; une
science ingénieuse d'introduire et d'éconduire ses personnages ; parfois la situation capitale éludée, soit par
un récit pompeux, soit par l'absence motivée du témoin
le plus embarrassant ; et de même dans les caractères,
rien de divergent ni d'excentrique ; les parties accessoires,
les antécédents peu commodes supprimés ; et pourtant
rien de trop nu ni de trop monotone, mais deux ou trois 20
nuances assorties sur un fond simple ;—puis, au milieu
de tout cela, une passion qu'on n'a pas vue naître, dont
le flot arrive déjà gonflé, mollement écumeux, et qui vous
entraîne comme le courant blanchi d'une belle eau : voilà
le drame de Racine. Et si l'on descendait à son style
et à l'harmonie de sa versification, on y suivrait des
beautés du même ordre restreintes aux mêmes limites,
et des variations de ton mélodieuses sans doute, mais
dans l'échelle d'une seule octave. Quelques remarques,
à propos de *Britannicus*, préciseront notre pensée et la 30
justifieront si, dans ces termes généraux, elle semblait
un peu téméraire. Il s'agit du premier crime de Néron,
de celui par lequel il échappe d'abord à l'autorité de sa
mère et de ses gouverneurs. Dans Tacite, Britannicus
est un jeune homme de quatorze à quinze ans, doux,
spirituel et triste. Un jour, au milieu d'un festin, Néron
ivre, pour le rendre ridicule, le força de chanter ; Britannicus se mit à chanter une chanson, dans laquelle il
était fait allusion à sa propre destinée si précaire et à
l'héritage paternel dont on l'avait dépouillé ; et, au lieu 40
de rire et de se moquer, les convives émus, moins dis-
simulés qu'à l'ordinaire, parce qu'ils étaient ivres, avaient
marqué hautement leur compassion. Pour Néron, tout
pur de sang qu'il est encore, son naturel féroce gronde
depuis longtemps en son âme et n'épie que l'occasion de
se déchaîner ; il a déjà essayé d'un poison lent contre
Britannicus. La débauche l'a saisi : il est soupçonné
d'avoir souillé l'adolescence de sa future victime ; il
néglige son épouse Octavie pour la courtisane Acté.

50 Sénèque a prêté son ministère à cette honteuse intrigue ;
Agrippine s'est révoltée d'abord, puis a fini par embrasser son fils et par lui offrir sa maison pour les
rendez-vous. Agrippine, mère, petite-fille, sœur, nièce
et veuve d'empereurs, homicide, incestueuse, prostituée à
des affranchis, n'a d'autre crainte que de voir son fils lui
échapper avec le pouvoir. Telle est la situation d'esprit
des trois personnages principaux au moment où Racine
commence sa pièce. Qu'a-t-il fait ? Il est allé d'abord
au plus simple, il a trié ses acteurs ; Burrhus l'a dispensé
60 de Sénèque, et Narcisse de Pallas. Othon et Sénécion,
*jeunes voluptueux* qui perdent le prince, sont à peine
nommés dans un endroit. Il rapporte dans sa préface
un mot sanglant de Tacite sur Agrippine : *Quæ, cunctis
malæ dominationis cupidinibus flagrans, habebat in parti-
bus Pallantem*, et il ajoute : "Je ne dis que ce mot
d'Agrippine, car il y auroit trop de choses à en dire.
C'est elle que je me suis surtout efforcé de bien exprimer, et ma tragédie n'est pas moins la disgrâce
d'Agrippine que la mort de Britannicus." Et malgré
70 ce dessein formel de l'auteur, le caractère d'Agrippine
n'est exprimé qu'imparfaitement : comme il fallait
intéresser à sa disgrâce, ses plus odieux vices sont
rejetés dans l'ombre ; elle devient un personnage peu
réel, vague, inexpliqué, une manière de mère tendre et
jalouse ; il n'est plus guère question de ses adultères et
de ses meurtres qu'en allusion, à l'usage de ceux qui
ont lu l'histoire dans Tacite. Enfin, à la place d'Acté,
intervient la romanesque Junie. Néron amoureux n'est
plus que le rival passionné de Britannicus, et les côtés
80 hideux du tigre disparaissent, ou sont touchés délicate-
ment à la rencontre. Que dire du dénouement ? de
Junie réfugiée aux Vestales, et placée sous la protection
du peuple, comme si le peuple protégeait quelqu'un sous
Néron ? Mais ce qu'on a droit surtout de reprocher à
Racine, c'est d'avoir construit aux yeux la scène du
festin. Britannicus est à table, on lui verse à boire ;
quelqu'un de ses domestiques goûte le breuvage, comme
c'est la coutume, tant on est en garde contre un crime :

mais Néron a tout prévu ; le breuvage s'est trouvé trop chaud, il faut y verser de l'eau froide pour le rafraîchir, 90 et c'est cette eau froide qu'on a eu le soin d'empoisonner. L'effet est soudain ; ce poison tue sur l'heure, et Locuste a été chargée de le préparer tel, sous la menace du supplice. Soit dédain pour ces circonstances, soit difficulté de les exprimer en vers, Racine les a négligées dans le récit de Burrhus : il se borne à rendre l'effet moral de l'empoisonnement sur les spectateurs, et il y réussit ; mais on doit avouer que même sur ce point il a rabattu de la brièveté incisive, de la concision éclatante de Tacite. 100

# VICTOR HUGO

## PARIS IN 1482*

Au quinzième siècle, Paris était encore divisé en trois villes tout à fait distinctes et séparées, ayant chacune leur physionomie, leur spécialité, leurs mœurs, leurs coutumes, leurs priviléges, leur histoire : la Cité, l'Université, la Ville. La Cité, qui occupait l'île, était la plus ancienne, la moindre et la mère des deux autres, resserrée entre elles (qu'on nous passe la comparaison) comme une petite vieille entre deux grandes belles filles. L'Université couvrait la rive gauche de la Seine, depuis la Tournelle jusqu'à la tour de Nesle, points qui corre- 10

---

* From *Notre-Dame de Paris* (1831). This famous description of Paris as seen from the towers of Notre-Dame (livre III. chap. ii) together with the chapter which precedes it—the description of Notre-Dame—and the one entitled *Ceci tuera cela* (v. ii) first appeared in the eighth edition of the book (October 1832). These chapters were omitted from the first edition (March 1831), not because they were not written then, but because Victor Hugo had lost the manuscript of them.

In spite of a few slight anachronisms these passages give a wonderfully true description of medieval Paris. They stand the test of comparison with the latest research as shewn e.g. in P. Champion's *François Villon et son temps* (1913).

spondent, dans le Paris d'aujourd'hui, l'un à la Halle-
aux-Vins, l'autre à la Monnaie.   Son enceinte échancrait
assez largement cette campagne où Julien avait bâti ses
thermes.   La montagne de Sainte-Geneviève y était
renfermée.   Le point culminant de cette courbe de
murailles était la porte Papale, c'est-à-dire à peu près
l'emplacement actuel du Panthéon.   La Ville, qui était
le plus grand des trois morceaux de Paris, avait la rive
droite.   Son quai, rompu toutefois ou interrompu en
20 plusieurs endroits, courait le long de la Seine, de la tour
de Billy à la tour du Bois, c'est-à-dire de l'endroit où est
aujourd'hui le Grenier-d'Abondance à l'endroit où sont
aujourd'hui les Tuileries.   Ces quatre points, où la Seine
coupait l'enceinte de la capitale, la Tournelle et la tour
de Nesle à gauche, la tour de Billy et la tour du Bois à
droite, s'appelaient par excellence *les quatre tours de
Paris.*   La Ville entrait dans les terres plus profondé-
ment encore que l'Université.   Le point culminant de la
clôture de la Ville (celle de Charles V) était aux portes
30 Saint-Denis et Saint-Martin, dont l'emplacement n'a pas
changé.

\*            \*            \*            \*

Vus à vol d'oiseau, ces trois bourgs, la Cité, l'Université, la Ville, présentaient chacun à l'œil un tricot
inextricable de rues bizarrement brouillées.   Cependant,
au premier aspect, on reconnaissait que ces trois fragments de cité formaient un seul corps.   On voyait tout
de suite deux longues rues parallèles, sans rupture, sans
perturbation, presque en ligne droite, qui traversaient à
la fois les trois villes d'un bout à l'autre, du midi au nord,
40 perpendiculairement à la Seine, les liaient, les mêlaient,
infusaient, versaient, transvasaient sans relâche le peuple
de l'une dans les murs de l'autre, et des trois n'en

1. 14.   The Emperor Julian did not build the Palais des Thermes—so
called from the existing remains of the baths—but he resided there for
three winters, and was there proclaimed Emperor in a public by the legions
of Gaul.

1. 21.   The *Tour de Billy* was accidentally blown up in 1538 ; the *Tour
du Bois* was built in 1383 and was standing, just above the present *Pont
des Arts*, long after 1482.

faisaient qu'une. La première de ces deux rues allait de la porte Saint-Jacques à la porte Saint-Martin ; elle s'appelait rue Saint-Jacques dans l'Université, rue de la Juiverie dans la Cité, rue Saint-Martin dans la Ville ; elle passait l'eau deux fois sous le nom de Petit-Pont et de pont Notre-Dame. La seconde, qui s'appelait rue de la Harpe sur la rive gauche, rue de la Barillerie dans l'île, rue Saint-Denis sur la rive droite, pont Saint-Michel 50 sur un bras de la Seine, Pont-au-Change sur l'autre, allait de la porte Saint-Michel dans l'Université à la porte Saint-Denis dans la Ville. Du reste, sous tant de noms divers, ce n'étaient toujours que deux rues, mais les deux rues mères, les deux rues génératrices, les deux artères de Paris. Toutes les autres veines de la triple ville venaient y puiser ou s'y dégorger.

*        *        *        *

Maintenant sous quel aspect cet ensemble se présentait-il, vu du haut des tours de Notre-Dame, en 1482 ? C'est ce que nous allons tâcher de dire.    60

Pour le spectateur qui arrivait essoufflé sur ce faîte, c'était d'abord un éblouissement de toits, de cheminées, de rues, de ponts, de places, de flèches, de clochers. Tout vous prenait aux yeux à la fois, le pignon taillé, la toiture aiguë, la tourelle suspendue aux angles des murs, la pyramide de pierre du onzième siècle, l'obélisque d'ardoise du quinzième, la tour ronde et nue du donjon, la tour carrée et brodée de l'église, le grand, le petit, le massif, l'aérien. Le regard se perdait longtemps à toute profondeur dans ce labyrinthe, où il n'y avait rien 70 qui n'eût son originalité, sa raison, son génie, sa beauté, rien qui ne vînt de l'art, depuis la moindre maison à devanture peinte et sculptée, à charpente extérieure, à porte surbaissée, à étages en surplomb, jusqu'au royal Louvre, qui avait alors une colonnade de tours. Mais voici les principales masses qu'on distinguait lorsque l'œil commençait à se faire à ce tumulte d'édifices.

D'abord la Cité. L'île de la Cité, comme dit Sauval, qui, à travers son fatras, a quelquefois de ces bonnes fortunes de style, *l'île de la Cité est faite comme un grand* 80

*navire enfoncé dans la vase et échoué au fil de l'eau vers
le milieu de la Seine.* Nous venons d'expliquer qu'au
quinzième siècle ce navire était amarré aux deux rives
du fleuve par cinq ponts. Cette forme de vaisseau avait
aussi frappé les scribes héraldiques ; car c'est de là, et
non du siége des Normands, que vient, selon Favyn et
Pasquier, le navire qui blasonne le vieil écusson de Paris.
Pour qui sait le déchiffrer, le blason est une algèbre, le
blason est une langue. L'histoire entière de la seconde
90 moitié du moyen âge est écrite dans le blason, comme
l'histoire de la première moitié dans le symbolisme des
églises romanes. Ce sont les hiéroglyphes de la féodalité
après ceux de la théocratie.

La Cité donc s'offrait d'abord aux yeux avec sa poupe
au levant et sa proue au couchant. Tourné vers la proue,
on avait devant soi un innombrable troupeau de vieux
toits, sur lesquels s'arrondissait largement le chevet
plombé de la Sainte-Chapelle, pareil à une croupe
d'éléphant chargé de sa tour. Seulement ici cette tour
100 était la flèche la plus hardie, la plus ouvrée, la plus
menuisée, la plus déchiquetée qui ait jamais laissé voir
le ciel à travers son cône de dentelle. Devant Notre-
Dame, au plus près, trois rues se dégorgeaient dans le
parvis, belle place à vieilles maisons. Sur le côté sud
de cette place se penchait la façade ridée et rechignée
de l'Hôtel-Dieu, et son toit qui semble couvert de
pustules et de verrues. Puis, à droite, à gauche, à
l'orient, à l'occident, dans cette enceinte si étroite
pourtant de la Cité, se dressaient les clochers de ses
110 vingt et une églises de toute date, de toute forme, de
toute grandeur, depuis la basse et vermoulue campanille

l. 86. André Favyn, author of *Le Théâtre d'Honneur et de Chevalerie*
(1620) ; Étienne Pasquier (1529–1615), author of *Les Recherches de la
France.*

l. 98. Built by St Louis, 1245–1248 ; one of the most perfect of Gothic
churches.

l. 106. The foundation of this hospital is attributed to St Landry,
Bishop of Paris in the seventh century. Greatly enlarged by Philip
Augustus and St Louis, it stood till 1878, when it was rebuilt on its present
site on the north side of the Parvis de Notre-Dame.

romane de Saint-Denis du Pas, *carcer Glaucini*, jusqu'aux
fines aiguilles de Saint-Pierre aux Bœufs et de Saint-
Landry. Derrière Notre-Dame se déroulaient, au nord,
le cloître avec ses galeries gothiques ; au sud, le palais
demi-roman de l'évêque ; au levant, la pointe déserte du
Terrain. Dans cet entassement de maisons, l'œil distinguait encore, à ces hautes mitres de pierre percées
à jour qui couronnaient alors sur le toit même les
fenêtres les plus élevées des palais, l'hôtel donné par la 120
ville, sous Charles VI, à Juvénal des Ursins ; un peu
plus loin, les baraques goudronnées du marché Palus ;
ailleurs encore, l'abside neuve de Saint-Germain le Vieux,
rallongée en 1458 avec un bout de la rue aux Febves ;
et puis, par places, un carrefour encombré de peuple, un
pilori dressé à un coin de rue, un beau morceau du pavé
de Philippe-Auguste, magnifique dallage rayé pour les
pieds des chevaux au milieu de la voie et si mal remplacé
au seizième siècle par le misérable cailloutage dit *pavé
de la Ligue*, une arrière-cour déserte avec une de ces 130
diaphanes tourelles de l'escalier comme on en faisait
au quinzième siècle, comme on en voit encore une rue
des Bourdonnais. Enfin, à droite de la Sainte-Chapelle,
vers le couchant, le Palais de Justice asseyait au bord de
l'eau son groupe de tours. Les futaies des jardins du
roi, qui couvraient la pointe occidentale de la Cité,
masquaient l'îlot du passeur. Quant à l'eau, du haut
des tours de Notre-Dame, on ne la voyait guère des
deux côtés de la Cité ; la Seine disparaissait sous les
ponts, les ponts sous les maisons.                           140
   Et quand le regard passait ces ponts, dont les toits
verdissaient à l'œil, moisis avant l'âge par les vapeurs
de l'eau, s'il se dirigeait à gauche vers l'Université, le
premier édifice qui le frappait, c'était une grosse et basse

---

l. 122.   The Marché Palu (not *Palus*) was a continuation of the Petit-
Pont towards the N.   Its provision-market was celebrated.
   l. 123.   Sold and demolished in 1796.
   l. 134.   The Palais de la Cité, as it was originally called, was built by
Robert the Pious, son of Hugh Capet, early in the eleventh century.

gerbe de tours, le Petit-Châtelet, dont le porche béant
dévorait le bout du Petit-Pont ; puis, si votre vue par-
courait la rive du levant au couchant, de la Tournelle
à la tour de Nesle, c'était un long cordon de maisons
à solives sculptées, à vitres de couleur, surplombant
150 d'étage en étage sur le pavé, un interminable zigzag de
pignons bourgeois, coupé fréquemment par la bouche
d'une rue, et de temps en temps aussi par la face ou
par le coude d'un grand hôtel de pierre, se carrant à
son aise, cours et jardins, ailes et corps de logis, parmi
cette populace de maisons serrées et étriquées, comme
un grand seigneur dans un tas de manants. Il y avait
cinq ou six de ces hôtels sur le quai, depuis le logis de
Lorraine, qui partageait avec les Bernardins le grand
enclos voisin de la Tournelle, jusqu'à l'hôtel de Nesle,
160 dont la tour principale bornait Paris, et dont les toits
pointus étaient en possession pendant trois mois de
l'année d'échancrer de leurs triangles noirs le disque
écarlate du soleil couchant.

Ce côté de la Seine, du reste, était le moins marchand
des deux ; les écoliers y faisaient plus de bruit et de foule
que les artisans, et il n'y avait, à proprement parler, de
quai que du pont Saint-Michel à la tour de Nesle. Le
reste du bord de la Seine était tantôt une grève nue,
comme au delà des Bernardins, tantôt un entassement
170 de maisons qui avaient le pied dans l'eau, comme entre
les deux ponts. Il y avait grand vacarme de blanchis-
seuses ; elles criaient, parlaient, chantaient du matin au
soir le long du bord, et y battaient fort le linge, comme
de nos jours. Ce n'est pas la moindre gaieté de Paris.

L'Université faisait un bloc à l'œil. D'un bout à
l'autre c'était un tout homogène et compacte. Ces mille
toits, drus, anguleux, adhérents, composés presque tous
du même élément géométrique, offraient, vus de haut,
l'aspect d'une cristallisation de la même substance. Le

---

1. 145.   The Petit Châtelet was built to defend the Petit-Pont, and the
Grand-Châtelet to defend the Grand-Pont (now the Pont-au-Change) when
these were the only two bridges at Paris.
1. 167.   The Pont Saint-Michel connected the Cité with the right bank
of the Seine.

capricieux ravin des rues ne coupait pas ce pâté de 180
maisons en tranches trop disproportionnées. Les qua-
rante-deux colléges y étaient disséminés d'une manière
assez égale, et il y en avait partout. Les faîtes variés et
amusants de ces beaux édifices étaient le produit du
même art que les simples toits qu'ils dépassaient, et
n'étaient en définitive qu'une multiplication au carré ou
au cube de la même figure géométrique. Ils compli-
quaient donc l'ensemble sans le troubler, le complétaient
sans le charger. La géométrie est une harmonie. Quelques beaux hôtels faisaient aussi çà et là de magnifiques 190
saillies sur les greniers pittoresques de la rive gauche;
le logis de Nevers, le logis de Rome, le logis de Reims,
qui ont disparu; l'hôtel de Cluny, qui subsiste encore
pour la consolation de l'artiste, et dont on a si bêtement
découronné la tour il y a quelques années. Près de
Cluny, ce palais romain, à belles arches cintrées, c'étaient
les Thermes de Julien. Il y avait aussi force abbayes
d'une beauté plus dévote, d'une grandeur plus grave que
les hôtels, mais non moins belles, non moins grandes.
Celles qui éveillaient d'abord l'œil, c'étaient les Ber- 200
nardins avec leurs trois clochers; Sainte-Geneviève, dont
la tour carrée, qui existe encore, fait tant regretter le
reste; la Sorbonne, moitié collége, moitié monastère,
dont il survit une si admirable nef; le beau cloître
quadrilatéral des Mathurins; son voisin le cloître de
Saint-Benoît, dans les murs duquel on a eu le temps de
bâcler un théâtre entre la septième et la huitième édition
de ce livre; les Cordeliers, avec leurs trois énormes
pignons juxtaposés; les Augustins, dont la gracieuse
aiguille faisait, après la tour de Nesle, la deuxième 210

l. 193. Built 1490–*circ.* 1500; with the Hôtel de Sens, practically the
only existing example of Gothic domestic architecture in Paris; it is now
a museum containing the superb art collections of its last owner, M. de
Sommerard, which the State acquired in 1843.
    l. 203. Founded by Robert de Sorbon, chaplain to Louis IX, in 1250.
    l. 206. In this cloister François Villon lived with his adopted father
for the greater part of his short life.
    l. 208. Consecrated in 1269; burnt in 1580, except the refectory, which
still exists.

dentelure de ce côté de Paris, à partir de l'occident. Les colléges, qui sont en effet l'anneau intermédiaire du cloître au monde, tenaient le milieu dans la série monumentale entre les hôtels et les abbayes, avec une sévérité pleine d'élégance, une sculpture moins évaporée que les palais, une architecture moins sérieuse que les couvents. Il ne reste malheureusement presque rien de ces monuments où l'art gothique entrecoupait avec tant de précision la richesse et l'économie. Les églises (et 220 elles étaient nombreuses et splendides dans l'Université; et elles s'échelonnaient là aussi dans tous les âges de l'architecture, depuis les pleins cintres de Saint-Julien jusqu'aux ogives de Saint-Séverin), les églises dominaient le tout, et, comme une harmonie de plus dans cette masse d'harmonies, elles perçaient à chaque instant la découpure multiple des pignons de flèches tailladées, de clochers à jour, d'aiguilles déliées dont la ligne n'était aussi qu'une magnifique exagération de l'angle aigu des toits.

230 Le sol de l'Université était montueux. La montagne Sainte-Geneviève y faisait au sud-est une ampoule énorme; et c'était une chose à voir du haut de Notre-Dame que cette foule de rues étroites et tortues (aujourd'hui *le pays latin*), ces grappes de maisons qui, répandues en tout sens du sommet de cette éminence, se précipitaient en désordre et presque à pic sur ces flancs jusqu'au bord de l'eau, ayant l'air, les unes de tomber, les autres de regrimper, toutes de se retenir les unes aux autres. Un flux continuel de mille points 240 noirs qui s'entre-croisaient sur le pavé faisait tout remuer aux yeux; c'était le peuple vu ainsi de haut et de loin.

Enfin, dans les intervalles de ces toits, de ces flèches, de ces accidents d'édifices sans nombre qui pliaient, tordaient et dentelaient d'une manière si bizarre la ligne extrême de l'Université, on entrevoyait, d'espace en

l. 222. Saint-Julien-le-Pauvre, of the twelfth century.
l. 223. Built in the thirteenth century and greatly enlarged soon after 1482, it is one of the most interesting churches in Paris.

espace, un gros pan de mur moussu, une épaisse tour
ronde, une porte de ville crénelée, figurant la forteresse;
c'était la clôture de Philippe-Auguste.  Au delà ver-
doyaient les prés, au delà s'enfuyaient les routes, le 250
long desquelles traînaient encore quelques maisons de
faubourg, d'autant plus rares qu'elles s'éloignaient plus.
Quelques-uns de ces faubourgs avaient de l'importance.
C'était d'abord, à partir de la Tournelle, le bourg Saint-
Victor, avec son pont d'une arche sur la Bièvre, son
abbaye, où on lisait l'épitaphe de Louis le Gros, *epi-
taphium Ludovici Grossi*, et son église à flèche octogone
flanquée de quatre clochetons du onzième siècle (on en
peut voir une pareille à Étampes, elle n'est pas encore
abattue); puis le bourg Saint-Marceau, qui avait déjà 260
trois églises et un couvent; puis en laissant à gauche le
moulin des Gobelins et ses quatre murs blancs, c'était le
faubourg Saint-Jacques avec la belle croix sculptée de
son carrefour; l'église de Saint-Jacques du Haut-Pas,
qui était alors gothique, pointue et charmante; Saint-
Magloire, belle nef du quatorzième siècle, dont Napoléon
fit un grenier à foin; Notre-Dame des Champs, où il y
avait des mozaïques byzantines.  Enfin, après avoir
laissé en plein champ le monastère des Chartreux, riche
édifice contemporain du Palais de Justice, avec ses petits 270
jardins à compartiments, et les ruines mal hantées de
Vauvert, l'œil tombait à l'occident, sur les trois aiguilles
romanes de Saint-Germain-des-Prés.  Le bourg Saint-
Germain, déjà une grosse commune, faisait quinze ou
vingt rues derrière.  Le clocher aigu de Saint-Sulpice
marquait un des coins du bourg.  Tout à côté on
distinguait l'enceinte quadrilatérale de la foire Saint-

l. 256.   Founded in 1113 for canons regular by Guillaume de Cham-
peaux, the scholastic philosopher whose lectures in the school of Notre-
Dame attracted crowds of students.  It became celebrated as the home of
the mystical theology of Hugues and Richard de Saint-Victor.
l. 260.   It should be Saint-Marcel.
l. 269.   A foundation of St Louis, who endowed it with his château of
Vauvert.
l. 272.   They were said to be haunted by an evil spirit of that name.
l. 275.   The present church dates from 1646.

Germain, où est aujourd'hui le marché; puis le pilori
de l'abbé, jolie petite tour ronde, bien coiffée d'un cône
280 de plomb.   La tuilerie était plus loin, et la rue du Four,
qui menait au four banal, et le moulin sur sa butte, et la
maladrerie, maisonnette isolée et mal vue.   Mais ce qui
attirait surtout le regard et le fixait longtemps sur ce
point, c'était l'abbaye elle-même.   Il est certain que ce
monastère, qui avait une grande mine et comme église
et comme seigneurie, ce palais abbatial, où les évêques
de Paris s'estimaient heureux de coucher une nuit, ce
réfectoire auquel l'architecte avait donné l'air, la beauté
et la splendide rosace d'une cathédrale, cette élégante
290 chapelle de la Vierge, ce dortoir monumental, ces vastes
jardins, cette herse, ce pont-levis, cette enveloppe de
créneaux qui entaillait aux yeux la verdure des prés
d'alentour, ces cours où reluisaient des hommes d'armes
mêlés à des chapes d'or, le tout groupé et rallié autour
des trois hautes flèches à plein cintre, bien assises sur
une abside gothique, faisaient une magnifique figure à
l'horizon.

Quand enfin, après avoir longtemps considéré l'Université, vous vous tourniez vers la rive droite, vers la
300 Ville, le spectacle changeait brusquement de caractère.
La Ville, en effet, beaucoup plus grande que l'Université,
était aussi moins une.   Au premier aspect, on la voyait
se diviser en plusieurs masses singulièrement distinctes.
D'abord, au levant, dans cette partie de la Ville qui
reçoit encore aujourd'hui son nom du marais où Camu-
logène embourba César, c'était un entassement de palais.
Le pâté venait jusqu'au bord de l'eau.   Quatre hôtels
presque adhérents, Jouy, Sens, Barbeau, le logis de la
Reine, miraient dans la Seine leurs combles d'ardoise
310 coupés de sveltes tourelles.   Ces quatre édifices em-
plissaient l'espace de la rue des Nonaindières à l'abbaye
des Célestins, dont l'aiguille relevait gracieusement leur

l. 284.   Begun 1163 and dedicated 1163.
l. 308.   The Hôtel de Sens still exists in a mutilated condition near the
Célestins.

l. 312.   The church of the Célestins was begun in 1378.   Its cloister
passed for the finest in Paris.

ligne de pignons et de créneaux. Quelques masures
verdâtres, penchées sur l'eau devant ces somptueux
hôtels, n'empêchaient pas de voir les beaux angles de
leurs façades, leurs larges fenêtres carrées à croisées de
pierres, leurs porches ogives surchargés de statues, les
vives arêtes de leurs murs toujours nettement coupés, et
tous ces charmants hasards d'architecture qui font que
l'art gothique a l'air de recommencer ses combinaisons 320
à chaque monument. Derrière ces palais, courait dans
toutes les directions, tantôt refendue, palissadée et crénelée comme une citadelle, tantôt voilée de grands arbres
comme une chartreuse, l'enceinte immense et multiforme
de ce miraculeux hôtel de Saint-Pol, où le roi de France
avait de quoi loger superbement vingt-deux princes de la
qualité du dauphin et du duc de Bourgogne, avec leurs
domestiques et leurs suites, sans compter les grands
seigneurs, et l'empereur quand il venait voir Paris, et les
lions, qui avaient leur hôtel à part dans l'hôtel royal. 330
Disons ici qu'un appartement de prince ne se composait
pas alors de moins de onze salles, depuis la chambre de
parade jusqu'au priez-Dieu, sans parler des galeries, des
bains, des étuves et autres "lieux superflus" dont chaque
appartement était pourvu ; sans parler des jardins particuliers de chaque hôte du roi ; sans parler des cuisines,
des celliers, des offices, des réfectoires généraux de la
maison, des basses-cours, où il y avait vingt-deux
laboratoires généraux, depuis la fourille jusqu'à l'échan-
sonnerie ; des jeux de mille sortes, le mail, la paume, la 340
bague ; des volières, des poissonneries, des ménageries,
des écuries, des étables, des bibliothèques, des arsenaux,
et des fonderies. Voilà ce que c'était alors qu'un palais
de roi, un Louvre, un hôtel Saint-Pol. Une cité dans la
cité.

De la tour où nous sommes placés, l'hôtel Saint-Pol,
presque à demi caché par les quatre grands logis dont
nous venons de parler, était encore fort considérable et
fort merveilleux à voir. On y distinguait très bien,
quoique habilement soudés au bâtiment principal par de 350

l. 325. Begun by Charles V in 1465.

longues galeries à vitraux et à colonnettes, les trois hôtels
que Charles V avait amalgamés à son palais, l'hôtel du
Petit-Muce, avec la balustrade en dentelle qui ourlait
gracieusement son toit ; l'hôtel de l'abbé de Saint-Maur,
ayant le relief d'un château fort, une grosse tour, des
mâchicoulis, des meurtrières, des moineaux de fer, et sur
la large porte saxonne l'écusson de l'abbé entre les deux
entailles du pont-levis ; l'hôtel du comte d'Étampes, dont
le donjon, ruiné à son sommet, s'arrondissait aux yeux,
360 ébréché comme une crête de coq ; çà et là, trois ou quatre
vieux chênes faisant touffe ensemble comme d'énormes
choux-fleurs, des ébats de cygnes dans les claires eaux
des viviers, toutes plissées d'ombre et de lumière ; force
cours dont on voyait des bouts pittoresques ; l'hôtel des
Lions avec ses ogives basses sur de courts piliers saxons,
ses herses de fer et son rugissement perpétuel ; tout à
travers cet ensemble la flèche écaillée de l'Ave-Maria ;
à gauche, le logis du prévôt de Paris, flanqué de quatre
tourelles finement évidées ; au milieu, au fond, l'hôtel
370 Saint-Pol proprement dit, avec ses façades multipliées, ses
enrichissements successifs depuis Charles V, les excrois-
sances hybrides dont la fantaisie des architectes l'avait
chargé depuis deux siècles, avec toutes les absides de ses
chapelles, tous les pignons de ses galeries, mille girouettes
aux quatre vents, et ses deux hautes tours contiguës dont
le toit conique, entouré de créneaux à sa base, avait l'air
de ces chapeaux pointus dont le bord est relevé.

En continuant de monter les étages de cet amphi-
théâtre de palais développé au loin sur le sol, après avoir
380 franchi un ravin profond creusé dans les toits de la Ville,
lequel marquait le passage de la rue Saint-Antoine, l'œil
arrivait au logis d'Angoulême, vaste construction de
plusieurs époques, où il y avait des parties toutes neuves
et très blanches, qui ne se fondaient guère mieux dans
l'ensemble qu'une pièce rouge à un pourpoint bleu.
Cependant le toit singulièrement aigu et élevé du palais

l. 353. Or Pute-y-Muce.
l. 382. The Hôtel d'Angoulême was built by Diane, natural daughter
of Henri II, and therefore did not exist in 1482.

moderne, hérissé de gouttières ciselées, couvert de lames
de plomb où se roulaient en mille arabesques fantasques
d'étincelantes incrustations de cuivre doré, ce toit si
curieusement damasquiné s'élançait avec grâce du milieu 390
des brunes ruines de l'ancien édifice, dont les vieilles
grosses tours, bombées par l'âge comme des futailles,
s'affaissant sur elles-mêmes de vétusté et se déchirant
du haut en bas, ressemblaient à de gros ventres dé-
boutonnés.    Derrière, s'élevait la forêt d'aiguilles du
palais des Tournelles.    Pas de coup d'œil au monde, ni
à Chambord, ni à l'Alhambra, plus magique, plus aérien,
plus prestigieux que cette futaie de flèches, de clochetons,
de cheminées, de girouettes, de spirales, de vis, de
lanternes trouées par le jour qui semblaient frappées à 400
l'emporte-pièce, de pavillons, de tourelles en fuseaux, ou,
comme on disait alors, de tournelles, toutes diverses de
formes, de hauteur et d'attitude.    On eût dit un gigantesque échiquier de pierre.

À droite des Tournelles, cette botte d'énormes tours
d'un noir d'encre, entrant les unes dans les autres, et
ficelées pour ainsi dire par un fossé circulaire, ce donjon
beaucoup plus percé de meurtrières que de fenêtres, ce
pont-levis toujours dressé, cette herse toujours tombée,
c'est la Bastille.    Ces espèces de becs noirs qui sortent 410
d'entre les créneaux, et que vous prenez de loin pour des
gouttières, ce sont des canons.

Sous leur boulet, au pied du formidable édifice, voici
la porte Saint-Antoine, enfouie entre ses deux tours.

Au delà des Tournelles, jusqu'à la muraille de
Charles V, se déroulait, avec de riches compartiments
de verdure et de fleurs, un tapis velouté de cultures et
de parcs royaux, au milieu desquels on reconnaissait, à son labyrinthe d'arbres et d'allées, le fameux
jardin Dédalus que Louis XI avait donné à Coictier. 420

l. 396.  Built by the Duke of Bedford.  Charles VII made it the
principal royal residence in place of the Hôtel de Saint-Pol.
l. 410.  Begun 1370 and used as a state prison from 1418.
l. 420.  Jacques Coictier was physician to Louis XI, over whom he
had great influence.

L'observatoire du docteur s'élevait au-dessus du dédale comme une grosse colonne isolée ayant une maisonnette pour chapiteau. Il s'est fait dans cette officine de terribles astrologies.

Là est aujourd'hui la place Royale.

Comme nous venons de le dire, le quartier de palais dont nous avons tâché de donner quelque idée au lecteur, en n'indiquant néanmoins que les sommités, emplissait l'angle que l'enceinte de Charles V faisait avec la Seine
430 à l'orient. Le centre de la Ville était occupé par un monceau de maisons à peuple. C'était là en effet que se dégorgeaient les trois ponts de la Cité sur la rive droite, et les ponts font des maisons avant des palais. Cet amas d'habitations bourgeoises, pressées comme les alvéoles dans la ruche, avait sa beauté. Il en est des toits d'une capitale comme des vagues d'une mer, cela est grand. D'abord les rues croisées et brouillées, faisaient dans le bloc cent figures amusantes. Autour des halles, c'était comme une étoile à mille raies. Les
440 rues Saint-Denis et Saint-Martin, avec leurs innombrables ramifications, montaient l'une auprès de l'autre comme deux gros arbres qui mêlent leurs branches. Et puis, des lignes tortues, les rues de la Plâtrerie, de la Verrerie, de la Tixeranderie, etc., serpentaient sur le tout. Il y avait aussi de beaux édifices qui perçaient l'ondulation pétrifiée de cette mer de pignons. C'était, à la tête du pont aux Changeurs, derrière lequel on voyait mousser la Seine sous les roues du pont aux Meuniers, c'était le Châtelet, non plus tour romaine comme sous
450 Julien l'Apostat, mais tour féodale du treizième siècle, et d'une pierre si dure, que le pic en trois heures n'en levait pas l'épaisseur du poing. C'était le riche clocher carré de Saint-Jacques-de-la-Boucherie, avec ses angles tout émoussés de sculptures, déjà admirable, quoiqu'il ne fût pas achevé au quinzième siècle. Il lui manquait en particulier ces quatre monstres qui, aujourd'hui encore,

l. 425. Now called the Place des Vosges; Victor Hugo went to live there in 1833. Cp. *R. M.* p. 202.
l. 453. Not begun till 1508.

perchés aux encoignures de son toit, ont l'air de quatre
sphinx qui donnent à deviner au nouveau Paris l'énigme
de l'ancien ; Rault, le sculpteur, ne les posa qu'en 1526, et
il eut vingt francs pour sa peine.  C'était la Maison-aux- 460
Piliers, ouverte sur cette place de Grève dont nous avons
donné quelque idée au lecteur.  C'était Saint-Gervais,
qu'un portail *de bon goût* a gâté depuis ; Saint-Méry, dont
les vieilles ogives étaient presque encore des pleins
cintres ; Saint-Jean, dont la magnifique aiguille était
proverbiale ; c'étaient vingt autres monuments qui ne
dédaignaient pas d'enfouir leurs merveilles dans ce chaos
de rues noires, étroites et profondes.  Ajoutez les croix
de pierre sculptées plus prodiguées encore dans les
carrefours que les gibets ; le cimetière des Innocents, 470
dont on apercevait au loin, par-dessus les toits, l'enceinte
architecturale ; le pilori des Halles, dont on voyait le
faîte entre deux cheminées de la rue de la Cossonnerie ;
l'échelle de la Croix du Trahoir dans son carrefour
toujours noir de peuple ; les masures circulaires de la
halle au blé ; les tronçons de l'ancienne clôture de
Philippe-Auguste, qu'on distinguait çà et là, noyés dans
les maisons, tours rongées de lierre, portes ruinées, pans
de murs croulants et déformés ; le quai avec ses mille
boutiques et ses écorcheries saignantes ; la Seine chargée 480
de bateaux, du port au Foin au For-l'Évêque ; et vous
aurez une image confuse de ce qu'était en 1482 le trapèze
central de la Ville.

Avec ces deux quartiers, l'un d'hôtels, l'autre de

l. 461.   Bought by Étienne Marcel, the revolutionary Provost of Paris,
who made it the Hôtel de Ville.   His statue now stands near its site.

l. 463.   The Renaissance façade was added in 1616.

l. 463.   Victor Hugo means St Merry, which was not built till after
1520.

l. 465.   Saint-Jean-en-Grève.

l. 470.   The cemetery was surrounded by cloisters.   The Danse
Macabre or Dance of Death was painted in 1424 on eleven of the arcades
on the north side.

l. 472.   An octagonal tower of two stories, which stood till the time of
Louis XVI.

l. 474.   Or Croix du Tiroir ; it was near the Place de Grève.

l. 481.   For-l'Évêque, one of the prisons of Paris, destroyed in 1782.

maisons, le troisième élément de l'aspect qu'offrait la
Ville, c'était une longue zone d'abbayes qui la bordait
dans presque tout son pourtour, du levant au couchant,
et, en arrière de l'enceinte de fortifications qui fermait
Paris, lui faisait une seconde enceinte intérieure de
490 couvents et de chapelles. Ainsi, immédiatement à côté
du parc des Tournelles, entre la rue Saint-Antoine et la
vieille rue du Temple, il y avait Sainte-Catherine avec
son immense culture, qui n'était bornée que par la
muraille de Paris. Entre la vieille et la nouvelle rue
du Temple, il y avait le Temple, sinistre faisceau de
tours, haut, debout et isolé au milieu d'un vaste enclos
crénelé. Entre la rue Neuve-du-Temple et la rue Saint-
Martin, c'était l'abbaye de Saint-Martin, au milieu de
ses jardins, superbe église fortifiée, dont la ceinture de
500 tours, dont la tiare de clochers, ne le cédaient en force
et en splendeur qu'à Saint-Germain-des-Prés. Entre les
deux rues Saint-Martin et Saint-Denis, se développait
l'enclos de la Trinité. Enfin, entre la rue Saint-Denis
et la rue Montorgueil, les Filles-Dieu. A côté, on distinguait les toits pourris et l'enceinte dépavée de la Cour
des Miracles. C'était le seul anneau profane qui se mêlât
à cette dévote chaîne de couvents.

 Enfin, le quatrième compartiment qui se dessinait de
lui-même dans l'agglomération des toits de la rive droite,
510 et qui occupait l'angle occidental de la clôture et le bord
de l'eau en aval, c'était un nouveau nœud de palais et
d'hôtels serrés aux pieds du Louvre. Le vieux Louvre
de Philippe-Auguste, cet édifice démesuré dont la grosse
tour ralliait vingt-trois maîtresses tours autour d'elle, sans
compter les tourelles, semblait de loin enchâssé dans
les combles gothiques de l'hôtel d'Alençon et du Petit-

l. 492. Sainte-Catherine-du-Val-des-Écoliers.
l. 498. Founded in 1060.
l. 504. A foundation of St Louis.
l. 506. A summary for criminals, like Alsatia in London; it is
described in liv. IV. ch. vi.
l. 514. Begun in 1204.
l. 516. Called after Pierre, Comte d'Alençon, fifth son of Louis IX;
it was demolished in 1728.

Bourbon. Cette hydre de tours, gardienne géante de Paris, avec ses vingt-quatre têtes toujours dressées, avec ses croupes monstrueuses, plombées ou écaillées d'ardoises, et toutes ruisselantes de reflets métalliques, 520 terminait d'une manière surprenante la configuration de la Ville au couchant.

Ainsi, un immense pâté, ce que les Romains appelaient *insula*, de maisons bourgeoises, flanqué à droite et à gauche de deux blocs de palais, couronnés, l'un par le Louvre, l'autre par les Tournelles, bordé au nord d'une longue ceinture d'abbayes et d'enclos cultivés, le tout amalgamé et fondu au regard ; sur ces mille édifices dont les toits de tuiles et d'ardoises découpaient les uns sur les autres tant de chaînes bizarres, les clochers 530 tatoués, gaufrés et guillochés des quarante-quatre églises de la rive droite ; des myriades de rues au travers ; pour limite, d'un côté, une clôture de hautes murailles à tours carrées (celle de l'Université était à tours rondes); de l'autre, la Seine coupée de ponts et charriant force bateaux ; voilà la Ville au quinzième siècle.


# HONORÉ DE BALZAC

## LE RÉQUISITIONNAIRE*

Par un soir du mois de novembre 1793, les principaux personnages de Carentan se trouvaient dans le salon de madame de Dey, chez laquelle l'*assemblée* se tenait tous les jours. Quelques circonstances qui n'eussent point attiré l'attention d'une grande ville, mais qui devaient fortement en préoccuper une petite, prêtaient à ce rendez-

---

1. 517. Between the "Vieux Louvre" and Saint-Germain l'Auxerrois, and immediately south of the Hôtel d'Alençon. It was rebuilt *circ.* 1390, confiscated by Francis I after the treason of the Constable de Bourbon, and demolished in 1660. It was in one of its apartments that Molière and his company performed from Nov. 2, 1658, till its demolition.

* *Le Réquisitionnaire* was first published in 1831.

vous habituel un intérêt inaccoutumé. La surveille,
madame de Dey avait fermé sa porte à sa société, qu'elle
s'était encore dispensée de recevoir la veille, en prétextant
10 d'une indisposition. En temps ordinaire, ces deux événements eussent fait à Carentan le même effet que
produit à Paris un *relâche* à tous les théâtres. Ces jours-
là, l'existence est en quelque sorte incomplète. Mais,
en 1793, la conduite de madame de Dey pouvait avoir les
plus funestes résultats. La moindre démarche hasardée
devenait alors presque toujours pour les nobles une
question de vie ou de mort. Pour bien comprendre la
curiosité vive et les étroites finesses qui animèrent
pendant cette soirée les physionomies normandes de
20 tous ces personnages, mais surtout pour partager les
perplexités secrètes de madame de Dey, il est nécessaire
d'expliquer le rôle qu'elle jouait à Carentan. La position
critique dans laquelle elle se trouvait en ce moment
ayant été sans doute celle de bien des gens pendant la
Révolution, les sympathies de plus d'un lecteur achève-
ront de colorer ce récit.

Madame de Dey, veuve d'un lieutenant-général,
chevalier des ordres, avait quitté la cour au commencement de l'émigration. Possédant des biens considérables
30 aux environs de Carentan, elle s'y était réfugiée, en
espérant que l'influence de la terreur s'y ferait peu sentir.
Ce calcul, fondé sur une connaissance exacte du pays,
était juste. La Révolution exerça peu de ravages en
Basse-Normandie. Quoique madame de Dey ne vît
jadis que les familles nobles du pays quand elle y venait
visiter ses propriétés, elle avait, par politique, ouvert sa
maison aux principaux bourgeois de la ville et aux
nouvelles autorités, en s'efforçant de les rendre fiers de
sa conquête, sans réveiller chez eux ni haine ni jalousie.
40 Gracieuse et bonne, douée de cette inexprimable douceur
qui sait plaire sans recourir à l'abaissement ou à la prière,
elle avait réussi à se concilier l'estime générale par un
tact exquis dont les sages avertissements lui permettaient
de se tenir sur la ligne délicate où elle pouvait satisfaire
aux exigences de cette société mêlée, sans humilier le

rétif amour-propre des parvenus, ni choquer celui de ses anciens amis.

Agée d'environ trente-huit ans, elle conservait encore, non cette beauté fraîche et nourrie qui distingue les filles de la Basse-Normandie, mais une beauté grêle et pour ainsi dire aristocratique. Ses traits étaient fins et délicats ; sa taille était souple et déliée. Quand elle parlait, son pâle visage paraissait s'éclairer et prendre de la vie. Ses grands yeux noirs étaient pleins d'affabilité, mais leur expression calme et religieuse semblait annoncer que le principe de son existence n'était plus en elle. Mariée à la fleur de l'âge avec un militaire vieux et jaloux, la fausseté de sa position au milieu d'une cour galante contribua beaucoup sans doute à répandre un voile de grave mélancolie sur une figure où les charmes et la vivacité de l'amour avaient dû briller autrefois. Obligée de réprimer sans cesse les mouvements naïfs, les émotions de la femme alors qu'elle sent encore au lieu de réfléchir, la passion était restée vierge au fond de son cœur. Aussi, son principal attrait venait-il de cette intime jeunesse que, par moments, trahissait sa physionomie, et qui donnait à ses idées une innocente expression de désir. Son aspect commandait la retenue, mais il y avait toujours dans son maintien, dans sa voix, des élans vers un avenir inconnu, comme chez une jeune fille ; bientôt l'homme le plus insensible se trouvait amoureux d'elle, et conservait néanmoins une sorte de crainte respectueuse, inspirée par ses manières polies qui imposaient. Son âme, nativement grande, mais fortifiée par des luttes cruelles semblait placée trop loin du vulgaire, et les hommes se faisaient justice. A cette âme, il fallait nécessairement une haute passion. Aussi les affections de madame de Dey s'étaient-elles concentrées dans un seul sentiment, celui de la maternité. Le bonheur et les plaisirs dont avait été privée sa vie de femme, elle les retrouvait dans l'amour extrême qu'elle portait à son fils. Elle ne l'aimait pas seulement avec le pur et profond dévouement d'une mère, mais avec la coquetterie d'une maîtresse, avec la jalousie d'une épouse.

Elle était malheureuse loin de lui, inquiète pendant ses absences, ne le voyait jamais assez, ne vivait que par lui et pour lui. Afin de faire comprendre aux hommes la force de ce sentiment, il suffira d'ajouter que ce fils était non-seulement l'unique enfant de madame de Dey, mais
90 son dernier parent, le seul être auquel elle pût rattacher les craintes, les espérances et les joies de sa vie. Le feu comte de Dey fut le dernier rejeton de sa famille, comme elle se trouva seule héritière de la sienne. Les calculs et les intérêts humains s'étaient donc accordés avec les plus nobles besoins de l'âme pour exalter dans le cœur de la comtesse un sentiment déjà si fort chez les femmes. Elle n'avait élevé son fils qu'avec des peines infinies, qui le lui avaient rendu plus cher encore ; vingt fois les médecins lui en présagèrent la perte ; mais, confiante en
100 ses pressentiments, en ses espérances, elle eut la joie inexprimable de lui voir heureusement traverser les périls de l'enfance, d'admirer les progrès de sa constitution, en dépit des arrêts de la Faculté.

Grâce à des soins constants, ce fils avait grandi et s'était si gracieusement développé, qu'à vingt ans, il passait pour un des cavaliers les plus accomplis de Versailles. Enfin, par un bonheur qui ne couronne pas les efforts de toutes les mères, elle était adorée de son fils ; leurs âmes s'entendaient par de fraternelles sympa-
110 thies. S'ils n'eussent pas été liés déjà par le vœu de la nature, ils auraient instinctivement éprouvé l'un pour l'autre cette amitié d'homme à homme, si rare à rencontrer dans la vie. Nommé sous-lieutenant de dragons à dix-huit ans, le jeune comte avait obéi au point d'honneur de l'époque en suivant les princes dans leur émigration.

Ainsi madame de Dey, noble, riche, et mère d'un émigré, ne se dissimulait point les dangers de sa cruelle situation. Ne formant d'autre vœu que celui de con-
120 server à son fils une grande fortune, elle avait renoncé au bonheur de l'accompagner ; mais en lisant les lois rigoureuses en vertu desquelles la République confisquait chaque jour les biens des émigrés à Carentan, elle

s'applaudissait de cet acte de courage.  Ne gardait-elle pas les trésors de son fils au péril de ses jours?  Puis, en apprenant les terribles exécutions ordonnées par la Convention, elle s'endormait heureuse de savoir sa seule richesse en sûreté, loin des dangers, loin des échafauds. Elle se complaisait à croire qu'elle avait pris le meilleur parti pour sauver à la fois toutes ses fortunes.  Faisant 130 à cette secrète pensée les concessions voulues par le malheur des temps, sans compromettre ni sa dignité de femme ni ses croyances aristocratiques, elle enveloppait ses douleurs dans un froid mystère.  Elle avait compris les difficultés qui l'attendaient à Carentan. Venir y occuper la première place, n'était-ce pas y défier l'échafaud tous les jours?  Mais, soutenue par un courage de mère, elle sut conquérir l'affection des pauvres en soulageant indifféremment toute les misères, et se rendit nécessaire aux riches en veillant à leurs 140 plaisirs.  Elle recevait le procureur de la commune, le maire, le président du district, l'accusateur public, et même les juges du tribunal révolutionnaire.  Les quatre premiers de ces personnages, n'étant pas mariés, la courtisaient dans l'espoir de l'épouser, soit en l'effrayant par le mal qu'ils pouvaient lui faire, soit en lui offrant leur protection.  L'accusateur public, ancien procureur à Caen, jadis chargé des intérêts de la comtesse, tentait de lui inspirer de l'amour par une conduite pleine de dévouement et de générosité; finesse dangereuse!  Il 150 était le plus redoutable de tous les prétendants.  Lui seul connaissait à fond l'état de la fortune considérable de son ancienne cliente.  Sa passion devait s'accroître de tous les désirs d'une avarice qui s'appuyait sur un pouvoir immense, sur le droit de vie et de mort dans le district.  Cet homme, encore jeune, mettait tant de noblesse dans ses procédés, que madame de Dey n'avait pas encore pu le juger.  Mais, méprisant le danger qu'il y avait à lutter d'adresse avec des Normands, elle employait l'esprit inventif et la ruse que la nature a départis 160 aux femmes pour opposer ces rivalités les unes aux autres.  En gagnant du temps, elle espérait arriver saine et sauve à la fin des troubles. A cette époque, les royalistes de l'intérieur se flattaient tous les jours de voir la Révolution terminée le lendemain ; et cette conviction a été la perte de beaucoup d'entre eux.

Malgré ces obstacles, la comtesse avait assez habilement maintenu son indépendance jusqu'au jour où, par une inexplicable imprudence, elle s'était avisée de fermer 170 sa porte. Elle inspirait un intérêt si profond et si véritable, que les personnes venues ce soir-là chez elle conçurent de vives inquiétudes en apprenant qu'il lui devenait impossible de les recevoir ; puis, avec cette franchise de curiosité empreinte dans les mœurs provinciales, elles s'enquirent du malheur, du chagrin, de la maladie qui devait affliger madame de Dey. A ces questions une vieille femme de charge, nommée Brigitte, répondait que sa maîtresse s'était enfermée et ne voulait voir personne, pas même les gens de sa maison. 180 L'existence, en quelque sorte claustrale, que mènent les habitants d'une petite ville crée en eux une habitude d'analyser et d'expliquer les actions d'autrui si naturellement invincible qu'après avoir plaint madame de Dey, sans savoir si elle était réellement heureuse ou chagrine, chacun se mit à rechercher les causes de sa soudaine retraite.

— Si elle était malade, dit le premier curieux, elle aurait envoyé chez le médecin ; mais le docteur est resté pendant toute la journée chez moi à jouer aux échecs. 190 Il me disait en riant que, par le temps qui court, il n'y a qu'une maladie... et qu'elle est malheureusement incurable.

Cette plaisanterie fut prudemment hasardée. Femmes, hommes, vieillards et jeunes filles se mirent alors à parcourir le vaste champ des conjectures. Chacun crut entrevoir un secret, et ce secret occupa toutes les imaginations. Le lendemain les soupçons s'envenimèrent. Comme la vie est à jour dans une petite ville, les femmes apprirent les premières que Brigitte avait fait au marché 200 des provisions plus considérables qu'à l'ordinaire. Ce fait ne pouvait être contesté. L'on avait vu Brigitte de grand matin sur la place, et, chose extraordinaire, elle y avait acheté le seul lièvre qui s'y trouvât. Toute la ville savait que madame de Dey n'aimait pas le gibier. Le lièvre devint un point de départ pour des suppositions infinies. En faisant leur promenade périodique, les vieillards remarquèrent dans la maison de la comtesse, une sorte d'activité concentrée qui se révélait par les précautions même dont se servaient les gens pour la cacher. Le valet de chambre battait un tapis dans le jardin; la veille, personne n'y aurait pris garde; mais ce tapis devint une pièce à l'appui des romans que tout le monde bâtissait. Chacun avait le sien. Le second jour, en apprenant que madame de Dey se disait indisposée, les principaux personnages de Carentan se réunirent le soir chez le frère du maire, vieux négociant marié, homme probe, généralement estimé, et pour lequel la comtesse avait beaucoup d'égards. Là, tous les aspirants à la main de la riche veuve eurent à raconter une fable plus ou moins probable; et chacun d'eux pensait à faire tourner à son profit la circonstance secrète qui la forçait de se compromettre ainsi. L'accusateur public imaginait tout un drame pour amener nuitamment le fils de madame de Dey chez elle. Le maire croyait à un prêtre insermenté, venu de la Vendée, et qui lui aurait demandé un asile; mais l'achat du lièvre, un vendredi, l'embarrassait beaucoup. Le président du district tenait fortement pour un chef de Chouans ou de Vendéens vivement poursuivi. D'autres voulaient un noble échappé des prisons de Paris. Enfin tous soupçonnaient la comtesse d'être coupable d'une de ces générosités que les lois d'alors nommaient un crime, et qui pouvaient conduire à l'échafaud. L'accusateur public disait d'ailleurs à voix basse qu'il fallait se taire, et tâcher de sauver l'infortunée de l'abîme vers lequel elle marchait à grands pas.

— Si vous ébruitez cette affaire, ajouta-t-il, je serai obligé d'intervenir, de faire des perquisitions chez elle, et alors!... Il n'acheva pas, mais chacun comprit cette réticence.

Les amis sincères de la comtesse s'alarmèrent tellement pour elle que, dans la matinée du troisième jour, le
procureur-syndic de la commune lui fit écrire par sa
femme un mot pour l'engager à recevoir pendant la
soirée comme à l'ordinaire. Plus hardi, le vieux négociant
se présenta dans la matinée chez madame de Dey. Fort
du service qu'il voulait lui rendre, il exigea d'être introduit auprès d'elle, et resta stupéfait en l'apercevant
dans le jardin, occupée à couper les dernières fleurs de
250 ses plates-bandes pour en garnir des vases.

— Elle a sans doute donné asile à son amant, se dit
le vieillard pris de pitié pour cette charmante femme.
La singulière expression du visage de la comtesse le
confirma dans ses soupçons. Vivement ému de ce
dévouement si naturel aux femmes, mais qui nous
touche toujours, parce que tous les hommes sont flattés
par les sacrifices qu'une d'elles fait à un homme, le
négociant instruisit la comtesse des bruits qui couraient
dans la ville et du danger où elle se trouvait. — Car, lui
260 dit-il en terminant, si, parmi nos fonctionnaires, il en est
quelques-uns assez disposés à vous pardonner un héroïsme
qui aurait un prêtre pour objet, personne ne vous plaindra
si l'on vient à découvrir que vous vous immolez à des
intérêts de cœur.

A ces mots, madame de Dey regarda le vieillard
avec un air d'égarement et de folie qui le fit frissonner,
lui, vieillard.

— Venez, lui dit-elle en le prenant par la main pour
le conduire dans sa chambre, où, après s'être assurée
270 qu'ils étaient seuls, elle tira de son sein une lettre sale et
chiffonnée : — Lisez, s'écria-t-elle en faisant un violent
effort pour prononcer ce mot.

Elle tomba dans son fauteuil, comme anéantie.
Pendant que le vieux négociant cherchait ses lunettes
et les nettoyait, elle leva les yeux sur lui, le contempla
pour la première fois avec curiosité ; puis, d'une voix
altérée : — Je me fie à vous, lui dit-elle doucement.

— Est-ce que je ne viens pas partager votre crime ?
répondit le bonhomme avec simplicité.

Elle tressaillit.  Pour la première fois, dans cette 280
petite ville, son âme sympathisait avec celle d'un autre.
Le vieux négociant comprit tout à coup et l'abattement
et la joie de la comtesse.  Son fils avait fait partie de
l'expédition de Granville, il écrivait à sa mère du fond
de sa prison, en lui donnant un triste et doux espoir.
Ne doutant pas de ses moyens d'évasion, il lui indiquait
trois jours pendant lesquels il devait se présenter chez
elle, déguisé.  La fatale lettre contenait de déchirants
adieux au cas où il ne serait pas à Carentan dans la
soirée du troisième jour, et il priait sa mère de remettre 290
une assez forte somme à l'émissaire qui s'était chargé de
lui apporter cette dépêche, à travers mille dangers.  Le
papier tremblait dans les mains du vieillard.

— Et voici le troisième jour, s'écria madame de Dey
qui se leva rapidement, reprit la lettre, et marcha.

— Vous avez commis des imprudences, lui dit le
négociant.  Pourquoi faire prendre des provisions ?

— Mais il peut arriver, mourant de faim, exténué de
fatigue, et... Elle n'acheva pas.

— Je suis sûr de mon frère, reprit le vieillard, je vais 300
aller le mettre dans vos intérêts.

Le négociant retrouva dans cette circonstance la
finesse qu'il avait mise jadis dans les affaires, et lui dicta
des conseils empreints de prudence et de sagacité.  Après
être convenus de tout ce qu'ils devaient dire et faire l'un
ou l'autre, le vieillard alla, sous des prétextes habilement
trouvés, dans les principales maisons de Carentan, où
il annonça que madame de Dey qu'il venait de voir,
recevrait dans la soirée, malgré son indisposition.
Luttant de finesse avec les intelligences normandes dans 310
l'interrogatoire que chaque famille lui imposa sur la
nature de la maladie de la comtesse, il réussit à donner
le change à presque toutes les personnes qui s'occupaient
de cette mystérieuse affaire.  Sa première visite fit merveille.  Il raconta devant une vieille dame goutteuse
que madame de Dey avait manqué périr d'une attaque
de goutte à l'estomac ; le fameux Tronchin lui ayant
recommandé jadis, en pareille occurrence, de se mettre

sur la poitrine la peau d'un lièvre écorché vif, et de
320 rester au lit sans se permettre le moindre mouvement,
la comtesse, en danger de mort il y a deux jours, se
trouvait, après avoir suivi ponctuellement la bizarre
ordonnance de Tronchin, assez bien rétablie pour
recevoir ceux qui viendraient la voir pendant la soirée.
Ce conte eut un succès prodigieux, et le médecin de
Carentan, royaliste *in petto*, en augmenta l'effet par l'importance avec laquelle il discuta le spécifique. Néanmoins
les soupçons avaient trop fortement pris racine dans
l'esprit de quelques entêtés ou de quelques philosophes
330 pour être entièrement dissipés ; en sorte que, le soir,
ceux qui étaient admis chez madame de Dey vinrent
avec empressement et de bonne heure chez elle, les uns
pour épier sa contenance, les autres par amitié, la plupart
saisis par le merveilleux de sa guérison.    Ils trouvèrent
la comtesse assise au coin de la grande cheminée de son
salon, à peu près aussi modeste que l'étaient ceux de
Carentan ; car, pour ne pas blesser les étroites pensées
de ses hôtes, elle s'était refusée aux jouissances de luxe
auxquelles elle était jadis habituée, elle n'avait donc rien
340 changé chez elle.    Le carreau de la salle de réception
n'était même pas frotté.    Elle laissait sur les murs de
vieilles tapisseries sombres, conservait les meubles du
pays, brûlait de la chandelle, et suivait les modes de la
ville, en épousant la vie provinciale sans reculer ni devant
les petitesses les plus dures, ni devant les privations les
plus désagréables.    Mais sachant que ses hôtes lui par-
donneraient les magnificences qui auraient leur bien-être
pour but, elle ne négligeait rien quand il s'agissait de
leur procurer des jouissances personnelles.    Aussi leur
350 donnait-elle d'excellents dîners.    Elle allait jusqu'à
feindre de l'avarice pour plaire à ces esprits calculateurs ;
et, après avoir eu l'art de se faire arracher certaines concessions de luxe, elle savait obéir avec grâce.    Donc, vers
sept heures du soir, la meilleure mauvaise compagnie
de Carentan se trouvait chez elle, et décrivait un grand
cercle devant la cheminée.    La maîtresse du logis,
soutenue dans son malheur par les regards compatissants

que lui jetait le vieux négociant, se soumit avec un courage inouï aux questions minutieuses, aux raisonnements frivoles et stupides de ses hôtes. Mais à chaque 360 coup de marteau frappé sur sa porte, ou toutes les fois que des pas retentissaient dans la rue, elle cachait ses émotions en soulevant des questions intéressantes pour la fortune du pays. Elle éleva de bruyantes discussions sur la qualité des cidres, et fut si bien secondée par son confident, que l'assemblée oublia presque de l'espionner en trouvant sa contenance naturelle et son aplomb imperturbable. L'accusateur public et l'un des juges du tribunal révolutionnaire restaient taciturnes, observaient avec attention les moindres mouvements de sa phy- 370 sionomie, écoutaient dans la maison, malgré le tumulte ; et, à plusieurs reprises, ils lui firent des questions embarrassantes, auxquelles la comtesse répondit cependant avec une admirable présence d'esprit. Les mères ont tant de courage ! Au moment où madame de Dey eut arrangé les parties, placé tout le monde à des tables de boston, de reversis ou de wisth, elle resta encore à causer auprès de quelques jeunes personnes avec un extrême laissez-aller, en jouant son rôle en actrice consommée. Elle se fit demander un loto, prétendit savoir seule où il 380 était, et disparut.

— J'étouffe, ma pauvre Brigitte, s'écria-t-elle en essuyant des larmes qui sortirent vivement de ses yeux brillants de fièvre, de douleur et d'impatience. — Il ne vient pas, reprit-elle en regardant la chambre où elle était montée. Ici, je respire et je vis. Encore quelques moments, et il sera là, pourtant ! car il vit encore, j'en suis certaine. Mon cœur me le dit. N'entendez-vous rien, Brigitte ? Oh ! je donnerais le reste de ma vie pour savoir s'il est en prison ou s'il marche à travers 390 la campagne ! Je voudrais ne pas penser.

Elle examina de nouveau si tout était en ordre dans l'appartement. Un bon feu brillait dans la cheminée ; les volets étaient soigneusement fermés ; les meubles reluisaient de propreté ; la manière dont avait été fait le lit, prouvait que la comtesse s'était occupée avec Brigitte

des moindres détails ; et ses espérances se trahissaient
dans les soins délicats qui paraissaient avoir été pris
dans cette chambre où se respiraient et la gracieuse
400 douceur de l'amour et ses plus chastes caresses dans les
parfums exhalés par les fleurs.   Une mère seule pouvait
avoir prévu les désirs d'un soldat et lui préparer de si
complètes satisfactions.   Un repas exquis, des vins
choisis, la chaussure, le linge, enfin tout ce qui devait
être nécessaire ou agréable à un voyageur fatigué, se
trouvait rassemblé pour que rien ne lui manquât, pour
que les délices du chez-soi lui révélassent l'amour d'une
mère.

　　— Brigitte ? dit la comtesse d'un son de voix dé-
410 chirant en allant placer un siége devant la table, comme
pour donner de la réalité à ses vœux, comme pour
augmenter la force de ses illusions.

　　— Ah ! madame, il viendra.   Il n'est pas loin. — Je
ne doute pas qu'il ne vive et qu'il ne soit en marche,
reprit Brigitte.   J'ai mis une clef dans la Bible, et je l'ai
tenue sur mes doigts pendant que Cottin lisait l'Évangile
de Saint-Jean... et, madame ! la clef n'a pas tourné.

　　— Est-ce bien sûr ? demanda la comtesse.

　　— Oh ! madame, c'est connu.   Je gagerais mon salut
420 qu'il vit encore.   Dieu ne peut pas se tromper.

　　— Malgré le danger qui l'attend ici, je voudrais bien
cependant l'y voir.

　　— Pauvre monsieur Auguste, s'écria Brigitte, il est
sans doute à pied, par les chemins.

　　— Et voilà huit heures qui sonnent au clocher, s'écria
la comtesse avec terreur.

　　Elle eut peur d'être restée plus longtemps qu'elle ne
le devait, dans cette chambre où elle croyait à la vie de
son fils, en voyant tout ce qui lui en attestait la vie,
430 elle descendit ; mais avant d'entrer au salon, elle resta
pendant un moment sous le péristyle de l'escalier, en
écoutant si quelque bruit ne réveillait pas les silencieux
échos de la ville.   Elle sourit au mari de Brigitte, qui se
tenait en sentinelle, et dont les yeux semblaient hébétés
à force de prêter attention aux murmures de la place et

de la nuit. Elle voyait sons fils en tout et partout. Elle
rentra bientôt, en affectant un air gai, et se mit à jouer
au loto avec des petites filles ; mais, de temps en temps,
elle se plaignit de souffrir, et revint occuper son fauteuil
auprès de la cheminée.                                         440

Telle était la situation des choses et des esprits dans
la maison de madame de Dey, pendant que, sur le
chemin de Paris à Cherbourg, un jeune homme vêtu
d'une carmagnole brune, costume de rigueur à cette
époque, se dirigeait vers Carentan. A l'origine des
réquisitions, il y avait peu ou point de discipline. Les
exigences du moment ne permettaient guère à la République d'équiper sur-le-champ ses soldats, et il n'était
pas rare de voir les chemins couverts de réquisitionnaires
qui conservaient leurs habits bourgeois. Ces jeunes gens  450
devançaient leurs bataillons aux lieux d'étape, ou restaient
en arrière, car leur marche était soumise à leur manière
de supporter les fatigues d'une longue route. Le
voyageur dont il est ici question se trouvait assez en
avant de la colonne de réquisitionnaires qui se rendait à
Cherbourg, et que le maire de Carentan attendait d'heure
en heure, afin de leur distribuer des billets de logement.
Ce jeune homme marchait d'un pas alourdi, mais ferme
encore, et son allure semblait annoncer qu'il s'était
familiarisé depuis longtemps avec les rudesses de la vie  460
militaire. Quoique la lune éclairât les herbages qui
avoisinent Carentan, il avait remarqué de gros nuages
blancs prêts à jeter de la neige sur la campagne ; et la
crainte d'être surpris par un ouragan animait sans doute
sa démarche, alors plus vive que ne le comportait sa
lassitude. Il avait sur le dos un sac presque vide, et
tenait à la main une canne de buis, coupée dans les
hautes et larges haies que cet arbuste forme autour de la
plupart des héritages en Basse-Normandie. Ce voyageur
solitaire entra dans Carentan, dont les tours, bordées de  470
lueurs fantastiques par la lune, lui apparaissaient depuis
un moment. Son pas réveilla les échos des rues silen-
cieuses, où il ne rencontra personne ; il fut obligé de demander la maison du maire à un tisserand qui travaillait

encore. Ce magistrat demeurait à une faible distance, et le réquisitionnaire se vit bientôt à l'abri sous le porche de la maison du maire, et s'y assit sur un banc de pierre, en attendant le billet de logement qu'il avait réclamé. Mais mandé par ce fonctionnaire, il comparut devant 480 lui, et devint l'objet d'un scrupuleux examen. Le fantassin était un jeune homme de bonne mine qui paraissait appartenir à une famille distinguée. Son air trahissait la noblesse. L'intelligence due à une bonne éducation respirait sur sa figure.

— Comment te nommes-tu ? lui demanda le maire en lui jetant un regard plein de finesse.

— Julien Jussieu, répondit le réquisitionnaire.

— Et tu viens ? dit le magistrat en laissant échapper un sourire d'incrédulité.

490 — De Paris.

— Tes camarades doivent être loin, reprit le Normand d'un ton railleur.

— J'ai trois lieues d'avance sur le bataillon.

— Quelque sentiment t'attire sans doute à Carentan, citoyen réquisitionnaire ? dit le maire d'un air fin. C'est bien, ajouta-t-il en imposant silence par un geste de main au jeune homme prêt à parler, nous savons où t'envoyer. Tiens, ajouta-t-il en lui remettant son billet de logement, va, *citoyen Jussieu* !

500 Une teinte d'ironie se fit sentir dans l'accent avec lequel le magistrat prononça ces deux derniers mots, en tendant un billet sur lequel la demeure de madame de Dey était indiquée. Le jeune homme lut l'adresse avec un air de curiosité.

— Il sait bien qu'il n'a pas loin à aller. Et quand il sera dehors, il aura bientôt traversé la place ! s'écria le maire en se parlant à lui-même pendant que le jeune homme sortait. Il est joliment hardi ! Que Dieu le conduise ! Il a réponse à tout. Oui, mais si un autre 510 que moi lui avait demandé à voir ses papiers, il était perdu !

En ce moment, les horloges de Carentan avaient sonné neuf heures et demie : les fallots s'allumaient dans l'antichambre de madame de Dey; les domestiques aidaient leurs maîtresses et leurs maîtres à mettre leurs sabots, leurs houppelandes ou leurs mantelets; les joueurs avaient soldé leurs comptes, et allaient se retirer tous ensemble, suivant l'usage établi dans toutes les petites villes.

— Il paraît que l'accusateur veut rester, dit une dame en s'apercevant que ce personnage important leur manquait au moment où chacun se sépara sur la place pour regagner son logis, après avoir épuisé toutes les formules d'adieu.

Ce terrible magistrat était en effet seul avec la comtesse, qui attendait, en tremblant, qu'il lui plût de sortir.

— Citoyenne, dit-il enfin après un long silence qui eut quelque chose d'effrayant, je suis ici pour faire observer les lois de la république...

Madame de Dey frissonna.

— N'as-tu donc rien à me révéler? demanda-t-il.

— Rien, répondit-elle étonnée.

— Ah! madame, s'écria l'accusateur en s'asseyant auprès d'elle et changeant de ton, en ce moment, faute d'un mot, vous ou moi, nous pouvons porter notre tête sur l'échafaud. J'ai trop bien observé votre caractère, votre âme, vos manières pour partager l'erreur dans laquelle vous avez su mettre votre société ce soir.   Vous attendez votre fils, je n'en saurais douter.

La comtesse laissa échapper un geste de dénégation; mais elle avait pâli, mais les muscles de son visage s'étaient contractés par la nécessité où elle se trouvait d'afficher une fermeté trompeuse, et l'œil implacable de l'accusateur public ne perdit aucun de ses mouvements.

— Eh! bien, recevez-le, reprit le magistrat révolutionnaire; mais qu'il ne reste pas plus tard que sept heures du matin sous votre toit.   Demain, au jour, armé d'une dénonciation que je me ferai faire, je viendrai chez vous...

Elle le regarda d'un air stupide qui aurait fait pitié à un tigre.

— Je démontrerai, poursuivit-il d'une voix douce, la
fausseté de la dénonciation par d'exactes perquisitions,
et vous serez, par la nature de mon rapport, à l'abri de
tous soupçons ultérieurs. Je parlerai de vos dons patriotiques, de votre civisme, et nous serons *tous* sauvés.

Madame de Dey craignait un piége, elle restait
immobile, mais son visage était en feu et sa langue
560 glacée. Un coup de marteau retentit dans la maison.

— Ah ! cria la mère épouvantée, en tombant à genoux.
Le sauver, le sauver !

— Oui, sauvons-le ! reprit l'accusateur public, en lui
lançant un regard de passion, dût-il *nous* en coûter
la vie.

— Je suis perdue, s'écria-t-elle pendant que l'accusateur la relevait avec politesse.

— Eh ! madame, répondit-il par un beau mouvement
oratoire, je ne veux vous devoir à rien... qu'à vous-
570 même.

— Madame, le voi..., s'écria Brigitte qui croyait sa
maîtresse seule.

A l'aspect de l'accusateur public, la vieille servante,
de rouge et joyeuse qu'elle était, devint immobile et
blême.

— Qui est-ce, Brigitte ? demanda le magistrat d'un
air doux et intelligent.

— Un réquisitionnaire que le maire nous envoie à
loger, répondit la servante en montrant le billet.

580 — C'est vrai, dit l'accusateur après avoir lu le papier.
Il nous arrive un bataillon ce soir !

Et il sortit.

La comtesse avait trop besoin de croire en ce
moment à la sincérité de son ancien procureur pour
concevoir le moindre doute ; elle monta rapidement
l'escalier, ayant à peine la force de se soutenir ; puis,
elle ouvrit la porte de sa chambre, vit son fils, se pré-
cipita dans ses bras, murmura : — Oh ! mon enfant, mon
enfant ! s'écria-t-elle en sanglotant et le couvrant de
590 baisers empreints d'une sorte de frénésie.

— Madame, dit l'inconnu.

— Ah! ce n'est pas lui, cria-t-elle en reculant d'épouvante et restant debout devant le réquisitionnaire qu'elle contemplait d'un air hagard.

— O saint bon Dieu, quelle ressemblance! dit Brigitte.

Il y eut un moment de silence, et l'étranger lui-même tressaillit à l'aspect de madame de Dey.

— Ah! monsieur, dit-elle en s'appuyant sur le mari de Brigitte, et sentant alors dans toute son étendue une 600 douleur dont la première atteinte avait failli la tuer; monsieur, je ne saurais vous voir plus longtemps, souffrez que mes gens me remplacent et s'occupent de vous.

Elle descendit chez elle, à demi portée par Brigitte et son vieux serviteur.

— Comment, madame, s'écria la femme de charge en asseyant sa maîtresse, cet homme va-t-il coucher dans le lit de monsieur Auguste, mettre les pantoufles de monsieur Auguste, manger le pâté que j'ai fait pour monsieur Auguste! quand on devrait me guillotiner, je... 610

— Brigitte! cria madame de Dey.

Brigitte resta muette.

— Tais-toi donc, bavarde, lui dit son mari à voix basse, veux-tu tuer madame?

En ce moment, le réquisitionnaire fit du bruit dans sa chambre en se mettant à table.

— Je ne resterai pas ici, s'écria madame de Dey, j'irai dans la serre d'où j'entendrai mieux ce qui se passera au dehors pendant la nuit.

Elle flottait encore entre la crainte d'avoir perdu son 620 fils et l'espérance de le voir reparaître. La nuit fut horriblement silencieuse. Il y eut, pour la comtesse, un moment affreux, quand le bataillon des réquisitionnaires vint en ville et que chaque homme y chercha son logement. Ce fut des espérances trompées à chaque pas, à chaque bruit: puis bientôt la nature reprit un calme effrayant. Vers le matin, la comtesse fut obligée de rentrer chez elle. Brigitte, qui surveillait les mouvements de sa maîtresse, ne la voyant pas sortir, entra dans la chambre et y trouva la comtesse morte. 630

— Elle aura probablement entendu ce réquisitionnaire qui achève de s'habiller et qui marche dans la chambre de monsieur Auguste en chantant leur damnée *Marseillaise,* comme s'il était dans une écurie, s'écria Brigitte. Ça l'aura tuée!

La mort de la comtesse fut causée par un sentiment plus grave, et sans doute par quelque vision terrible. À l'heure précise où madame de Dey mourait à Carentan, son fils était fusillé dans le Morbihan. Nous pouvons 640 joindre ce fait tragique à toutes les observations sur les sympathies qui méconnaissent les lois de l'espace; documents que rassemblent avec une savante curiosité quelques hommes de solitude, et qui serviront un jour à asseoir les bases d'une science nouvelle à laquelle il a manqué jusqu'à ce jour un homme de génie.

Paris, *février* 1831.

# GEORGE SAND

## I. A LOVE LETTER*

Eh bien! oui, c'est de l'amour, c'est de la folie, c'est ce que tu voudras, un crime peut-être! Peut-être que je m'en repentirai et qu'il sera trop tard; peut-être aurai-je fait deux malheureux au lieu d'un; mais il n'est déjà plus temps: la pente m'entraîne et me précipite; j'aime,

---

* From *Jacques* (1834). "*Jacques* est un conseil donné aux maris qui gênent leurs femmes, de se tuer pour les laisser libres. Ce livre-là n'est pas dangereux. Vous écririez dix fois mieux si vous faisiez un roman par lettres. Celui-là est vide et faux d'un bout à l'autre. Une jeune fille naïve quitte, après six mois de mariage, un homme supérieur pour un freluquet, un homme important, passionné, amoureux, pour un dandy, sans aucune raison physiologique ni morale" (Balzac, *Lettres à l'Étrangère*, Oct. 19, 1834). The passage given above is from a letter by the "dandy" whose name is Octave. Jacques is the husband.

je suis aimé.    Je suis incapable de penser èt de sentir
autre chose.

Ce matin je respirais avec volupté les premières brises
du printemps, je voyais s'entr'ouvrir les premières fleurs.
Le soleil de midi était déjà chaud, il y avait de vagues 10
parfums de violettes et de mousses fraîches répandus
dans les allées du parc de Cerisy.  Les mésanges gazouil-
laient autour des premiers bourgeons et semblaient les
inviter à s'entr'ouvrir.    Tout me parlait d'amour et
d'espérance ; j'eus un si vif sentiment de ces bienfaits
du ciel, que j'avais envie de me prosterner sur les herbes
naissantes et de remercier Dieu dans l'effusion de mon
cœur.   Je te jure que mon premier amour n'a pas connu
ces joies pures et ces divins ravissements ; c'était un désir
plus âpre que la fièvre.   Aujourd'hui il me semble être 20
jeune et ressentir l'amour dans une âme vierge de
passions.    Et pendant ce temps tu vois mon spectre
épouvanté errer autour de toi, rêveuse !  Oh ! jamais je
n'ai été si heureux ! jamais je n'ai tant aimé !  Ne me
rappelle pas que j'en ai dit autant chaque fois que je me
suis senti amoureux.  Qu'importe ?  on sent réellement
ce qu'on s'imagine sentir.   Et d'ailleurs je croirais assez
à une gradation de force dans les affections successives
d'une âme qui se livre ingénument comme la mienne.
Je n'ai jamais travaillé mon imagination pour allumer 30
ou ranimer en moi le sentiment qui n'y était pas encore
ou celui qui n'y était plus ; je ne me suis jamais imposé
l'amour comme un devoir, la constance comme un rôle.
Quand j'ai senti l'amour s'éteindre, je l'ai dit sans honte
et sans remords, et j'ai obéi à la Providence qui m'attirait
ailleurs.

## II.  THE PLOUGHMAN*

> A la sueur de ton visaige
> Tu gagnerois ta pauvre vie,
> Après long travail et usaige,
> Voicy la *mort* qui te convie.

Le quatrain en vieux français, placé au-dessous
d'une composition d'Holbein, est d'une tristesse profonde dans sa naïveté.  La gravure représente un
laboureur conduisant sa charrue au milieu d'un champ.
Une vaste campagne s'étend au loin, on y voit de
pauvres cabanes; le soleil se couche derrière la colline.
C'est la fin d'une rude journée de travail.  Le paysan
est vieux, trapu, couvert de haillons.  L'attelage de
quatre chevaux qu'il pousse en avant est maigre, ex-
10 ténué; le soc s'enfonce dans un fonds raboteux et
rebelle.  Un seul être est allègre et ingambe dans cette
scène de *sueur et usaige*.  C'est un personnage fantasti-
que, un squelette armé d'un fouet, qui court dans le
sillon à côté des chevaux effrayés et les frappe, servant
ainsi de valet de charrue au vieux laboureur.  C'est la
mort, ce spectre qu'Holbein a introduit allégoriquement
dans la succession de sujets philosophiques et religieux,
à la fois lugubres et bouffons, intitulée *les Simulachres de
la mort.*

20 Je venais de regarder longtemps et avec une profonde mélancolie le laboureur d'Holbein, et je me
promenais dans la campagne, rêvant à la vie des
champs et à la destinée du cultivateur.  Sans doute
il est lugubre de consumer ses forces et ses jours à
fendre le sein de cette terre jalouse, qui se fait arracher
les trésors de sa fécondité, lorsqu'un morceau de pain
le plus noir et le plus grossier est, à la fin de la journée,

---

\* From *La Mare au Diable* (1846) which marks the beginning of a
new phase in George Sand's artistic career, that of the rustic tales, or prose
idylls.    It had been foreshadowed by *Jeanne* (1844) and by certain chapters
of *Le Meunier d'Angibault* (1845).    See for this passage M. Arnold, *George
Sand*, in *Mixed Essays.*

l'unique récompense et l'unique profit attachés à un si
dur labeur.  Ces richesses qui couvrent le sol, ces moissons, ces fruits, ces bestiaux orgueilleux qui s'engraissent 30
dans les longues herbes, sont la propriéte de quelques-uns
et les instruments de la fatigue et de l'esclavage du plus
grand nombre.  L'homme de loisir n'aime en général
pour eux-mêmes, ni les champs, ni les prairies, ni le
spectacle de la nature, ni les animaux superbes qui
doivent se convertir en pièces d'or pour son usage.
L'homme de loisir vient chercher un peu d'air et de
santé dans le séjour de la campagne, puis il retourne
dépenser dans les grandes villes le fruit du travail de ses
vassaux.                                                    40
    De son côté, l'homme du travail est trop accablé,
trop malheureux, et trop effrayé de l'avenir, pour jouir
de la beauté des campagnes et des charmes de la vie
rustique.  Pour lui aussi les champs dorés, les belles
prairies, les animaux superbes, représentent des sacs
d'écus dont il n'aura qu'une faible part, insuffisante à
ses besoins, et que, pourtant, il faut remplir, chaque
année, ces sacs maudits, pour satisfaire le maître et
payer le droit de vivre parcimonieusement et misérable-
ment sur son domaine.                                       50
    Et pourtant, la nature est éternellement jeune, belle
et généreuse.  Elle verse la poésie et la beauté à tous
les êtres, à toutes les plantes, qu'on laisse s'y développer
à souhait.  Elle possède le secret du bonheur, et nul n'a
su le lui ravir.  Le plus heureux des hommes serait celui
qui, possédant la science de son labeur, et travaillant de
ses mains, puisant le bien-être et la liberté dans l'exercice
de sa force intelligente, aurait le temps de vivre par le
cœur et par le cerveau, de comprendre son œuvre et
d'aimer celle de Dieu.  L'artiste a des jouissances de ce 60
genre, dans la contemplation et la reproduction des
beautés de la nature ; mais, en voyant la douleur des
hommes qui peuplent ce paradis de la terre, l'artiste au
cœur droit et humain est troublé au milieu de sa jouis-
sance.  Le bonheur serait là où l'esprit, le cœur et les
bras, travaillant de concert sous l'œil de la Providence,

une sainte harmonie existerait entre la munificence de
Dieu et les ravissements de l'âme humaine. C'est alors
qu'au lieu de la piteuse et affreuse mort, marchant dans
70 son sillon, le fouet à la main, le peintre d'allégories
pourrait placer à ses côtés un ange radieux, semant à
pleines mains le blé béni sur le sillon fumant.

Et le rêve d'une existence douce, libre, poétique,
laborieuse et simple pour l'homme des champs, n'est
pas si difficile à concevoir qu'on doive le reléguer parmi
les chimères. Le mot triste et doux de Virgile : "O
heureux l'homme des champs, s'il connaissait son bonheur!" est un regret ; mais, comme tous les regrets, c'est
aussi une prédiction. Un jour viendra où le laboureur
80 pourra être aussi un artiste, sinon pour exprimer (ce qui
importera assez peu alors), du moins pour sentir le beau.
Croit-on que cette mystérieuse intuition de la poésie ne
soit pas en lui déjà à l'état d'instinct et de vague rêverie?
Chez ceux qu'un peu d'aisance protége dès aujourd'hui,
et chez qui l'excès du malheur n'étouffe pas tout dé-
veloppement moral et intellectuel, le bonheur pur, senti
et apprécié est à l'état élémentaire ; et, d'ailleurs, si du
sein de la douleur et de la fatigue, des voix de poëtes se
sont déjà élevées, pourquoi dirait-on que le travail des
90 bras est exclusif des fonctions de l'âme? Sans doute
cette exclusion est le résultat général d'un travail ex-
cessif et d'une misère profonde ; mais qu'on ne dise pas
que quand l'homme travaillera modérément et utilement
il n'y aura plus que de mauvais ouvriers et de mauvais
poëtes. Celui qui puise de nobles jouissances dans le
sentiment de la poésie est un vrai poëte, n'eût-il pas fait
un vers dans toute sa vie.

Mes pensées avaient pris ce cours, et je ne m'a-
percevais pas que cette confiance dans l'éducabilité de
100 l'homme était fortifiée en moi par les influences extérieures. Je marchais sur la lisière d'un champ que
des paysans étaient en train de préparer pour la semaille
prochaine. L'arène était vaste comme celle du tableau
d'Holbein. Le paysage était vaste aussi et encadrait de
grandes lignes de verdure, un peu rougie aux approches

de l'automne, ce large terrain d'un brun vigoureux, où des pluies récentes avaient laissé, dans quelques sillons, des lignes d'eau que le soleil faisait briller comme de minces filets d'argent. La journée était claire et tiède, et la terre, fraîchement ouverte par le tranchant des 110 charrues, exhalait une vapeur légère. Dans le haut du champ un vieillard, dont le dos large et la figure sévère rappelaient celui d'Holbein, mais dont les vêtements n'annonçaient pas la misère, poussait gravement son *areau* de forme antique, traîné par deux bœufs tranquilles, à la robe d'un jaune pâle, véritables patriarches de la prairie, hauts de taille, un peu maigres, les cornes longues et rabattues, de ces vieux travailleurs qu'une longue habitude a rendus *frères*, comme on les appelle dans nos campagnes, et qui, privés l'un de l'autre, se 120 refusent au travail avec un nouveau compagnon et se laissent mourir de chagrin. Les gens qui ne connaissent pas la campagne taxent de fable l'amitié du bœuf pour son camarade d'attelage. Qu'ils viennent voir au fond de l'étable un pauvre animal maigre, exténué, battant de sa queue inquiète ses flancs décharnés, soufflant avec effroi et dédain sur la nourriture qu'on lui présente, les yeux toujours tournés vers la porte, en grattant du pied la place vide à ses côtés, flairant les jougs et les chaînes que son compagnon a portés, et l'appelant sans cesse 130 avec de déplorables mugissements. Le bouvier dira : "C'est une paire de bœufs perdue ; son frère est mort, et celui-là ne travaillera plus. Il faudrait pouvoir l'engraisser pour l'abattre ; mais il ne veut pas manger, et bientôt il sera mort de faim."

Le vieux laboureur travaillait lentement, en silence, sans efforts inutiles. Son docile attelage ne se pressait pas plus que lui ; mais grâce à la continuité d'un labeur sans distraction et d'une dépense de forces éprouvées et soutenues, son sillon était aussi vite creusé que celui de 140 son fils, qui menait, à quelque distance, quatre bœufs moins robustes, dans une veine de terres plus fortes et plus pierreuses.

Mais ce qui attira ensuite mon attention était

véritablement un beau spectacle, un noble sujet pour
un peintre. A l'autre extrémité de la plaine labourable,
un jeune homme de bonne mine conduisait un attelage
magnifique : quatre paires de jeunes animaux à robe
sombre mêlée de noir fauve à reflets de feu, avec ces
150 têtes courtes et frisées qui sentent encore le taureau
sauvage, ces gros yeux farouches, ces mouvements
brusques, ce travail nerveux et saccadé qui s'irrite
encore du joug et de l'aiguillon et n'obéit qu'en frémissant de colère à la domination nouvellement imposée.
C'est ce qu'on appelle des bœufs *fraîchement liés*.
L'homme qui les gouvernait avait à défricher un coin
naguère abandonné au pâturage et rempli de souches
séculaires, travail d'athlète auquel suffisaient à peine
son énergie, sa jeunesse et ses huit animaux quasi
160 indomptés.

Un enfant de six à sept ans, beau comme un ange,
et les épaules couvertes, sur sa blouse, d'une peau
d'agneau qui le faisait ressembler au petit saint Jean-
Baptiste des peintres de la Renaissance, marchait dans
le sillon parallèle à la charrue et piquait le flanc des
bœufs avec une gaule longue et légère, armée d'un
aiguillon peu acéré. Les fiers animaux frémissaient
sous la petite main de l'enfant, et faisaient grincer les
jougs et les courroies liés à leur front, en imprimant au
170 timon de violentes secousses. Lorsqu'une racine arrêtait
le soc, le laboureur criait d'une voix puissante, appelant
chaque bête par son nom, mais plutôt pour calmer que
pour exciter ; car les bœufs, irrités par cette brusque
résistance, bondissaient, creusaient la terre de leurs
larges pieds fourchus, et se seraient jetés de côté em-
portant l'areau à travers champs, si, de la voix et de
l'aiguillon, le jeune homme n'eût maintenu les quatre
premiers, tandis que l'enfant gouvernait les quatre
autres. Il criait aussi, le pauvret, d'une voix qu'il
180 voulait rendre terrible et qui restait douce comme sa
figure angélique. Tout cela était beau de force ou de
grâce : le paysage, l'homme, l'enfant, les taureaux sous
le joug ; et, malgré cette lutte puissante, où la terre était

vaincue, il y avait un sentiment de douceur et de calme profond qui planait sur toutes choses. Quand l'obstacle était surmonté et que l'attelage reprenait sa marche égale et solennelle, le laboureur, dont la feinte violence n'était qu'un exercice de vigueur et une dépense d'activité, reprenait tout à coup la sérénité des âmes simples et jetait un regard de contentement paternel sur 190 son enfant, qui se retournait pour lui sourire. Puis la voix mâle de ce jeune père de famille entonnait le chant solennel et mélancolique que l'antique tradition du pays transmet, non à tous les laboureurs indistinctement, mais aux plus consommés dans l'art d'exciter et de soutenir l'ardeur des bœufs de travail. Ce chant, dont l'origine fut peut-être considérée comme sacrée, et auquel de mystérieuses influences ont dû être attribuées jadis, est réputé encore aujourd'hui posséder la vertu d'entretenir le courage de ces animaux, d'apaiser leurs 200 mécontentements et de charmer l'ennui de leur longue besogne. Il ne suffit pas de savoir bien les conduire en traçant un sillon parfaitement rectiligne, de leur alléger la peine en soulevant ou enfonçant à point le fer dans la terre : on n'est point un parfait laboureur si on ne sait chanter aux bœufs, et c'est là une science à part qui exige un goût et des moyens particuliers.

## III. BERRY*

On m'a fait l'honneur ou plutôt l'amitié de me dire quelquefois (car l'amitié seule peut trouver de pareilles comparaisons) que j'avais été le Walter Scott du Berry. Plût à Dieu que je fusse le Walter Scott de n'importe quelle localité ! Je consentirais à être celui de Quimper- 5 Corentin, pourvu que je pusse mériter la moitié du parallèle.—Mais ce n'est pas la faute du Berry, s'il n'a pas

---

\* From *Promenades autour d'un Village* (1860).
l. 5. Chief town of the department of Finistère, the most westerly department of Brittany.

trouvé son Walter Scott. Toute province, explorée avec soin ou révélée à l'observation par une longue habitude, 10 offre certainement d'amples sujets au chroniqueur, au peintre, au romancier, à l'archéologue. Il n'est point de paysage si humble, de bourgade si ignorée, de population si tranquille, que l'artiste n'y découvre ce qui échappe au regard du passant indifférent ou désœuvré.

Le Berry n'est pas doué d'une nature éclatante. Ni le paysage ni l'habitant ne sautent aux yeux par le côté pittoresque, par le caractère tranché. C'est la patrie du calme et du sang-froid. Hommes et plantes, tout y est tranquille, patient, lent à mûrir. N'y allez chercher ni 20 grands effets ni grandes passions. Vous n'y trouverez de drames ni dans les choses ni dans les êtres. Il n'y a là ni grands rochers, ni bruyantes cascades, ni sombres forêts, ni cavernes mystérieuses... des brigands encore moins ! Mais des travailleurs paisibles, des pastoures rêveuses, de grandes prairies désertes où rien n'interrompt, ni le jour ni la nuit, le chant monotone des insectes ; des villes dont les mœurs sont stationnaires, des routes où, après le coucher du soleil, vous ne rencontrez pas une âme, des pâturages où les animaux passent au grand air 30 la moitié de l'année, une langue correcte qui n'a d'inusité que son ancienneté, enfin tout un ensemble sérieux, triste ou riant, selon la nature du terrain, mais jamais disposé pour les grandes émotions ou les vives impressions extérieures. Peu de goût, et plutôt, en beaucoup d'endroits, une grande répugnance pour le progrès. La prudence est partout le caractère distinctif du paysan. En Berry, la prudence va jusqu'à la méfiance.

Le Berry offre, dans ces deux départements, des contrastes assez tranchés, sans sortir cependant du caractère 40 général. Il y a là, comme dans toutes les étendues de pays un peu considérables, des landes, des terres fertiles, des endroits boisés, des espaces découverts et nus : partant, des différences dans les types d'habitants, dans

l. 38.  Cher and Indre : G. Sand's home, the château de Nohant— "a plain house by the road-side, with a walled garden"—is in the latter department, between 3 and 4 miles from La Châtre.

leurs goûts, dans leurs usages. Je ne me laisserai pas
entraîner à une description complète, je n'y serais pas
compétent, et je sortirais des bornes de mon sujet, qui
est de faire ressortir une sorte de type général, lequel
résume, je crois, assez bien le caractère de l'ensemble.

Ce résumé de la couleur essentielle du Berry, je le
prends sous ma main, dans le coin que j'habite et dont 50
je ne sors presque plus, dans l'ensemble de vallons et de
plaines que j'appelle la *vallée Noire*, et qui forme géogra-
phiquement, en effet, une grande vallée de la surface de
quarante lieues carrées environ.

Cette vallée, presque toute fertile et touchant à la
Marche et au Bourbonnais vers le midi, est le point le
plus reculé de la province et le plus central de la France.
Ses tendances stationnaires, l'antiquité de ses habitudes
et la conservation de son vieux langage s'expliquent
précisément par cette situation. Les routes y sont une 60
invention toute moderne ; il n'y a pas plus de vingt ans
que les transports et les voyages s'y font avec facilité, et
on ne peut pas dire encore qu'ils s'y fassent avec promp-
titude. Rien n'attire l'étranger chez nous ; le voisin
y vient à peine ; aucune ligne de grande communication
ne traverse nos hameaux et nos villes, et ne les met en
rapport avec des gens d'un peu loin. Un pays ainsi
placé se suffit longtemps à lui-même quand il est pro-
ductif et salubre. Le petit bourgeois s'imagine que sa
petite ville est la plus belle de l'univers, le paysan estime 70
que nulle part sous le ciel ne mûrit un champ aussi bien
cultivé que le sien. De là l'immobilité de toutes choses.
Les vieilles superstitions, les préjugés obstinés, l'absence
d'industrie, l'*areau* antique, le travail lent et dispendieux
des grands bœufs, le manque de bien-être dont on ne
s'aperçoit pas, parce qu'on ne le connaît pas, une certaine
fierté à la fois grandiose et stupide, un grand fonds
d'égoïsme, et de là aussi certaines vertus et certaine
poésie qui sont effacées ailleurs ou remplacées par autre
chose. 80

l. 52. The *vallée Noire* is the valley of the Indre ; the country is
charmingly wooded and undulating.

# THÉOPHILE GAUTIER

## I.  ASCENT OF THE MULAHACÉN*

Chaque fois que nos bêtes s'arrêtaient pour reprendre haleine, nous nous retournions sur nos selles pour contempler l'immense panorama formé par la toile circulaire de l'horizon.  Les crêtes surmontées se dessinaient comme dans une grande carte géographique.  La Vega de Grenade et toute l'Andalousie se déployaient sous l'aspect d'une mer azurée où quelques points blancs, frappés par le soleil, figuraient les voiles.  Les cimes voisines, chauves, fendillées et lézardées de haut en bas,
10 avaient dans l'ombre des teintes de cendre verte, de bleu d'Égypte, de lilas et de gris de perle, et dans la lumière des tons d'écorce d'orange, de peau de lion, d'or bruni, les plus chauds et les plus admirables du monde.  Rien ne donne l'idée d'un chaos, d'un univers encore aux mains du Créateur, comme une chaîne de montagnes vue de haut.  On dirait qu'un peuple de Titans a essayé de bâtir là une de ces tours d'énormités, une de ces prodigieuses *Lylacqs* qui alarment Dieu ; qu'ils en ont entassé les matériaux, commencé les terrasses gigantes-
20 ques, et qu'un souffle inconnu a renversé et agité comme une tempête leurs ébauches de temples et de palais.  On se croirait au milieu des décombres d'une Babylone antédiluvienne, dans les ruines d'une ville préadamite. Ces blocs énormes, ces entassements pharaoniens réveillent l'idée d'une race de géants disparus, tant la vieillesse du monde est lisiblement écrite en rides profondes sur le front chenu et la face rechignée de ces montagnes millénaires.
Nous avions atteint la région des aigles.  De loin en
30 loin, nous apercevions un de ces nobles oiseaux perché sur une roche solitaire, l'œil tourné vers le soleil, et dans

---

* From *Voyage en Espagne,* first published in 1843 under the title of *Tra los montes.*

l. 18.  It seems probable that *Lylacq* means plaything, and that Gautier got the word and the idea from Sanscrit *lílâ*=sportive activity of a god, familiar in Hinduism.

cet état d'extase contemplative qui remplace la pensée chez les animaux. L'un d'eux planait à une grande hauteur et semblait immobile au milieu d'un océan de lumière. Romero ne put résister au plaisir de lui envoyer une balle en manière de carte de visite. Le plomb emporta une des grandes plumes de l'aile, et l'aigle, avec une majesté indicible, continua sa route comme s'il ne lui était rien arrivé. La plume tournoya longtemps avant d'arriver à terre, où elle fut recueillie par Romero, 40 qui en orna son feutre.

Les neiges commençaient à se montrer par minces filets, par plaques disséminées, à l'ombre des roches ; l'air se raréfiait ; les escarpements devenaient de plus en plus abrupts ; bientôt ce fut par nappes immenses, par tas énormes, que la neige s'offrit à nous, et les rayons du soleil n'avaient plus la force de la fondre. Nous étions au-dessus des sources du Genil, que nous apercevions, sous la forme d'un ruban bleu glacé d'argent, se précipiter en toute hâte du côté de sa ville bien-aimée. 50 Le plateau sur lequel nous nous trouvions s'élève environ à neuf mille pieds au-dessus du niveau de la mer, et n'est dominé que par le pic de Veleta et le Mulhacen, qui se haussent encore d'un millier de pieds vers l'abîme insondable du ciel.

## II.  THE ALHAMBRA*

L'on pénètre dans l'Alhambra par un corridor situé dans l'angle du palais de Charles-Quint, et l'on arrive, après quelques détours, à une grande cour désignée indifféremment sous le nom de *Patio de los Arrayanes* (cour des Myrtes), de l'*Alberca* (du Réservoir), ou du *Mezouar*, mot arabe qui signifie bain des femmes. 5

En débouchant de ces couloirs obscurs dans cette large enceinte inondée de lumière, l'on éprouve un effet

---

l. 53.   The Mulahacén takes its name from the father of Boabdil, the last Moorish king of Granada.   Its height is 11,658 feet.
 * From *Voyage en Espagne*.
 l. 5.   *Alberca* and *Barca* are both corruptions of the true Moorish name, *Beerkeh*=a tank.

analogue à celui du Diorama. Il vous semble que le
10 coup de baguette d'un enchanteur vous a transporté en
plein Orient, à quatre ou cinq siècles en arrière. Le
temps, qui change tout dans sa marche, n'a modifié en
rien l'aspect de ces lieux, où l'apparition de la sultane
Chaîne des cœurs et du More Tarfé, dans son manteau
blanc, ne causerait pas la moindre surprise.

Au milieu de la cour est creusé un grand réservoir
de trois ou quatre pieds de profondeur, en forme de
parallélogramme, bordé de deux plates-bandes de myrtes
et d'arbustes, terminé à chaque bout par une espèce de
20 galerie à colonnes fluettes supportant des arcs moresques
d'une grande délicatesse. Des bassins à jet d'eau, dont
le tropplein se dégorge dans le réservoir par une rigole
de marbre, sont placés sous chaque galerie et complètent
la symétrie de la décoration. A gauche se trouvent les
archives et la pièce où, parmi des débris de toutes sortes,
est relégué, il faut le dire à la honte des Grenadins, le
magnifique vase de l'Alhambra, haut de près de quatre
pieds, tout couvert d'ornements et d'inscriptions, monument d'une rareté inestimable, qui ferait à lui seul la
30 gloire d'un musée, et que l'incurie espagnole laisse se
dégrader dans un recoin ignoble. Une des ailes qui
forme les anses a été cassée récemment. De ce côté sont
aussi les passages qui conduisent à l'ancienne mosquée,
convertie en église, lors de la conquête, sous l'invocation
de sainte Marie de l'Alhambra. A droite sont les loge-
ments des gens de service, où la tête de quelque brune
servante andalouse, encadrée par une étroite fenêtre
moresque, produit un effet oriental assez satisfaisant.
Dans le fond, au-dessus du vilain toit de tuiles rondes,
40 qui a remplacé les poutres de cèdre et les tuiles dorées
de la toiture arabe, s'élève majestueusement la tour de
Comares, dont les créneaux découpent leurs dentelures
vermeilles dans l'admirable limpidité du ciel. Cette tour
renferme la salle des Ambassadeurs, et communique
avec le *Patio de los Arrayanes* par une espèce d'antichambre nommée la *Barca*, à cause de sa forme.

l. 46.  See above, note on p. 235.

L'antichambre de la salle des Ambassadeurs est digne de sa destination : la hardiesse de ses arcades, la variété, l'enlacement de ses arabesques, les mosaïques de ses murailles, le travail de sa voûte de stuc, fouillée ₅₀ comme un plafond de grotte à stalactites, peinte d'azur, de vert et de rouge, dont les traces sont encore visibles, forment un ensemble d'une originalité et d'une bizarrerie charmantes.

De chaque côté de la porte qui mène à la salle des Ambassadeurs, dans le jambage même de l'arcade, au-dessus du revêtement de carreaux vernissés dont les triangles de couleurs tranchantes garnissent le bas des murs, sont creusées en forme de petites chapelles deux niches de marbre blanc sculptées avec une extrême dé- ₆₀ licatesse. C'est là que les anciens Mores déposaient leurs babouches avant d'entrer, en signe de déférence, à peu près comme nous ôtons nos chapeaux dans les endroits respectables.

La salle des Ambassadeurs, une des plus grandes de l'Alhambra, remplit tout l'intérieur de la tour de Comares. Le plafond, de bois de cèdre, offre les combinaisons mathématiques si familières aux architectes arabes : tous les morceaux sont ajustés de façon à ce que leurs angles sortants ou rentrants forment une ₇₀ variété infinie de dessins ; les murailles disparaissent sous un réseau d'ornements si serrés, si inextricable-ment enlacés, qu'on ne saurait mieux les comparer qu'à plusieurs guipures posées les unes sur les autres. L'archi-tecture gothique, avec ses dentelles de pierre et ses rosaces découpées à jours, n'est rien à côté de cela. Les truelles à poisson, les broderies de papier frappées à l'emporte-pièce dont les confiseurs couvrent leurs dragées, peuvent seules en donner une idée. Un des caractères du style moresque est d'offrir très-peu de saillies et très- ₈₀ peu de profils. Toute cette ornementation se développe sur des plans unis et ne dépasse guère quatre à cinq pouces de relief ; c'est comme une espèce de tapisserie exécutée dans la muraille même. Un élément parti-culier la distingue : c'est l'emploi de l'écriture comme

motif de décoration ; il est vrai que l'écriture arabe avec
ses formes contournées et mystérieuses se prête merveil-
leusement à cet usage.  Les inscriptions, qui sont presque
toujours des *suras* du Coran ou des éloges aux différents
90 princes qui ont bâti et décoré les salles, se déroulent le
long des frises, sur les jambages des portes, autour de
l'arc des fenêtres, entremêlées de fleurs, de rinceaux, de
lacs et de toutes les richesses de la calligraphie arabe.
Celles de la salle des Ambassadeurs signifient *Gloire à
Dieu, puissance et richesse aux croyants*, ou contiennent
les louanges d'Abu Nazar, qui, *s'il eût été transporté tout
vif dans le ciel, eût effacé l'éclat des étoiles et des planètes ;*
assertion hyperbolique qui nous paraît un peu trop orientale.  D'autres bandes sont chargées de l'éloge d'Abu
100 Abd Allah, autre sultan qui fit travailler à cette partie
du palais.  Les fenêtres sont chamarrées de pièces de
vers en l'honneur de la limpidité des eaux du réservoir,
de la fraîcheur des arbustes et du parfum des fleurs qui
ornent la cour du Mezouar, qu'on aperçoit, en effet, de
la salle des Ambassadeurs à travers la porte et les colonnettes de la galerie.
   Les meurtrières à balcon intérieur percées à une
grande hauteur du sol, le plafond en charpente sans
autres décorations que des zigzags et des enlacements
110 formés par l'ajustement des pièces, donnent à la salle
des Ambassadeurs un aspect plus sévère qu'aux autres
salles du palais, et plus en harmonie avec sa destination.
De la fenêtre du fond, l'on jouit d'une vue merveilleuse
sur le ravin du Darro.
   Cette description terminée, nous devons encore dé-
truire une illusion : toutes ces magnificences ne sont ni
en marbre ni en albâtre, ni même en pierre, mais tout
bonnement en plâtre !  Ceci contrarie beaucoup les idées
de luxe féerique que le nom seul de l'Alhambra éveille
120 dans les imaginations les plus positives ; mais rien n'est
plus vrai : à l'exception des colonnes ordinairement
tournées d'un seul morceau et dont la hauteur ne dépasse guère six à huit pieds, de quelques dalles dans le
pavage, des vasques des bassins, des petites chapelles à

déposer les babouches, il n'y a pas un seul morceau de marbre employé dans la construction intérieure de l'Alhambra. Il en est de même du Généralife : nul peuple d'ailleurs n'a poussé plus loin que les Arabes l'art de mouler, de durcir et de ciseler le plâtre, qui acquiert entre leurs mains la dureté du stuc sans en 130 avoir le luisant désagréable.

La plupart de ces ornements sont donc faits avec des moules, et répétés sans grand travail toutes les fois que la symétrie l'exige. Rien ne serait facile comme de reproduire identiquement une salle de l'Alhambra ; il suffirait pour cela de prendre les empreintes de tous les motifs d'ornement. Deux arcades de la salle du Tribunal, qui s'étaient écroulées, ont été refaites par des ouvriers de Grenade avec une perfection qui ne laisse rien à désirer. Si nous étions un peu millionnaire, une 140 de nos fantaisies serait de faire un duplicata de la cour des Lions dans un de nos parcs.

De la salle des Ambassadeurs, l'on va, par un corridor de construction relativement moderne, au *tocador*, ou toilette de la reine. C'est un petit pavillon situé sur le haut d'une tour d'où l'on jouit du plus admirable panorama, et qui servait d'oratoire aux sultanes. A l'entrée, l'on remarque une dalle de marbre blanc percée de petits trous pour laisser passer la fumée des parfums que l'on brûlait sous le plancher. Sur les murs, l'on voit 150 encore des fresques fantasques exécutées par Bartolomé de Ragis, Alonzo Perez et Juan de La Fuente. Sur la frise s'entrelacent, avec des groupes d'amours, les chiffres d'Isabelle et de Philippe V. Il est difficile de rêver quelque chose de plus coquet et de plus charmant que ce cabinet aux petites colonnes moresques, aux arceaux surbaissés, suspendu sur un abîme azuré dont le fond est papelonné par les toits de Grenade, où la brise apporte les parfums du Généralife, énorme touffe de lauriers-roses épanouie au front de la colline prochaine, 160 et le miaulement plaintif des paons qui se promènent sur les murs démantelés. Que d'heures j'ai passées là, dans cette mélancolie sereine si différente de la mélancolie

du Nord, une jambe pendante sur le gouffre, recom-
mandant à mes yeux de bien saisir chaque forme,
chaque contour de l'admirable tableau qui se déployait
devant eux, et qu'ils ne reverront sans doute plus!
Jamais description, jamais peinture ne pourra approcher
de cet éclat, de cette lumière, de cette vivacité de
170 nuances. Les tons les plus ordinaires prennent la valeur
des pierreries, et tout se soutient dans cette gamme.
Vers la fin de la journée, quand le soleil est oblique, il
se produit des effets inconcevables : les montagnes étin-
cellent comme des entassements de rubis, de topazes et
d'escarboucles ; une poussière d'or baigne les intervalles,
et si, comme cela est fréquent dans l'été, les laboureurs
brûlent le chaume dans la plaine, les flocons de fumée
qui s'élèvent lentement vers le ciel empruntent aux feux
du couchant des reflets magiques. Je suis étonné que
180 les peintres espagnols aient, en général, si fort rembruni
leurs tableaux, et se soient jetés presque exclusivement
dans l'imitation du Caravage et des maîtres sombres.
Les tableaux de Decamps et de Marilhat, qui n'ont
peint que des sites d'Asie ou d'Afrique, donnent de
l'Espagne une idée bien plus juste que tous les tableaux
rapportés à grands frais de la Péninsule.

l. 182. Michelangelo da Caravaggio (1569–1609), "an artist whose
wild passions and tempestuous life were in keeping with his pictures"
(Kugler).

l. 183. Alexandre Decamps (1803–1860) was the greatest of French
painters of Oriental subjects. He is well represented at Chantilly, but best
of all in the Wallace Collection. Prosper Marilhat (1811–1847), who in
1831 accompanied the eminent explorer and naturalist, Charles von Hügel,
to Greece, Syria, and Egypt, was in some respects the equal of Decamps as
a painter of the East. There are fine examples of his work both at Chantilly
and in the Wallace Collection. Gautier has written a charming apprecia-
tion of him in his *Portraits contemporains*.

# INDEX TO NOTES